中公新書 1963

安達正勝著

物語 フランス革命

バスチーユ陥落からナポレオン戴冠まで

中央公論新社刊

まえがき

フランス革命は、世界史上の十大事件に確実に入る出来事である。その影響は世界中の国々に波及し、我が日本も例外ではない。現在われわれの社会の根本原則となっている「国民主権」「法の前の平等」などはフランス革命によって確立された。

フランス革命の魅力は、世界史的意義だけにとどまるものではない。フランス革命は実にドラマチックな展開をたどり、不敬な言い方だが、物語的なおもしろさがある。そしてまた、フランス革命は人間ドラマの宝庫でもあり、人間の運命の不思議さを堪能《たんのう》することができる。フランス革命には、当時の歴史状況を越えた人類の未来への夢もこめられており、あるいは、これがフランス革命の最大の魅力かもしれない。

皆様もよくご存知のように、フランス革命では多くの血が流された。フランス革命は世界史の新しい時代を切り開いた輝かしい革命であったが、その暗黒面もしっかりと見すえておく必要があると私は思う。

われわれ日本人は、フランス革命にはけっこうなじみがある。「自由、平等、友愛」の標語はだれでも知っている。「悲劇の王妃」マリー＝アントワネットを思い浮かべる人もいるだろうし、ギロチンが頭に浮かんでくる人もいるだろう。フランス革命を日本人にとってかなり親しみのあるものにしたということでは、池田理代子さんの『ベルサイユのばら』の貢献も大きいと思う。

ところで、「自由、平等、友愛」の標語は、日本では「自由、平等、博愛」と訳されることも多かった。私も昔学校でそのように習ったと記憶している。しかし、「友愛」を「博愛」と訳したのは、はっきり言って誤訳であった。「友愛」のフランス語原語は fraternité で、これは frère（兄弟）から派生した言葉である。「お互いに兄弟のように、家族の一員であるかのように、仲良くしよう」ということだから、「博愛」とは目線の高さが違う。「博愛」というと、一段高いところから周りの人間を見るニュアンスがあるが、「友愛」はお互いに横一線に並んでいることを前提としている。これがフランス革命の精神なのだから、「博愛」という言葉はふさわしくない。今後は、フランス革命の標語は「自由、平等、友愛」に統一されることを私は願っている。

私は、「フランス革命とはどんな革命だったのか」を、できるだけ具体的実感をもって伝えたい。

世界史的意義を踏まえつつ、「革命のうねり」を追っていきたい。

革命の大きな流れを追うことを第一とする立場上、小さな出来事は割愛する。しかし、逆に、普通の革命史の本ではあまり取り上げられない人物、事項にも焦点を当て、こちらに関しては細部にもこだわるつもりである。フランス革命を生きた人々の「生の声」「生身」に接し、彼らの思考パターンや彼らが暮らしていた社会的雰囲気に触れることによって、「フランス革命の手触り感」とでも言うべきものを感じ取っていただけるのではないかと思うからである。

今や、われわれは比較的簡単にフランスに行けるようになった。フランスはもはや、どこか知らない地の果てにある国ではなくなった。フランス革命についても、かなり具体的な実感をもって理解できる時代になったのではないだろうか。

物語　フランス革命◆目次

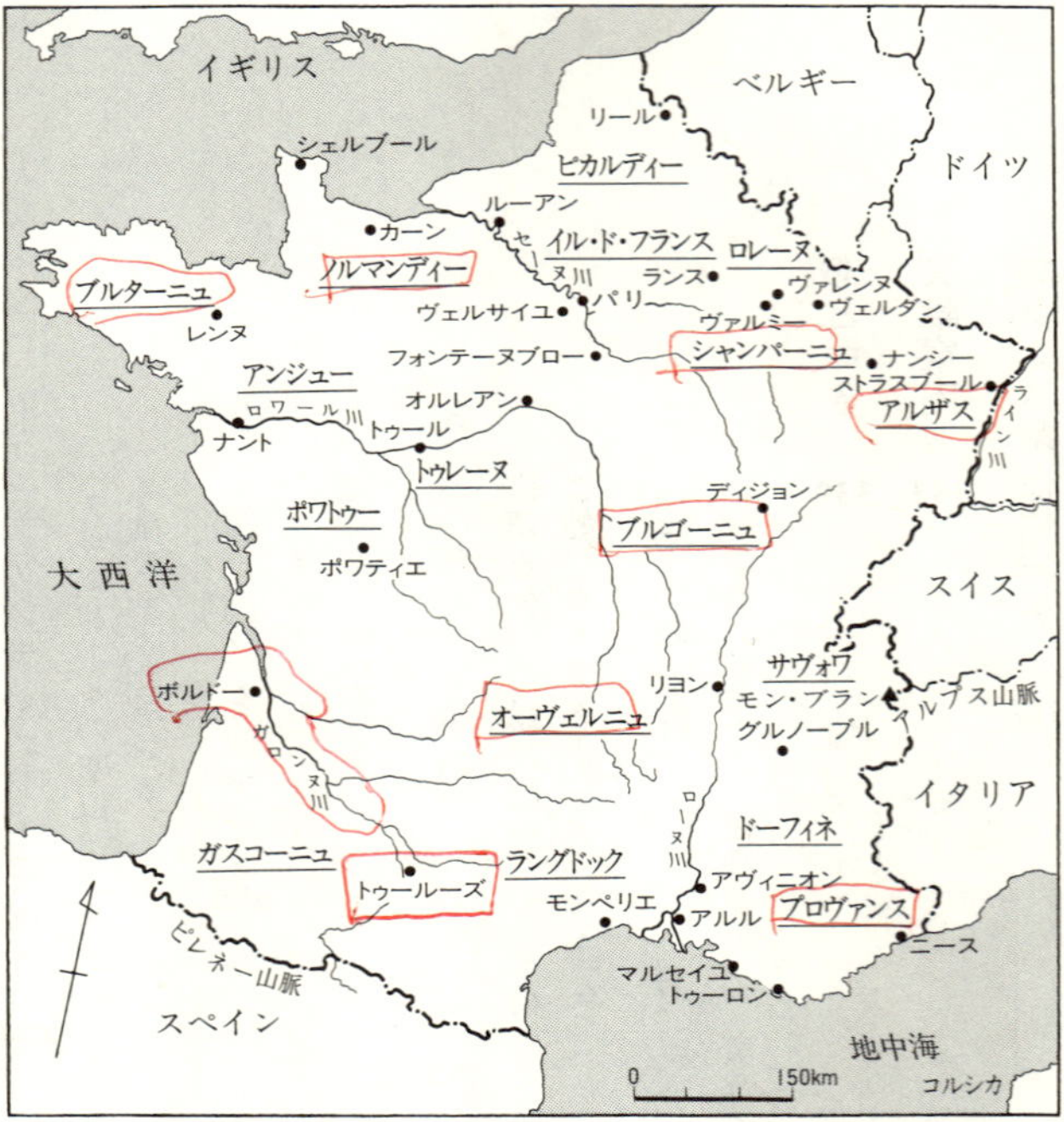

フランス全図
下線が引いてあるものは地方名を示す。

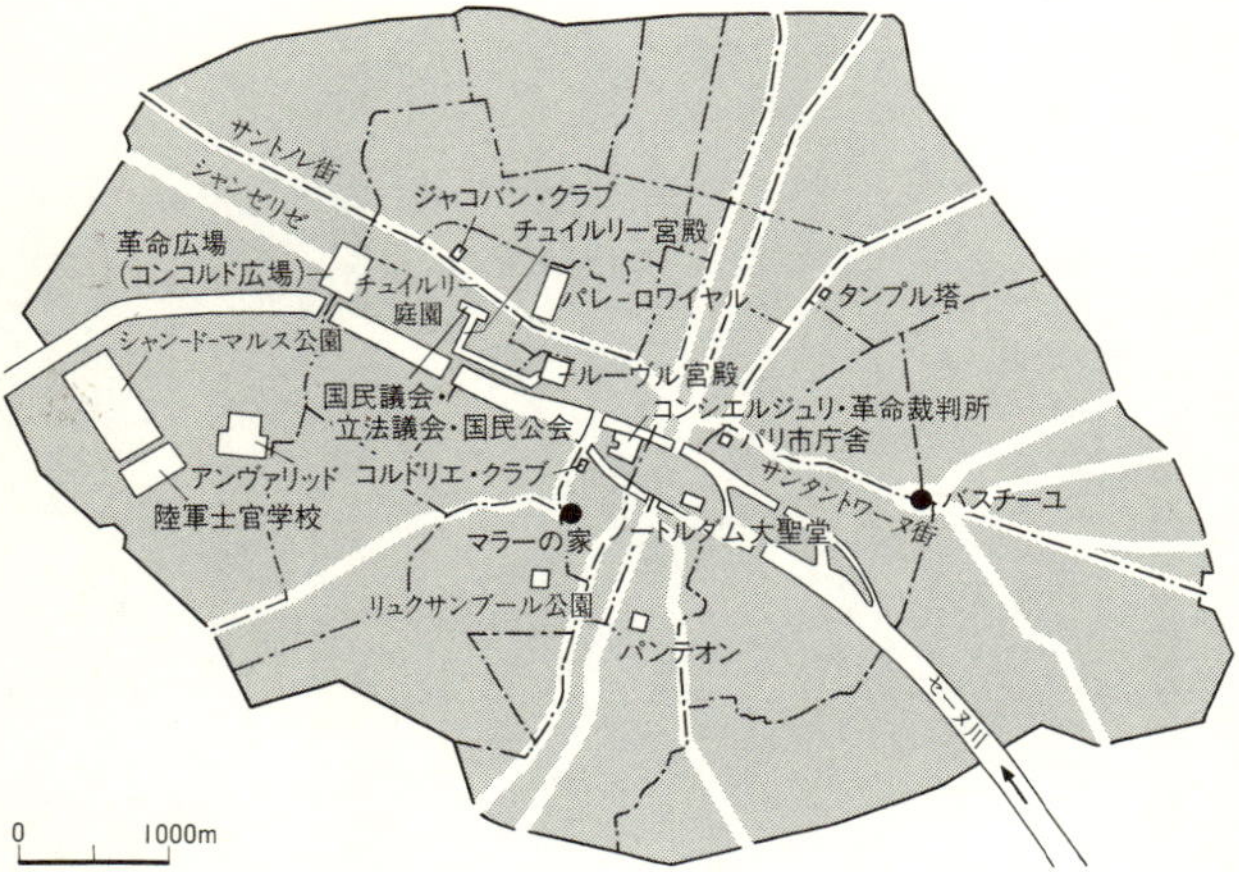

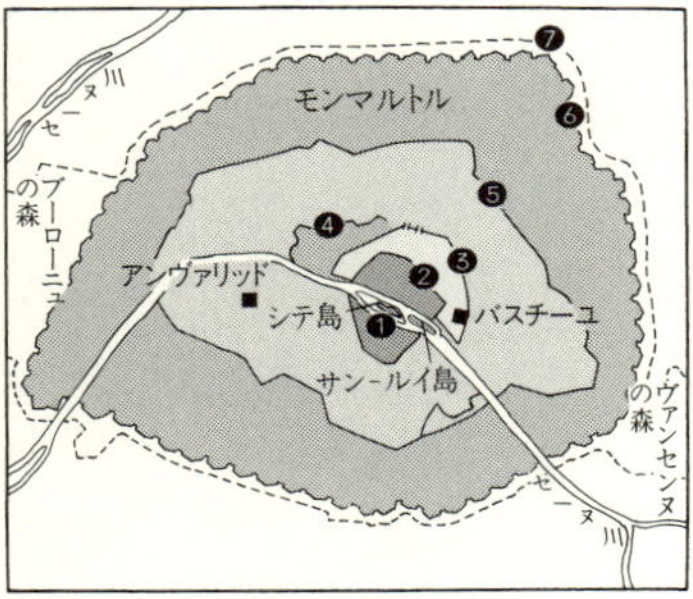

（上）革命期のパリ
（下）パリの変遷図

紀元前三世紀にシテ島に人が住みついたのがパリの起こりであり、この島を中心にパリは同心円状に発展してきた。セーヌ川は東から西へ流れている。①三世紀頃のパリ　②十三世紀初頭頃のパリ　③十四世紀後半のパリ　④十七世紀前半のパリ　⑤フランス革命期のパリ　⑥十九世紀半ばのパリ　⑦現在のパリ

序章　フランス革命とは

あらかじめフランス革命についてなんらかの具体的イメージを持っていただければありがたい、というのがこの「序章」の趣旨である。これから述べることの中には「なにを今さら……」といったわかりきったところもあるかもしれないが、了解事項の確認ということでお許し願いたい。あるいは逆に、わかりにくいところもあるかもしれない。そういうところはあまり気にせずに先に進んでいただきたい。そうすれば、いずれ疑問点は解消されるだろうと思う。

まず、「フランス革命は、いつからいつまでか」という話から始めたい。

フランス革命が起こったのは今からおよそ二百年前、日本の年号で言えば寛政《かんせい》年間のことであった。バスチーユ要塞《ようさい》（監獄）がパリの民衆によって攻め落とされ、フランス革命の本格的火蓋《ひぶた》が切られた一七八九年はちょうど寛政元年にあたる。時のフランス国王はルイ十六世であったが、日本は徳川十一代将軍家斉《いえなり》の時代であり、老中松平定信《まつだいらさだのぶ》による寛政の改革が行なわれていた。アメリカはまだイギリスから独立したばかりで、どこにあるかもわからないような田舎の弱小国家でしかなかった。フランス革命は、ナポレオンが政権を掌握した一七九九年のブリュメール（霧月）のクーデターで終わったとするのがいちばん普通の考え方であり、この十年間がフランス革命の時代とされる。一七九九年は寛政十一年にあたり、革命の十年間はすっぽりと寛政年間に収まる。

この十年間の中で革命が最高潮に達するのは一七九三年である。この時期は、人々が一途《いちず》な理想に駆り立てられていたという意味では夢のような時代であったが、多くの血が流れたという意味では暗い時代でもあった。非常に残念なことだが、激動の時代に流血はつきもの、というのが歴史の常のようだ。すぐ後で述べるように、フランス革命というのは日本史の出来事で言うと、だいたい明治維新のようなものだが、日本でも幕末から維新にかけての時期にはかなりの血が流れた。「人間の栄光と悲惨」ということを考えさせられる。フランス革命の場合は、恐怖政治の行き過ぎによって革命は衰退する。

一七八九年から一七九九年までの十年間をフランス革命の時代とするのがいちばん普通の考え方なのだが、一七九四年のテルミドール（熱月）のクーデターでロベスピエール率いるジャコバン政府が倒された後は革命らしい革命の時代は終わるので、十九世紀後半に非常に生き生きとした名著『フランス革命史』を書いたジュール・ミシュレのように、ここで筆を擱《お》く人もいる。*私自身は、一八〇四年に挙行されるナポレオンの皇帝戴冠《たいかん》式をもってフランス革命は最後的に終わった、とするのがよいと考えている。

＊ジュール・ミシュレ（一七九八―一八七四）は、ともすれば無味乾燥になりがちな現今の歴史学とは違い、人間の心の襞《ひだ》にまでも迫ろうとする。厳密な資料考証を行なった上で、過去を再現させよう

とする。歴史家としてすぐれているだけでなく、叙述が文学的にもすぐれているので、フランス文学史にも必ず登場する。『フランス革命史』が出版されたのはもう百五十年も前のことだが、革命史の古典として不動の地位を築き、今も新刊で購入できる。

現代社会の出発点

現在われわれが暮らしているこの社会、われわれにとってはまったく当たり前になっているこの社会は、昔からこうだったわけではない。たとえば、今は「おまえは武家の出ではないから、おまえを入学させるわけにはいかない」と言われることは絶対にないが、かつてはこうしたことが堂々と罷《まか》り通っていた。これは「生まれ」「身分」による差別であり、今から見ればとんでもないことだが、それが当たり前であり、世の中というものはそうでなければならないとされていた時代もあった。

人間の長い歴史の中では、「生まれ」「身分」による差別は当然と考えられていた期間のほうが圧倒的に長く、これが世界史的規模で否定されるようになったのは今から二百年ほど前のことにすぎない。こうした世界史的流れを決定的にしたのが、フランス革命であった。

ここで、「フランス革命とは何か」という大問題をひとことで片づけておきたい。

フランス革命とは、現在われわれが住んでいる社会、近代市民社会、近代資本主義社会の出発点に位置する革命である。われわれの社会は「国民主権」とか「法の前の平等」とかいった原則に則《のっと》って運営されているが、こうした現代社会の根本原則はフランス革命によって確立された。

「国は王家のもの」から「国は国民のもの」という原則に切り替わり、生まれによる身分的差別が原理的に打破された。革命前は「生まれ＝どんな家に生まれたか」「貴族か一般庶民か」といったことで人間の一生が決まるような社会だったが、革命後は個人の才能・実力・努力によって「生まれ」や「身分」には関係なくだれでも活躍できるような社会に切り替わる。経済的には、領主への年貢に象徴される封建主義社会から、現在のような資本主義社会に移行する準備がなされる。

簡単に言えば、フランス革命は近代化革命であり、日本史の出来事で言うと、だいたい明治維新のようなものと思っていただいていい。封建社会から近代社会へと切り替わる契機になったという歴史的意義は一緒である。もちろん、違っている点もたくさんあり、その最たるものは「国民主権」に関する点である。

フランス革命では、国王ルイ十六世を処刑してまでも「国は国民のもの」という原則が確立されたのに対し、明治維新では、徳川幕府は倒されたが、「天皇主権」の原則が打ち出された。戦前の日本の「天皇制」は、君主にあらゆる権限が集中していたという点ではフランス革命前の「絶対王政」と似たようなものだから、君主に関してはフランス革命と明治維新とでは、現象的にはまったく逆のことがなされたのであった。どちらの原則も新しい社会で国民統合のシンボルとして機能した、という点は同じなのだが。

「国民主権」とは、要するに「自分たち国民の一人ひとりが国の主人だ」という考え方で、これからの社会ではこれ以外の原則は通用しない。しかし、それがどんなに理にかなっていようとも、新しい原則はすぐには社会に定着しないというのが、この世の常である。過去の習慣の力はあまりにも大きく、人間はすぐには新しい原則に適応できないのである。人権の国として知られるフランスでさえ、ブルボン家の王政復古などがあって、「国民主権」の原則が社会に定着するまでに百年近くかかっている。日本の場合は「国民主権」の原則が立てられたのは戦後のことで、まだ六十年と少ししかたっていない。われわれ日本人の大多数が「国は自分たちのものだ」という実感を本当に持てるようになるまでには、まだ数十年かかるのではないだろうか。

フランス革命と明治維新の違いとして、もう一点だけ指摘しておきたい。それは、女性に関することである。フランス革命は男だけで行なわれたものではなく、女性が広く参加していた。これは普通の革命史の本を読んだのではよくわからないのだが、女性たちの働きは非常に大きく、女性たちの協力がなければフランス革命は成功しなかっただろうと私は考えている。明治維新で活躍した女性もいるが、ほとんどは連絡係といった程度で、大勢の前で演説した女性は一人もいない。フランス革命では、女性たちが集団で社会的実力行使に出たこともたびたびあり、国会など、公的な場で熱弁をふるった女性も珍しくない。フランス革命にくらべると、明治維新への女性の参加は極端に少なかった。フランスの女性が参政権を獲得したのは、日本と同じく第二次世界大戦を契機にしてのことだが、実質的中身に違いがあり、これも現在になお尾を引いているように思われる（フランスでは、副大臣格の閣外相も含めれば、これまでに誕生した女性大臣は優に一〇〇人を越えているだろう）。

フランス革命勃発《ぼっぱつ》後の社会では「個人の実力」がものを言うようになり、教育が普及していった。二つとも、それまでの身分制が崩壊したことから生じたことである。

革命前は、いちばん大事なのは「生まれ＝どんな家に生まれたか」で、役所でも軍隊でも、上流貴族の子弟はたとえぼんくらであっても順調に出世し（あるいは、最初から顕職につく）、庶民の場合はどんなに優秀で立派に勤めあげてもあまり上のほうには行けないというふうになっていた（ごく稀《まれ》な例外はあった）。革命によって「人間の自由と平等」が宣言され、個人の才能・能力が重視されるようになる。社会を変革するには個人として実力ある優秀な人間が必要とされる。革命前なら社会の片隅でくすぶっているしかなかった人間が活躍のチャンスを得、国のトップにさえ立つ。革命の最高指導者になるロベスピエールもそうだし、フランス皇帝、さらにはヨーロッパの覇者《はしゃ》となるナポレオンもそうである。こうして、変革の時代には多くの人材が輩出することになる。日本でも、幕末から維新にかけて中心的に活躍したのは下級武士たちだった。

フランス革命前は、教育を受けられるのはごく一部の恵まれた人たちだけだったから、自分の名前が書けるのは人口の三分の一程度だった。革命で「すべての人に教育を受ける権利がある」という原則が打ち出され、学校制度が整備されていった。これは明治維新後の日本も一緒である(ただし、もともとの読み書き能力普及率は日本のほうがずっと高かったであろう)。フランスでも日本でも、「生まれ」ではなく「個人の価値」が重視されるようになった流れは、くつがえされることなく今の社会に受け継がれている。

先進資本主義国と言われている国は、みな、フランス革命や明治維新のような革命を経験している。たとえば、イギリスの場合は清教徒革命と名誉革命がこれに相当し、アメリカの場合は独立戦争がこれに相当する(独立戦争は「アメリカ革命」とも呼ばれる)。こうした革命の中で、もっとも典型的なのがフランス革命であった。「典型的」というのは、「革命闘争がもっとも大規模かつ熾烈《しれつ》に行なわれ、古い社会がもっとも徹底的に破壊された」という意味である。

世界主義の理想

フランス革命が展開されていた寛政年間、日本は鎖国中であり、長崎の出島《でじま》を通じて細々と西欧とのつながりを保っていただけだった。当時の日本人にはフランスのことなどほとんど眼中になかった。それでも、長崎の出島にオランダ船がやってくるたびに徳川幕府に提出される『風説書《ふうせつがき》』によって、「バスチーユ陥落」の五年後の寛政六年（一七九四年）には、幕府上層部はフランスで大事件が起こったことをつかんでいた。もちろん、これが一般に公表されることはなかった。

幕府上層部と一部の知識人は外国の動向に関心を寄せていたとしても、一般の日本人はフランスという国があるということさえ知っていたかどうかあやしいくらいだから、フランスに対して無関心なのも当然だった。しかし、フランス人のほうはそうではなかった。革命家諸君は、日本のことをはっきりと意識していた。

フランス革命は《自由と平等》の理想が謳歌《おうか》される、非常に楽観的な雰囲気の中で開始された。人々は、自分たちが頑張りさえすれば、これまでのさまざまな悪弊《あくへい》は是正《ぜせい》され、すばらしい世の中になると信じきっていた。そのためなら、自分の命などどうなってもいい——「自由に生きる、さもなくば死」という革命期の標語にはそういった思いがこめられている。

パリにカルナヴァレ博物館というのがあり、フランス革命ゆかりの品々が展示されているが、当時の食器の一つひとつにまでこの標語が記されているのを見たとき、これほどに思想が日常生活に浸透していたのか、と私は深い感慨に打たれたものだった。

フランス革命の人々は、自分の国のことだけを考えていたのではなかった。自分たちは地球の表面を一新する運動の先頭に立っている、人類の未来のために闘っている、という意識があった。《自由と平等》の思想を世界に広め、世界中の人々を専制政治から解放しようという意気込みを抱いていた。

この世界主義の理想はとくに革命初期に強く、これをもっともよく代表しているのはアナカルシス・クローツという人物である。クローツはドイツの生まれで、男爵の称号を持つ大富豪だった。フランス革命に共鳴してフランスに帰化した。やがては革命議会の一員にもなるクローツは、みずから「人類のための演説家」と称し、自由を勝ち得た世界中の人々が等しく市民であるような世界連邦を考えていた。コルドリエ・クラブという政治クラブで次のように熱弁をふるっている。

「なぜ自然はパリを北極と赤道の中間に置いたのであろうか。それはひとえに、人間総同盟の発祥《はっしょう》の地、首府となるためではないのか。ここで世界の三部会が開かれるであろう……。それは今思っているほど遠い将来のことではあるまい、と私はあえて予言する……。人々はボルドーからストラスブールに行くのと同じように、*パリから北京《ペキン》へと行くだろう。船の連なる大洋が沿岸を結ぶだろう。東洋と西洋は連盟公園**で抱擁しあうだろう……。ローマは戦争によって世界の首都になったが、パリは平和によって世界の首都になるだろう……。考えれば考えるほど、ますます世界が一つの国民となることが可能に思われ、人類の山車《だし》を導くための世界会議をパリで開くことがより容易であるように思われてくる」

*ボルドーはフランス南西部、大西洋沿いのワインの名産地。ストラスブールはフランス北東部、ドイツ国境沿いの都市。欧州連合（EU）の欧州議会はストラスブールに置かれているので、今後はストラスブールは少しずつ有名になるのではないかと思う。ストラスブールはフランスのはずれに位置するが、EU全体で見ると、ほぼその中心に位置する。

**連盟公園とは、現在エッフェル塔が立っているシャン＝ド＝マルス公園のこと。エッフェル塔は、フランス革命百周年にあたる一八八九年に、この年に開かれるパリ万国博覧会に合わせて建てられた。

この演説に、「バスチーユ陥落」の立役者で、やがては有力な革命家になるカミーユ・デムーランがエールを送る。

「アナカルシス、万歳！　彼とともに天の水門を開こうではないか。理性の力によって専制主義が溺《おぼ》れるのがフランスだけだというのでは十分でない。地球全体が水浸しになり、あらゆる国の王座が基礎からくつがえされ、洪水の中に浮かぶようでなければならない……。スウェーデンから日本まで、それはなんというすばらしい光景であろうか！」

革命家諸君は日本や中国をも視野に入れていたのであり、革命初期のパリはこんな演説がごく普通に飛び交うほど熱気にあふれていた。

日本が鎖国の真っ最中だった時代に、革命家諸君が日本のことまでも心配してくれていたことに私は感動する。

ただ非常に残念なことに、一七九二年に対ヨーロッパ戦争が始まってからは、世界主義の理想は後退し、自国中心のナショナリズムに取って代わられてゆく。そして、東洋と西洋との本格的な出会いも、一方が他方を植民地にするという形で始まることになるのだが、アジアとヨーロッパの本格的交流が革命家諸君が思い描いていたような形で始まっていたら、どんなによかったことだろう。

途中で挫折《ざせつ》したとはいえ、「世界中の人々が一つにまとまること」はフランス革命のもっとも根本的な願望の一つであったと私は思う。革命が始まった当初の頃は、ほかのヨーロッパ諸国の人々も熱い思いをもって革命のフランスの動向を見守っていた。あの謹厳なドイツの哲学者カント、いつもきっちり正確に同じ時間に散歩するのでその姿を見て人々が時計を合わせていたというカントでさえ、フランス革命には平静ではいられず、ニュースを知るためにいつもの散歩コースを変更したほどだった。

クローツやデムーランが世界主義の理想について熱く語っていた頃、鎖国時代の日本にも西欧に思いを馳《は》せていた日本人がいた。林子平《はやししへい》である。子平が『海国兵談《かいこくへいだん》』で幕府のお咎《とが》めを受けたのは寛政四年（一七九二年）のことであった。

この本の中で、子平は一見クロ－ッと似たようなことを言っている――「細《こま》かに思へば江戸の日本橋より唐《から》、阿蘭陀《オランダ》迄《まで》境なしの水路也」

お江戸日本橋の下を流れる川を見ながらこんなことを考えたのは子平ぐらいのものだったろうが、「だから、ヨーロッパとも手を結ぶべきだ」というのではなく、「だから、海の防備をかためなければならぬ」というのが彼の主張であった。ただ国を憂えただけであったのに、幕府から版木《はんぎ》を没収され、蟄居《ちっきょ》を命じられた。鎖国政策をとる幕府にとって、日本と外国とを結ぶ水路について云々《うんぬん》する人間ははなはだ都合が悪かった。子平の悲憤慷慨《ひふんこうがい》ぶりは「親もなし妻なし子なし板木なし金もなければ死にたくもなし」という歌によく表われている。

子平の思いはけっして杞憂《きゆう》ではなく、ロシアのラックスマンが根室《ねむろ》にやってきたのは幕府が子平を処罰して四ヵ月後のことであった。そしてやがてはフランスも、革命終了後に資本主義の道を着々と歩み始め、市場を求めてアジアに至り、他の欧米諸国とともに日本に開国を迫ることになる。明治維新はこうした欧米諸国の圧力に触発されたものだった。だから、明治維新とフランス革命との間には約八十年の隔たりがあるが、二つの革命は連関もしているのである。

子平のヨーロッパへの思いはフランスの革命家諸君の世界主義とは方向が逆だったが、世界を視野に入れたというだけでも、子平は立派な先覚者である。

フランス革命の世界主義は、夢に終わったとはいえ、今から見ても非常に意義深い。今日、国家主義は一つの転機を迎えている。国家と国家が対立すれば、最悪の場合は戦争になるが、一人ひとりの住民同士には別にそれほどの敵意はない。今ヨーロッパでは、これまで戦争までして争ってきた国々が、国境を取り払って一つの国になろうとする壮大な実験が行なわれている。EU、欧州連合である。二百年たって、ようやく革命家諸君の理想が現実のものになりつつある、と私には思われる。

メートル法

フランス革命に関することで、われわれ日本人にいちばんなじみ深いのは、実はメートル法である。「キロ」とか「グラム」とかいう、あれである。メートル法は、フランス革命のときにフランス人によって作られたものなのだが、これが意外と知られていない。メートル法は、フランス革命の世界主義とも関わりがある。

なぜ、フランス革命のときにメートル法が作られたのだろうか?

まず、実際的な理由がある。革命前のフランスは、それぞれの地域が独立・自律的で閉鎖的な暮らしをしていた。これは、明治維新前の日本が藩に分かれ、藩単位で生活が営まれていたことを思い浮かべるとわかりやすい。維新後の日本と同様に、革命後のフランスは政治的には中央集権国家になり、経済的には全国が一つの市場に統一される。こうなると、遠隔地の人同士がごく普通に商取引をするようになる。その際、全国一律に通用する度量衡《どりょうこう》の制度がなければ、注文とは違う量の商品が届くなどのトラブルが発生する。革命前のフランスにも、もちろん度量衡の制度はあったが、名称は同じでも地方によって中身が微妙に違っていた。だから、新しい度量衡の制度が必要になったのである。

メートル法は、地球の大きさを基準にして作られた。子午線の四分の一（北極点から赤道まで）の一〇〇〇万分の一を一メートルと定めた。だから、地球を一周すると四万キロという計算になる。したがって、この地球上には二万キロ以上離れた場所というのはない。どんなに遠い場所であろうと、そこは二万キロ以内のところにある。東京とパリも、直線距離にすると一万キロ弱しか離れていない。だから、もし「ユーラシア大陸横断高速道路」のようなものがあれば、朝鮮半島まではフェリーを使用しなければならないが、東京からパリまでドライブで行くことも十分に可能だ。メートルは度（長さ）の単位、リットルは量（容積）の単位、グラムが衡（重さ）の単位で、これが三位一体となって新しい度量衡の制度ができた。

ひょっとすると、読者の皆様の中にはメートルとかリットルとかグラムを英語だと思ってきた方もおられるかもしれない。これらはすべてフランス語であり、キロメートルもセンチメートル（正しくは、サンチメートル）もミリメートルなどもすべてフランス語なのだから、皆様のフランス語の語彙《ごい》はなかなかのものなのである。*

* 「百」のことをフランス語では「サン cent」と言い、「サンチメートル centimètre」とは「一メートルの百分の一」という意味である。日本は明治十八年（一八八五年）にメートル条約に加盟したが、このとき、政府の役人が「センチメートル」と読み間違えてしまい、以来、われわれはこう言い続けている。なお、フランス人がメートル法制定のために測量を行なったのは二百年前のことなので、精度にごく微量の誤差があった。このため、現在は一メートルの長さについて光の速度を基準にした定義がなされている。一メートルの長さ自体は、現在も革命家諸君が定めた長さのままである。

メートル法を作るために、フランス人は大変な苦労をした。ドーバー海峡に面するダンケルクからスペインのバルセロナまで、経線に沿って三角法による実地測量をしたのだが、途中、山もあれば川もある。断崖《だんがい》絶壁に行く手を阻まれることもある。そして、当時は狼や熊に襲われることもあれば山賊が出没する時代でもあった。測量するだけで六年ぐらいかかった。きっと、怪我《けが》人や死者も出たに違いない。

実際的理由だけなら、こんなに苦労することはなかった。「パリの尺度を全国に適用する」と宣言すれば十分だった。しかし、古い尺度を使うことをフランス革命の人々は潔《いさぎよ》しとしなかった。これからは人間が自由に平等に幸福に暮らせるすばらしい世の中になる。これまでとは違うまったく新しい世の中を打ち立てるのだから、度量衡の制度もまたまったく新しいものでなければならなかった。フランス革命の人々とは、大いなる幻想にとらわれた人々であり、それまで使ってきた西暦は古い時代のものだからもう使うわけにはいかないというので、新たに革命暦（共和暦）というのを作り、月の呼び名さえも「一月、二月……」はやめて「テルミドール（熱月）」とか「ブリュメール（霧月）」とかいうふうに変えてしまったほどだった。

新しい度量衡の制度を作るにしても、もっと手軽に一メートルの長さを決めることもできたはずだが、地球の大きさを基準にしたのは、フランス人は「普遍性」が好きだからである。つまり、何かその辺の物を基準にして一メートルと決めたのでは世界の人々が納得しないだろう、地球を基準にすれば世界中の人が遍《あまね》く受け入れてくれるだろうと考えたのである。これは「人間の自由と平等」の普遍的理想を謳《うた》いあげたこと、世界主義の理想を抱いていたことと軌を一にする。

今の若い人たちはほぼ全員が病院で生まれ、生まれたとき「体重三〇〇〇グラム」とか書かれたはずである。したがって、フランス革命など自分とはなんの関係もないと思っている若者たちも、実は「おぎゃぁ」とこの世に生まれた瞬間から日々フランス革命の世話になってきたのである。

革命を準備した啓蒙思想

フランス革命は、遅かれ早かれ、いつかは起こるべきものだった。思想的にも長い年月をかけて準備されてきた。

「啓蒙《けいもう》思想」というのは、ヴォルテール、モンテスキュー、ルソー、ディドローらに代表される思想のことである。「啓蒙思想」は全ヨーロッパ的な規模の思想運動だが、とくにフランスで発展した。私は本当は「十八世紀革命思想」と呼びたいのだが、日本で定着している「啓蒙思想」という言葉を使うことにする。

「啓蒙思想」とは、どんな思想なのだろうか？

桑原武夫編『フランス革命とナポレオン』にわかりやすい説明があるので、以下に引用する。

「啓蒙思想とは近代ヒューマニズムということである。神ではなく、人間をあらゆることの中心におくという考え方は、すでにルネサンス時代に現われている。しかし、一八世紀のヒューマニズムは、ニュートン以下に代表される近代科学、それを応用した技術の、まだ徐々たるものではあるが確実な歩みを考えに取り込んだ、新しい進歩的人間主義なのである。

その根本は、人間の理性と善意への揺るがぬ信念に支えられた批判の精神であって、当然、人間の自由を圧迫する絶対主義的な権威の否定へと向かう。しかもそれが、単なる教養としての知識にとどまらないで、実践をめざすものであることが、啓蒙思想の特色である」

攻撃の矛先は、政治だけでなく、宗教にも向けられる。十八世紀には、現代のわれわれには想像もできないほどにキリスト教の影響力が強く、生活のすべてを律していたと言っていいほどだった。啓蒙思想家たちは、キリスト教は人間を抑圧するものだと批判した。とくにカトリックが攻撃の対象になり、腐敗ぶりを暴露することによって、その権威を否定しようとする。「人生は涙の谷間」だとするキリスト教的禁欲主義をしりぞけ、人生の目的はこの現世で幸福を追求することだと考える。と言っても、すべての思想家が神の存在そのものを否定したわけではない。

「一般に彼らは、理性と神とを同じものだと考える立場、つまり理神論の立場にたった。善良な神様がこの世界をつくったのであって、本来、人生に絶望すべき理由はどこにもない。幸福は追求しなければならないが、それは理性を十分にはたらかしさえすれば、おのずと解決できる問題だ。そして、人間は理性をはたらかして努力さえすれば、無限に進歩するものだと考える。科学の進歩による社会の成長を先取して、彼らは楽観的進歩主義に立つのである。

ところで、現実の社会はどうか。不道徳と不幸が支配しているではないか。それはだれの責任か。そのさい、啓蒙思想家たちは、もはや原罪の思想を捨てさっている。神はこの世をつくったかもしれない。しかし、その上にできた人間社会は、まさに人間がつくったものである。責任は人間にある。自分の手でつくったものである以上、これを改造できぬはずはない。いや、人間は理性をはたらかして正しい社会をつくり、自分たちを幸福にする義務がある。社会は改良し得るものという考え、いまの人間にとっては、それはわかりきったことだが、停頓《ていとん》した、不合理の支配する封建時代において、こうした近代的発想は社会変革の大きな口火となる」

フランス革命は「国は王家のもの」から「国は国民のもの」へと原理が切り替わる世界史的大転換期に起きたのだが、その背景には資本主義の勃興があった。「ブルジョワジー」と呼ばれた富裕市民層が経済的にも政治的にも力を蓄え、その社会的実力がそれまで世の中を支配してきた王と貴族の力を越えようとする過程の中で革命は起きた。この世を支配してきたのは、いつでも最強の集団である。それまでは、王と貴族が最強の集団だった。だから世の中を思いどおりにできた。しかし、富裕市民層の力のほうが上回るようになれば、いつまでも支配に服しているはずはなく、力関係の逆転はいずれは表面化する。こうした事情も、革命が起こらざるを得なかった原因の一つであり、今日の資本主義社会に続いているのである。

　革命には、思想的武器が必要だ。思想なき革命というのは、あり得ない。思想がなければ、単なる一揆《いっき》、暴動で終わる。革命家たちの思想的武器となったのが啓蒙思想であった。フランス革命で謳われた《自由と平等》の理想も、啓蒙主義から導き出されたものである。「この世でいちばん大事なのは『生まれ＝血筋』であって、これですべてが決まる」という王と貴族の考えに対して、市民たちは「人間の価値は、生まれではなく、個人の才能と実力によって決まる」という考えを対置した。

　啓蒙思想は反絶対王政・反身分制の思想であり、市民的立場の思想であるが、旧体制社会の中で特権を享受していた貴族、それも大貴族の中にさえも、一部同調者が出始めていた。こうした貴族たちは、王権に対して自分たちの立場を強化したいという利己的思惑《おもわく》があったにしても、現行の社会システムが理に合わないことを認めざるを得なかった。開明的貴族と一般市民（第三身分）との連合戦線は革命の先鋭化とともに破れはするが、啓蒙思想が支配階級の一部にまで浸透していたことは、時代の勢い、趨勢《すうせい》を物語るものであった。

　したがって、フランス革命は、一七八九年に国家財政の破綻《はたん》を引き金に本格的に始まることになるが、十八世紀を通じて啓蒙思想によって徐々に準備されてきたのでもあった。ただし、啓蒙思想は暴力を容認するものではなかった。というより、暴力的手段によって目的に到達することなど、想定されてさえいなかった。啓蒙思想は人間がたどり着くべき目標を提示し、その目標には理性的人々のコンセンサスによって自然に到達できるものと考えられていた。

革命期のフランスの人口動態について簡単に言及しておきたい。

革命勃発時のフランスの人口は二六〇〇万であった。これはロシア(三〇〇〇万?)やハプスブルク帝国の総人口(二七〇〇万)よりは少ないが、イギリス(一〇〇〇万)やスペイン(一〇〇〇万)やプロシア(六〇〇万)にくらべるとはるかに多い。革命のフランスは一国でほぼヨーロッパ全部を相手に戦争することになるが、この人口の多さがその支えになった。また、十八世紀初頭のフランス人口は二〇〇〇万だったから、九十年の間に人口が三割も増えたことになる。しかも、人口構成が若かった。一七八九年の時点で人口の三六パーセントは二十歳以下で、四十歳以上は二四パーセントにすぎなかった。つまり、人口の四分の三は四十歳以下だったのである。人口の増大と人口構成の若さが社会的活力を産み、これも革命の原動力の一つになった。

一七八九年にフランス革命が勃発したとき、時の国王はルイ十六世であった。フランス革命は一七九三年に最高潮に達するが、この頃の革命の最高指導者はロベスピエールであった。

一七九九年にブリュメールのクーデターで革命を終息させるのがナポレオンである。したがって、フランス革命はルイ十六世に始まり、ロベスピエールを経由して、ナポレオンで終わる、と言うことができる。

第一章　「古き良き革命」の時代

フランス革命が「国は王家のもの」から「国は国民のもの」へと原則が切り替わる歴史的流れの中で起こったことは、これまでにも述べたとおりである。しかし、フランス革命は王政の廃止を目標にして開始されたのではまったくなかった。むしろ、逆である。革命当初は、国民と国王が一致協力して改革を推《お》し進めていけばすばらしい世の中になる、と人々は楽観的に信じていた。革命初期のスローガンは「国民、国王、国法！」であり、このスローガンには、新たに憲法を定めて絶対王政の悪弊を正し、国民と国王が一丸となって国造りに邁進《まいしん》しようという人々の思いがよく表われている。

革命が勃発した一七八九年の時点では、王政を廃止しようなどと思っていた人はフランス中に一人もいなかったと言っていいほどだ。バスチーユ攻撃の口火を切るカミーユ・デムーランも「一七八九年七月十二日の時点で、フランスには共和主義者はたぶん一〇人といなかっただろう」と言っている。後には国王裁判の最先鋒《せんぽう》に立つロベスピエールでさえ、革命勃発後もなお二、三年間は国王贔屓《びいき》だった。

国王が人々の信頼を失い、「王政を廃止せよ」という世論が沸き起こってくるのは、一七九一年六月の「ヴァレンヌ逃亡事件」以降のことにすぎない。それまでは、一部に流血の事態はあったし、軍隊との緊張関係もあったけれども、国王に対する人々の期待は大きく、ほぼ和気藹々《わきあいあい》とした雰囲気のうちに革命が進行していた。

1 名君にもなり得た国王

ブルボン家五代目

フランスの君主の家系は全部で四つある。四八一年に王位についたクローヴィスを開祖とするメロヴィング家、七五一年に王位についたペパン（ピピン）を開祖とするカロリング家、九八七年に王位についたユーグ・カペーを開祖とするカペー家、一八〇四年に皇帝に即位するナポレオンを開祖とするボナパルト家、の四つである。

一三二八年から一五八九年まで王位にあったヴァロワ家と一五八九年以降王位にあったブルボン家はともにカペー家の傍系で、王政廃止後にルイ十六世が「ルイ・カペー」と呼ばれるようになるのはこのためである。

フランス革命前の社会システムは、総称して「旧体制（アンシャン・レジーム）」と呼ばれるが、その根幹をなすのは絶対王政であった。絶対王政は、ブルボン家三代目の国王、太陽王ルイ十四世（在位一六四三―一七一五）の時代に完成の域に達した。「王権神授説」によって地上における神の代理人とされた国王が絶対的権限を持ち、何よりも「生まれ＝血筋」が第一とされる身分制社会だった。現在のわれわれの社会は三権分立にもとづいているが、絶対王政においては行政・立法・司法の権限が国王に集中していた。国民は三つの身分に分けられ、第一身分が僧侶（聖職者）、第二身分が貴族、残りの一般庶民が第三身分（平民）だった。第三身分が人口の九八パーセントを占めていた。僧侶が第一身分とはいっても、枢機卿や大司教といった一握りの高位聖職者を除けば、民間で暮らしていた大部分の僧侶の境遇は第三身分に近かった。一七八九年五月に開催される三部会ではこうした一般僧侶が第一身分代表議員三〇〇人のうち二〇八人を占めていて、このことが三部会全体の動向を左右することにもなる。実質的に社会を領導していたのは貴族階級であり、二パーセントにも満たない人々が残りの九八パーセントの人々を支配してきたのであった。そして、第三身分（その八割以上が農民）が重税にあえいでいたのに対し、僧侶と貴族には免税特権が与えられていた。

ルイ十六世はブルボン家五代目の国王であった。ルイ十四世からは二代後にあたるが、世代的にはずいぶんと間があいている。系図を示すと次のようになる。

ルイ十四世――○――○――ルイ十五世――○――ルイ十六世

つまり、ルイ十五世はルイ十四世の曾孫《そうそん》にあたり、ルイ十六世はルイ十五世の孫にあたる。間が抜けたのは、息子や孫が父親や祖父よりも先に死んでしまったからである。

太陽王ルイ十四世は結構ずくめの国王だった。まず、時代に恵まれた。国王を頂点に社会が整然と階層化された絶対王政の最盛期、いかなる問題も存在しないとされた社会に君臨することができた。静的な時代であり、「ヴェルサイユ庭園の噴水の水でさえも止まっているように見えた」と言われた。フランスはヨーロッパ一の強国であり、文学・絵画・建築など文化的にも隆盛を誇っていた。ヴェルサイユ宮殿を造営したのもルイ十四世である。壮麗なヴェルサイユ宮殿はほかの国々の君主たちを羨《うらや》ましがらせ、ヨーロッパ各地にヴェルサイユを模倣した宮殿が建てられた。ルイ十四世には常に、戦勝による栄光、文化の輝き、国力の強さという後光が差していた。太陽のように光り輝く王様と言われたルイ十四世は、「朕《ちん》は国家なり（国家とは、この私のことだ）」と豪語した。女性たちからは、優雅さにあふれるすてきな人、神にもまごう地上最高の男性と思われていた。ルイ十四世は、選《よ》りすぐりの美女たちに取り囲まれながら、偉大な国王として生涯を終えることができた。

ルイ十五世（在位一七一五—一七七四）は、政務はそっちのけ、ほとんど女性専門に生き、六〇人以上の私生児を残した国王だが、彼の時代にも、絶対王政の屋台骨はまだ持ちこたえていた。

ルイ十六世の時代に革命が勃発することになるが、これは、それまでの絶対王政のツケが回ってきた結果である。

世が世なら

革命の混乱をうまく処理できなかったというので、ルイ十六世は無能にして鈍重な国王ということにされてきたが、どんなにすぐれた君主でも、フランス革命の荒波を乗り越えるのは至難の業《わざ》であったろう。革命はいつかは起こるべきものであり、ルイ十六世は、不運にも、たまたまその時期に遭遇したにすぎない。革命でルイ十六世が数々の失策を犯したのは事実だが、フランスではルイ十六世についての再評価の動きが進んでいる。それなのに、日本であいも変わらぬイメージが大手を振って歩いているのは実に嘆かわしい。だから、まずここではっきりと言っておこう、ルイ十六世は世が世なら名君にもなり得た国王だった、と。こう言ったからといって、ただちにイメージが正されるとは私は思っていない。一度定着したイメージをくつがえすのは非常に難しいということを自覚した上で話を続ける。*

＊先頃翻訳が出たプティフィス『ルイ十六世』（小倉孝誠監修、二〇〇八年七月、中央公論新社刊、全二巻）は、フランスにおけるルイ十六世見直し作業の白眉《はくび》とも言うべき本である。このような本の日本語訳が刊行されたのは大変意義深いことであるし、これまで孤立無援の思いでルイ十六世のイメージ是正に努めてきた私個人にとっても非常に心強い。この本を書くにあたって、参考文献の一つとして参照させてもいただいた。

ルイ十六世は一七五四年八月二十三日にヴェルサイユで生まれた。したがって、フランス革命が勃発したとき、三十五歳だった。ルイ十六世は、ルイ十五世の長男ルイ＝フェルディナンの三男であった。フランスでは王位は長子から長子へと受け継がれる決まりが厳密に守られるので（女子には王位継承権がなく、フランスには女王は一人もいない）、二人の兄のいずれか一人でも健在であれば、彼が国王になることはなかった。

次兄が死亡したのはルイ十六世が生まれる前のことだが、三つ年上の長兄とは一緒に遊びながら育った。長兄は利発活発で、彼にとって実に頼もしい兄だった。大好きで尊敬もしていた兄が十歳で病死したことが、彼の心に暗い影を投げた。両親が兄に大きな期待をかけていたことがよくわかっていたから、兄の死が悲しかっただけでなく、子供心に後ろめたさのようなものも感じたのではないだろうか――兄の代わりに自分が死ぬべきではなかったか、と。父親が一七六五年に三十六歳という若さで病死したため、ルイ十六世は十一歳で王太子になった。

ルイ十六世

新王太子は見た目はあまりぱっとしなかった。何か言われて即座に当意即妙な返答をするのではなく、言われたことについてじっと考え込むような子供だった。あまりしゃべらないし、動作もきびきびとしたほうではなかったので、周囲の大人たちは「この子は少し頭が弱いのでは」と思ってしまう。家庭教師たちは、寡黙でおとなしい王太子が非常に飲み込みの早い少年であることを知っていた。それでも、気のきいた会話ができるわけでもなく、ダンスを優雅に踊れるわけでもなかった。感受性が強く、頭の中は活発に動いているのだが、軽薄な宮廷人にはそれがまったくわからない、そのような少年だった。

ブルボン家とハプスブルク家は長い間敵対関係にあったが、オーストリアの女帝マリア－テレジアからの働きかけで、外交政策の大転換がはかられることになった。その具体的成果が、ルイ十六世とマリー－アントワネットとの結婚であった。ルイ十六世はまだ王太子で十五歳と九カ月、マリー－アントワネットは十四歳と六カ月だった。

錠前作りという王家の人間らしからぬ趣味を持ち、どことなくぼーっとした感じの王太子は、派手で活発な性格のマリー－アントワネットにとって、少女が夢見る白馬の王子様ではまったくなかった。優美な遊びの世界にひたっていたい妻と真面目《まじめ》一方の夫、というわけで、二人の結婚には最初から、今で言う性格の不一致があった。その上、結婚が七年間成就せず、マリー－アントワネットの兄がフランスにやってきて手術を受けるよう直々《じきじき》にルイ十六世を説得して、一件落着という経緯があった。マリー－アントワネットが、夜な夜な、貴公子たちを引き連れて遊び回るようになったのはこのためとも言われるが、結婚したとき、二人ともまだ子供と言っていい年齢だったということも考慮されるべきだろう。今の日本で言えば、中学三年生と二年生なのである。それでも、輿入《こしい》れした当初は愛くるしい王太子妃として国中から大歓迎を受けたマリー＝アントワネットは、遊び好きで浪費家の女として評判をがっくりと落とすことになる。手術のかいがあって、やがて女の子と男の子二人ずつの子宝に恵まれ、マリー＝アントワネットもずっと落ち着いた生活を送るようになるが、評判が好転することはなかった。

一七七四年五月、祖父ルイ十五世が死亡してルイ十六世は国王に即位したが、まだ十九歳、新王妃のマリー＝アントワネットは十八歳だった。二人はあまりにも若くして重責を担うことになったのに不安を感じ、抱き合って泣いたという――「神様、私たちを守ってください、保護してください。私たちはあまりにも若くして国を統治することになってしまいました」

しかし、ルイ十五世の治世は、娼婦《しょうふ》出身の女性が公式寵姫《ちょうき》として宮廷のトップに立ったことによく象徴されるように（公式寵姫については後でふれるが、簡単に言うと国王の正式な愛人のこと）非常に乱れたものだったので、うんざりしていたフランスの人々は若き国王の即位を大歓迎し、その熱狂ぶりはブルボン家の開祖アンリ四世（在位一五八九―一六一〇）以来と言われたほどだった。そして、ルイ十六世は国民の期待によく応《こた》えた。

革命前のすぐれた治世

革命期の対応のまずさが強調されるあまり、革命前十五年間のルイ十六世のすぐれた治世が無視されてきたが、これを正当に評価しておく必要がある。革命期の無様《ぶざま》な失態を論《あげつら》うだけではルイ十六世の人間像を正しく把握できない。

独立戦争に直面したアメリカを積極的に援助したことは、財政をさらに悪化させた面はあるが、時代の要請に応えた外交政策としてもっと評価されるべきだろう。イギリスという専制から植民地アメリカが自由と独立を勝ち取ろうとした戦いだから、啓蒙主義の時代的流れにそっていた。今日のアメリカがあるのもルイ十六世のおかげ、と言っていい。

内政面においても、一七八七年の寛容令によってプロテスタントやユダヤ教徒など、カトリック教徒以外の者にも戸籍上の身分を認めたのは、一六八五年に太陽王ルイ十四世がナントの勅令を廃止し、商工業を担っていたプロテスタントの国外大量移住を招いて国を疲弊させた失策を百年ぶりに正したものである。この政策は、信教の自由にもつながる先進的なものだ（革命期に、プロテスタントやユダヤ教徒にも市民権が正式に認められる）。

フランスは伝統的に、陸軍は強いが海軍は弱かった。ルイ十六世は海軍改革にも着手していた。組織を改編し、防波堤を築いてシェルブール軍港を開設し、ブレスト、ロッシュフォール、ロリアン、トゥーロンに乾ドック（水の出し入れができるドック）を建設した。『フランス革命史』の中でミシュレは、「力強く、生命力にあふれ、赤と金の輝かしい海軍元帥の軍服に身を包んだ」若き日のルイ十六世がシェルブール軍港を訪れ、「フランスが（対イギリス以上に）大洋を打ち負かした高名な防波堤」を視察する様子を描いている。ルイ十六世の海軍についての知識には、軍の幹部たちも舌を巻いた。

また、ルイ十六世は刑罰の人道主義化も推進していた。裁判の一環として行なわれてきた拷問を二度の王令によって全面的に禁止し、死刑に先立って執行されていた手首切断の刑といった残酷なだけの刑はルイ十六世の治世には行なわれなくなった。死刑判決自体も、ルイ十六世の即位以後は減少する傾向にあった。

ルイ十六世にはたしかに不器用で優柔不断なところはあったが、明晰《めいせき》な頭脳の持ち主であり、同時代のヨーロッパの君主たちの中でもっとも教養あふれる君主だった。地理、歴史、精密科学に精通し、外国語も数カ国語話せた。なにしろ、イギリスの哲学者ヒュームの著作を子供の頃から原書で読んでいたほどなのだから。ヒュームは一七六三年にヴェルサイユの宮廷を訪れたが、このとき、すでにその著作に親しんでいた九歳のルイ十六世は賛嘆の念をこめた歓迎の辞を述べている。

狩猟と錠前作りがルイ十六世の二大趣味だったが、この錠前作りの趣味にしても、いい年をした王様が工房で錠前作りに熱中している様はあまり格好のいいものではないが、これは精密科学に対する関心の一環であって、けっして伊達《だて》ではなかった。ギロチンの斜めの刃を提唱したのはルイ十六世であるが（このことについては「第三章」でふれたい）、精密科学について造詣《ぞうけい》が深く、金属工作が得意だったルイ十六世には、斜めの刃でないとうまくいかないだろうということがわかったのである。

革命の嵐が吹き荒れるまでは、ルイ十六世は国民にも絶大な人気があった。このまま平安の世が続いていれば、啓蒙主義の時代にふさわしい進歩主義的な善政を布《し》いた国王として歴史に名を残すことになっていただろう。

一人の愛人も持たない国王

ルイ十六世は妻のマリー＝アントワネット以外の女性には興味がなく、ただの一人の愛人も持たなかった。これはフランス歴代国王の中で前代未聞の類《たぐ》いに属する。

フランスの宮廷には日本や中国のような後宮はない。後宮や大奥には、正室に子供ができなかった場合に側室で世継ぎを確保する意味合いもあるが、フランスの場合は、キリスト教の教えにより、神の前において正式に結ばれた女性、すなわち王妃の子供にしか王位継承権が認められていなかったから、後宮を設ける大義名分がない（王妃の子供にしか王位継承権がないのは、イギリスやスペインなど、他のキリスト教国でも同じ）。それに、女性尊重の「ギャラントリー（女性への気配り）」の伝統からいっても、本人の意思を無視して一方的に女性を召し上げ、大勢の女性をハレムに囲っておくというのは、社会的にもなじまなかった。

その代わり「公式寵姫」という独特な制度があり、公式の愛人を一時に一人だけ持っていいことになっていた。公式寵姫は、日陰の存在ではまったくない。文字どおり公式の存在であって、外国大使を引見し、宮廷舞踏会や宴会を主催する。公式寵姫は美貌《びぼう》と肉体と頭脳を武器にして国王のほかの愛人たちとの熾烈な闘いを勝ち抜いて宮廷のトップスターの座を射止めた女性なのだから、普通は、名門王家のお姫様という「血統」だけが売り物の王妃は容貌・才覚とも寵姫に太刀打ちできるはずがなく、寵姫の陰に隠れるような地味な存在でしかなかった。席次はもちろん王妃のほうが上で、時々入れ替わる寵姫と違って王妃は永遠に安泰の身分でもあるが、宮廷の事実上の女主人は公式寵姫であり、王妃を凌《しの》ぐ勢いを見せることが多かった。

ルイ十六世は一人の愛人も持たなかったのだから、当然、公式寵姫もいなかった。このため、王妃のマリー゠アントワネットが女主人として宮廷を華やかに盛り上げる役割も担うことになった。マリー゠アントワネットがほかの歴代王妃と違って非常に目立つ王妃になったのには、こうした事情もあった。実際、ルイ十四世の公式寵姫であったモンテスパン夫人やルイ十五世の公式寵姫であったポンパドゥール夫人とデュ・バリー夫人は知っている人でも、ルイ十四世とルイ十五世の王妃の名前は浮かんでこないのではないだろうか。

これで本来あるべき正しい状態になったように見えるが、これには不都合な面もあった。派手で華やかな公式寵姫がいれば、世間の目はこの女性のほうに集中し、宮廷で何かスキャンダルが起こった場合でも、寵姫の陰に隠れる王妃はスキャンダルから守られるのである。つまり、公式寵姫は、王妃を世間の荒波から守る防波堤の役目も果たしていたのだった。ところが、ルイ十六世には公式寵姫がいなかったため、王妃のマリー゠アントワネットが世間の荒波をもろにかぶることになるのである。

一七八五年に「首飾り事件」というのがあった。五四〇個のダイヤからなる、価格一六〇万リーヴル(現在の日本円にしてだいたい一六億円ぐらい)の首飾りをめぐる詐欺事件である。フランス王妃が詐欺事件に関与したかのような印象を残したこの事件は、王家の評判をいたく傷つけ、王権の威信を失墜させた。革命期の人々にも「首飾り事件」が革命の予兆になったという意識はあり、革命初期の指導者ミラボーはこの事件は「大革命の序曲」だったと位置づけている。この「首飾り事件」でも、ルイ十六世に公式寵姫がいれば、事件に巻き込まれるのは寵姫であって、王妃のマリー゠アントワネットは無傷ですんだはずだった。

非常に目立つ王妃、マリー゠アントワネットは、何かにつけ、槍玉《やりだま》にあげられた。「赤字夫人」と呼ばれ、彼女が贅沢《ぜいたく》放題したから財政が破綻したかのように言われたが、国の財政規模から見れば、彼女の浪費など、たかが知れていた。数字がはっきりと残っている一七八八年度の場合で見ると、王室および特権貴族用の出費は三六〇〇万リーヴルで、これは全歳出の六パーセント程度にすぎず、マリー＝アントワネットが使ったのはさらにこの何分の一かである。この程度の金で国がひっくり返ることはない。たとえばプチ・トリアノンの建設費用一六五万リーヴルはたしかに大金だが、一七八八年度の赤字額は一億二六〇〇万リーヴルという巨額なものであり、とてもマリー＝アントワネット一人でどうこうという額ではなかった。

それに、宮廷のトップに立つ女性は煌《きら》びやかに光り輝く存在でなければならないというのはフランスの伝統でもあり、公式寵姫たちもずいぶん贅沢な暮らしをしていた。目も眩《くら》むような豪華な装いで現われ、外国大使たちに「やはり、フランスはすごい」と思わせるようでないと国の威信にも関わる。「首飾り事件」の原因になった首飾りも、もとはといえば、デュ・バリー夫人のために発注されたものだった。こうした奢侈《しゃし》贅沢は文化の一翼を担ってきたのでもあり、プチ・トリアノンも今は十八世紀に流行した田園趣味を伝える貴重な歴史遺産になっている。ただ、マリー＝アントワネットはあまりにも無警戒に、真っ正直に金を使いすぎた。当時の男子工場労働者の年収が四〇〇から七〇〇リーヴルだったというのに、お気に入りのポリニャック夫人一族に五〇万リーヴルもあげていたとなれば、これは恨まれてもしょうがない。自分で金を使って物を買ったことがないのだから、これだけの金があればどれだけの物が買えるかというリアリティーはなく、金は彼女にとってただの数字でしかなかった。

この時代には、国王は何人もの愛人を持って当然とされていた。先代のルイ十五世などは、六〇人以上の私生児がいたことは前にもふれた。ルイ十六世の周囲にも、ちやほやしてくれそうな美女たちがいくらでもいたはずだ。なぜ、ルイ十六世はそうした女性たちと付き合わなかったのだろう？　こうして考えてみると、マリー＝アントワネット以外の女性には見向きもしなかったルイ十六世は偉かった。

2　三部会開催

改革派の国王

フランス革命に遭遇してしまったのはルイ十六世にとって大変気の毒なことだったが、この大革命は、改革派の国王である彼自身に触発された面もある。革命はいつかは起こるべきものだったが、それがルイ十六世のときに起こったのは、彼が改革派の国王だったからだ、とも思われるのである。

すでに絶対王政の屋台骨は大きく揺らいでいたとはいえ、もしルイ十六世がごりごりの反動的国王であったなら、軍隊を動員して徹底的弾圧を行ない、革命の芽をつみ取ることもまだ十分に可能だった。そうすれば、革命が本格化するのはもう少し先になっていただろう。しかし、ルイ十六世はそのような国王ではまったくなかった。善意の改革派の国王であり、なんとか国をよくし、国民の幸福をはかろうとしていた。

フランス革命の直接的引き金になったのは国家財政の破綻だった。財政の立て直しをはからなければ、これ以上立ちいかなくなっていた。問題は財政だけでなく、旧体制の社会的枠組み自体が時代に合わなくなっていた。事業を営む富裕市民たちにとっては、多くの土地が教会・修道院と貴族に握られ、国内関税によって商品の自由な流通が妨げられているのは極めて不都合だった。知識を蓄えた中産市民たちには、生まれによる身分差別によって社会的上昇が妨げられ、いつまでも貴族の尻に敷かれているのが我慢ならなかった。農民たちは、働きもせずにいばりくさって自分たちから法外な年貢を巻き上げる貴族領主を憎んでいた。そして貴族たちは、絶対王政による王権の伸張によって自分たちの権限が縮小されてきたことを残念に思っていた。国の屋台骨が揺るぎ始めるにしたがって、それまで抑え込まれてきた不満が表面化し、人々は鬱憤《うっぷん》を晴らそうとしていた。要するに、国中に不満が渦巻いていた。

ただ、絶対王政には批判的な人でも、ルイ十六世のことは嫌っていなかった。人々の意識においては、絶対王政の悪弊とルイ十六世個人は別なのであった。国王が国の頂点に立ち続けることが当然の前提とされ、国民の父である善き国王が問題を解決してくれるなら、それがいちばん望ましかった。

国家財政が破綻しかかっていることは、ルイ十六世にはよくわかっていた。食うや食わずの農民からは厳しく税金を取り立て、贅沢三昧《ざんまい》の生活を送っている貴族は税金を払わなくてもいいというのは、だれが見てもおかしい。貴族が税金を払ってくれれば、国家財政も好転するはずだった。

ルイ十六世が財務総監のカロンヌと協議を重ねた上で一七八七年に名士会を召集したのは、特権身分に税負担を求めるためだった。貴族と僧侶の免税特権を廃止し、すべての土地から上がる収益に同一基準の税をかけよう、というのであった。第一身分の僧侶階級は国土の一〇パーセント、第二身分の貴族階級は二五パーセントを所有していたので、この税制改革が実現すれば、大幅な税収増が見込まれた。名士会のメンバーは、ルイ十六世がごくごく親しい側近とともに各種資料を徹底的に検討した末に選任した。選ばれた一四四人のメンバーの中には一四人の聖職者（半数は貴族出身の高位聖職者）と三人の平民が含まれていたが、あとは貴族ばかりであった。

三部会開催（1789年5月5日）

ルイ十六世は、会のメンバーは自分で選んだのだし、国のためなのだから、提案は受け入れられるものと思っていた。「人間の利己心」や「特権階級の頑迷さ」が十分に計算に入っていなかった。甘いと言えば、甘かったのである。貴族たちは当然のごとくに免税特権にしがみついた。貴族たちの反対にあって立ち往生したカロンヌに代わって、財務総監はブリエンヌに引き継がれた。ブリエンヌは、カロンヌ攻撃の最先鋒に立ってきた人物であったが、自分が財務総監になってみると、カロンヌの政策を踏襲するしかないことがわかった。結局、ブリエンヌにも状況は打開できず、改革への賛同が得られないままに名士会は解散された。

貴族たちは、財政問題は全国三部会において討議されるべきものだと主張した。三部会は三つの身分代表が参加する国民と国王の協議機関で一三〇二年に制度化されたが、その後王権が強化され、王政がうまくいっている間は国民に相談する必要もなかったので一六一四年以来開かれていなかった。貴族たちは、国家の財政危機を、王権に対して自分たちの権限を回復する好機と捉《とら》えたのであった。三部会開催には第三身分の人々も賛成し、これは大きな世論になった。もちろん、貴族の思惑と第三身分の人々の願いとはぜんぜん別物であったが、最初のうちはその違いは意識されず、人々は貴族が絶対王政の悪弊是正の先頭に立ってくれているかのように錯覚していた。

こうして、貴族の抵抗によって革命的雰囲気が醸し出されることになったので、フランス革命は「貴族の革命」から始まったとよく言われる。しかし、国王が名士会を召集して税制の抜本的改革案を提示したことがそもそものきっかけなのだから、「貴族の革命」の前に、まず「国王の革命」があったと言うほうがより正確ではないだろうか。

ともかくも、より広く意見を求めるために、ルイ十六世は国民の要請に応じて三部会を開催することにした。三部会の代表議員を選ぶためにフランス全土で選挙戦が始まり、全国民的規模の活発な議論が展開された。こうして、財政改革に国民の協力を求めるために三部会開催を決定したことが、革命的雰囲気をさらに醸成することになるのである。

三部会は一七八九年五月五日にヴェルサイユで初会合を開いた。召集されたのは百七十年ぶりだった。選ばれた議員の総数は、三つの身分合わせて約一二〇〇名であった。

この三部会がまた、ルイ十六世の思うようにいかなかった。まず、身分部会別か、三部会全体の議員数かという採決方法をめぐって紛糾《ふんきゅう》した。第三身分代表議員の数は、第一身分と第二身分代表議員を足した数にほぼ等しかった。部会別採決なら、二対一で特権身分の意見が通ることになる。議員数採決なら、ほかの身分から同調者も出るので、第三身分の意見が通ることになる。

第三身分は六月十日、自分たちに合流するように僧侶と貴族に呼びかけた。第三身分には、自分たちこそが国民の本当の代表だという思いがあった。三部会のもっとも有力な議員の一人シエイエスが一月に出した政治的パンフレット『第三身分とは何か』は一世を風靡《ふうび》した——。

「第三身分とは、何か？ ——すべてである。

政治の領域において、これまで第三身分は何であったか？ ——何ものでもなかった。

第三身分は何を求めているか？ ——政治において、何ものかになることを」

第三身分が権利に目覚めれば、ほんの一握りの特権階級が九八パーセントの人々を支配する体制が長続きするはずがなかった。そしてまさしく、第三身分は目覚めつつあった。

六月十七日には、第三身分は「国民議会」と称して独立する動きを見せた。第三身分の動きはルイ十六世の不意をつくものだったが、それでも第三身分の議員は一人の例外もなく王政主義者であり、「国民議会」を宣言したのちに全員で「国王万歳！」と叫んだのであった。

ルイ十六世は改修工事を口実にして、第三身分が会議を開いていた部屋を閉鎖させた。二十日、議場が閉鎖されているのを見た第三身分の議員たちは、急遽《きゆうきよ》、室内球技場に場所を変え、「憲法制定まで解散しない」ことを誓った。いわゆる「球技場の誓い」である（テニスの原型となった球技なので「テニスコートの誓い」とも呼ばれる）。

ルイ十六世は、これまでの伝統どおりに、部会別の討議・採決にしたかった。そこで、僧侶、貴族、第三身分の議員たちを一堂に集めて、自分の考えを伝えることにした。

国王親臨会議

六月二十三日、国王臨席のもとに合同会議が開かれた。この日は雨だったが、第三身分議員の入場案内がなかなかなされず、彼らは雨の中を長い間待たされた。

ルイ十六世は全議員を前に演説した。

「諸君、我が臣民のために私はでき得る限りのことをしたと信じていた。これまでに、私は諸君を召集する決断をした。私は、諸君を召喚するのにともなうすべての困難を乗りきった。国民の幸福のために私が行なおうとしていることを前もって表明することによって、いわば私は国民の願望に先手を打ったのである……」

なのに、諸君はなぜいたずらにことを紛糾させるのか——この演説には、先頭に立って改革を推し進めてきたというルイ十六世の自負心がよく表われている。だから、自分の言うとおり、各身分は別々に討議してほしいと訴えたのである。

「私はそんなことはないと考えているが、もし、これほどすばらしいことをしようとしている私を諸君が見捨てるならば、私は一人で国民の幸福をはかるであろうし、私一人が国民の真の代表だと考えるであろう」

これは、「三部会の解散もあり得る」という意味だった。実際、ヴェルサイユには軍隊が集結されていた。国王は、身分別にそれぞれ指定されている議場で討議するように命じ、退席した。

会議の解散が宣言されたあと、特権身分の議員たちは議場から出ていったが、第三身分と僧侶の一部は残った。式部長官のドゥルー－ブレゼ侯爵が退場を促《うなが》すと、ミラボーは「われわれに持ち場を離れさせるには、銃剣が必要だ」と第三身分の決意のほどを示した。剣に手をかけかねないミラボーの剣幕に、ドゥルー－ブレゼは完全に気圧《けお》されてしまった。

ミラボーは伯爵の称号を持つれっきとした貴族だが、貴族仲間からは持てあまされ、第三身分の代表として選ばれていた。革命初期の代表的指導者である。演説がうまいだけでなく、堂々たる体軀《たいく》にも恵まれ、天然痘の跡が残るあばた面には非常な迫力があった。

会場に残っていた第三身分代表議員の中には、後に革命の最高指導者になるロベスピエールもいたが、この頃は地方の弁護士出身議員というだけで、まったく無名だった。

国王臨席の合同会議が開かれたこの六月二十三日は、ルイ十六世が国王としての権威をもってイニシアティヴがとれた最後の日として記憶されなければならない。

第一身分の多くと第二身分の一部が第三身分に同調したので、ルイ十六世はこれを追認せざるを得ず、六月二十七日、「忠実なる僧侶と貴族たち」に第三身分に合流するように命じた。こうして、三部会から今日的意味での国会が誕生することになる。七月六日には、国会内に憲法委員会が設置され、九日には国会は「憲法制定国民議会」(「立憲国民議会」)と改称される。三部会開催から二カ月たって、やっと、本来の任務に取りかかれる態勢が整ったのである。国会は時間とともにますます重要性を増してゆく。

この時点で、早くもルイ十六世が抱える矛盾をはっきりと見て取ることができる。

ルイ十六世は改革派の国王だった。これほど善意の国王も少ない。ルイ十六世にとっては、改革は王政の伝統にしたがい、王権の権威のもとに進められなければならなかった。もしルイ十六世の思いどおりにことが進行したなら、公正な税負担、才能・実力による人材登用推進(現に、時の財務総監ネッケルはスイスの平民に生まれ、パリで銀行家として成功した人物だった)など、平和裏に多くの成果が上げられたことだろう。

ルイ十六世は改革を行ない、国民の幸福をはかろうとしたが、自分のペースで改革を推し進めることができなかった。改革派の国王は時代の波に追い越されつつあった。かつての「国王の権威」は実体を失って抽象的なものになり、宙にただよっていた。

そして、宮廷には、これまでどおりの体制を維持しようとする反改革派の根強い勢力があった。王妃マリー－アントワネット、王弟プロヴァンス伯爵（後のルイ十八世）とアルトワ伯爵（後のシャルル十世）らを中心とする人々である。ルイ十六世はこうした宮廷の勢力とも協調をはからなければならなかった。

この後、ルイ十六世は「改革の必要性」と「王政の伝統」との間を揺れ動くことになる。このジレンマから「ルイ十六世の不決断、無能さ」が生じるのである。

3　バスチーユ陥落

パレ－ロワイヤルの庭

パレ－ロワイヤルはパリの中心部にあり、パリいちばんの盛り場だった。東京で言えば、新宿の歌舞伎町のようなところである。広い庭を三方から一八八のアーケードが取り囲み、アーケードの奥に並ぶさまざまな商店、キャッフェ、レストラン、遊技場は非常に繁盛した。

庭のあちこちにテーブルと椅子が置かれ、技を繰り広げる大道芸人たちに大勢の人が群がっていた。パレ－ロワイヤルは娼婦たちの溜《た》まり場でもあり、十八歳のナポレオンが最初のアヴァンチュールを経験したのもここだった。

一七八九年七月十二日、この日は日曜日で好天にも恵まれ、パレ－ロワイヤル界隈《かいわい》は散歩を楽しむ人々でにぎわっていた。午後四時頃、「ネッケル罷免さる」とのニュースが伝わってくると、それまで個々に散歩を楽しんでいた人々はパニック状態になり、一転して政治的群衆と化した。財務総監のネッケルは進歩派として知られ、もっとも人気ある大臣だったから、ネッケル罷免に続いて国王が国会を解散し、軍隊によってパリを制圧するのではないかという恐怖心に人々はとらわれたのであった。

パレ－ロワイヤルに集まった人々を前にして、二十九歳の青年カミーユ・デムーランが庭園のテーブルを即席の演壇にして熱弁をふるい、王の軍隊に対し、武器を取ってパリ防衛に立ち上がるように訴えた。

「市民諸君！　一瞬たりとも無駄にしてはならない。私は今、ヴェルサイユから戻ったばかりだが、ネッケルが罷免された。この罷免は、愛国者に対する新たな聖バルテルミーの虐殺を告げる警鐘である。*今晩、スイス人部隊とドイツ人部隊の全部隊がシャン－ド－マルスを出て、われわれを殺しにやってくるだろう。われわれには、ただ一つの手段しか残されていない。すなわち、武器を取ることである！」

＊「聖バルテルミーの虐殺」とは、宗教戦争中の一五七二年にパリで数千人の新教徒が殺された事件。

この夜、パリのすべての劇場は上演を中止し、ネッケルとオルレアン公爵の胸像を掲げる人々が街を練り歩いた。オルレアン公爵はルイ十六世の従兄弟《いとこ》だが、進歩派として人気があり、後に「平等公《エガリテ》」と改名し、革命議会の一員にもなる。デモ隊と軍隊との衝突もあり、夜半になると、武装した民衆が街を駆けまわり、パリは騒然とした状態になっていった。十三日には、パリ防衛のため「国民衛兵隊」という民兵隊が組織された。こうして、パレ－ロワイヤルは二日後のバスチーユ攻略の発火点になるのである。

七月十四日朝、人々はまずアンヴァリッド（廃兵院）に押しかけ、三万二〇〇〇丁の銃と二四門の大砲を手に入れた。それから、さらなる武器弾薬を求めて、人々はバスチーユ要塞に殺到した。アンヴァリッドからバスチーユまでは、約四キロだった。

バスチーユ要塞は、もともとは、ここがまだパリの東の境界であった十四世紀に、首都防衛のために構築されたものだった。その後、パリは少しずつ大きくなってゆき、東の境界がずっと先のほうに移動してしまうと、すっかり市街地に取り込まれたバスチーユ要塞は首都防衛という軍事的機能を失い、主として政治犯を収容する監獄になった。ここに収監するには、べつに理由はいらなかった。国王が気紛れに出す封印状があれば、いつでもだれでも投獄できた。しかも、そうして理由も示されずに投獄された囚人たちは、裁判にかけられることもなく、そのまま死ぬまで何十年も独房の中に放っておかれることもあった。しかし、革命当時は、バスチーユ要塞は政治犯を収容する監獄ではなくなっていた。実際、この七月十四日、中にいた七人の囚人が解放され、人々の歓呼の中を凱旋《がいせん》行進したが、政治犯は一人もおらず、その内訳はと言えば、有価証券偽造者四名、精神異常者二名、家族の依頼によって収監されていた放蕩《ほうとう》息子一名であった。

人々は、国王の軍隊に対抗する武器弾薬を入手しようとしてバスチーユに攻め寄せたのであったが、この要塞は高さ三〇メートルの厚い城壁と幅二五メートルの濠《ほり》に守られていて堅固この上もなく、たとえ周りを完全に包囲され、砲火にさらされたとしても、要塞司令官ローネー侯爵がみずから門を開かなかったならば、けっして落ちることはなかっただろう。城壁の天辺《てっぺん》に据えられた大砲を使えば、攻囲軍を撃退することなど、造作もないことだった。ところが、司令官のローネーはみずからすすんで降伏した。これが時の勢いというものなのだろう。実際に攻撃に参加したのは一〇〇〇人程度だが、見物人が大勢いたので攻め手の人数がもっと多いように見えた。

七月十四日の時点でバスチーユ要塞が持つ政治的価値はそれほど大きいものではなかったが、「バスチーユ陥落」のニュースが広まってゆくにつれて、フランス全土が革命的情況に

バスチーユ陥落（1789年7月14日）

燃え上がっていった。バスチーユがかつて政治犯を収容する恐るべき監獄だったという記憶は人々の中に根強く残っていたし、なんといってもバスチーユは国家の監獄、それを民衆が攻め落としたという事実が持つインパクトはこの上もなく大きく、数々の悪弊に苦しめられていた人々に「世直しは可能だ」という希望を与えたのであった。

地方の諸都市では、パリにならい、国王の役人を追い出して住民自身による市政が形成され始め、農村部では貴族の城館が焼き打ちにあい、年貢台帳が燃やされた。

そしてやがては「バスチーユ」は自由の合い言葉にもなるのである。

一方、気の早い貴族たちは革命を恐れて外国に亡命し始めていた。王弟のアルトワ伯爵は真っ先に逃げ出した一人であった。

バスチーユ陥落の記念の日「七月十四日」は、現在、パリ祭の日になっている。シャンゼリゼ大通りを軍隊がパレード行進し、街の広場で老若男女が夜遅くまでダンスをする。フランス革命が現代フランスの基礎を築いたのであれば、革命の本格的火蓋が切られたこの日はフランス人にとっては建国記念日のようなものだから、国民的祝祭として祝うのも当然だろう。

「なにもなし」のひとこと

ルイ十六世は毎日几帳面《きちょうめん》に日誌をつけていたが、七月十四日の項には「なにもなし」と書かれていた。「王家の命運を決する革命が勃発したその日に『なにもなし』とは、なんというおめでたさだ!」というわけで、これも後世、ルイ十六世の脳天気ぶりを示す証《あか》しの一つとされることになるが、ここまでお読みいただいた読者の皆様には「そんな話は嘘《うそ》だ」ということがすぐにおわかりであろう。

「なにもなし」という言葉は「今日は猟でなにも獲物がなかった」という意味で書き込まれたにすぎなかった。妻以外の女性にはいっさい関心がなく、錠前作りと狩猟が趣味というルイ十六世にとっては、その日の猟でなにを仕留めたかは重要事項であり、なにも収穫がなかったとなれば、当然「なにもなし」と書くことになる。

そしてまた、ルイ十六世が「なにもなし」と書いたのは、事件を知る前のことだった。日誌に「なにもなし」と書き込んでベッドについたルイ十六世は、夜中、寝ているところを側近のリアンクール公爵に起こされ、事件を告げられたのだった。

「なに、暴動か？」

とルイ十六世が聞き返し、

「いいえ、陛下、革命でございます」

とリアンクール公爵は答えたのであった。

状況判断が甘かったことは否めないが、世の中の動向に無関心でのほほんと構えていたところに不意打ちを食らったのではまったくなかった。

宮廷内には、軍隊を派遣してパリを制圧すべきだという意見もあったが、ルイ十六世はパリと和解する道を選び、七月十七日、パリ市庁舎を訪問した。フランス国旗の赤、白、青の三色はこのときに誕生した。赤と青はパリ市の紋章の色、白はブルボン家の色だった。つまり、白を青と赤が左右から挟む三色旗はもともとはパリと王家との和解の象徴なのである。

バスチーユ陥落を追認したルイ十六世の態度には、三部会で第三身分の動きを追認した態度に通じるものがある。三部会が紛糾したときにも、軍隊によって制圧する手があった。軍隊を使って強権発動をすれば、国王の権威は保たれたかもしれない。その代わり、多くの血が流れたことだろう。自分の命令によって国民の血が流れることほど、ルイ十六世が嫌ったことはない。これは「弱さである」として非難する歴史家もいるが、それでは、「流血は意に介せず」というほうが国王として正しい判断だったのだろうか？

4 「バスチーユ」で目覚めた女性

高級娼婦

「バスチーユ陥落」がきっかけで多くの人々が政治的意識を呼び覚まされたわけだが、その中の一人、テロワーニュ・ド・メリクールという女性を紹介しておきたい。何事もなければ、政治などに一生、関心を持つことがなかったはずの女性である。

この女性はベルギーの農家に生まれ、「カンピナド伯爵夫人」という源氏名でロンドンやパリの上流社交界に出入りする国際的高級娼婦だった。当時人口六〇万であったパリに、三万から六万人の娼婦がいたと言われている。女性人口の一割から二割という異常な多さだが、これは女性の働き口が非常に少なかったという社会的事情を反映している。娼婦にも等級があり、貴婦人と見分けのつかない人から道端で客を拾う街娼までさまざまだが、高級娼婦であった彼女の場合は、客の中にイギリス皇太子（後のジョージ四世）やオルレアン公爵もいたということである。

娼婦稼業にはどうしてもなじめず、本場イタリアで歌手をめざしたが挫折した。それから、フランスの革命的情勢に関心を引かれ、パリにやってきた。生活にむなしさを感じていたからだろう。継母にいじめられて七歳で家を飛び出して以来、牛飼い、小間使いなどをして自分で生計を立てなければならなかったので、系統だった教育を受ける機会はなく、学校などというものにも一度も行ったことがなかった。読み書きはできるようになっていたが（当時は自分の名前が書けるのは人口の三分の一程度だったからこれだけでも大したもの）、パリの街中にあふれる「民衆の権利」といった言葉が何を意味するのかもよくはわからなかった。それでも、ある種の本能、自由への憧《あこが》れの気持ちが革命を肯定させた。そして、「バスチーユ陥落」によって本格的に目覚めることになる。

テロワーニュ・ド・メリクール

バスチーユが陥落した七月十四日、テロワーニュ・ド・メリクールはパレ-ロワイヤルの庭にいた。二日前にカミーユ・デムーランが決起を訴える演説を行ない、バスチーユ攻略の発火点になった場所である。バスチーユ陥落の知らせが伝わってくると、あとはもうお祭り騒ぎだった。もう金持ちも貧乏人もない。貴族も平民もない。俺たちは自由なんだ。平等なんだ。全然知らない人たちが、まるで古くからの友人同士でもあるかのように、涙でくしゃくしゃになった顔を見合わせながら肩をたたき合っていた。

テロワーニュはこのときの様子について『手記』の中で次のように語っている。

「いちばん強く私の心を打ったのは、全体を包む友愛の雰囲気でした。利己主義は追い払われてしまったかのように思われ、みんなが分け隔てなく話をしていました。……そして、みんなの顔つきがすっかり変わってしまったように私には思われました。みんなが自分の個性や持ち味を十分に発揮していたのです。着ているものはぼろだけれど、英雄のような様子をしている人を私は何人も見ました。少しでも感受性を持った人なら、こうした光景に無関心でいることは不可能なことでした」

和気藹々とした、希望あふれる雰囲気の中で、テロワーニュは「これまでの境遇から解放された。女の自分にも何かできる」と感じたのだった。

しかし、もしパリ市庁舎前のグレーヴ広場まで足を運んだならば、彼女はそこに数体の首なし死体がころがっているのを見たことだろう。それはバスチーユ要塞司令官ローネーと副官たちの遺骸《いがい》であり、切り落とされた首のほうは槍の穂先に突き刺されてパリ市内を行進させられていた。人間への愛と信頼、そして血の残酷、この二つのものはなんの矛盾もなくフランス革命の中に同居し続ける。

すっかり革命への感激にとらわれたテロワーニュは、動きやすい乗馬服を着、腰にサーベル、ベルトに二丁のピストル、鍔広《つばひろ》帽子に大きな羽根飾りを揺るがせながら、革命に沸き立つパリの街を闊歩《かっぽ》するようになる。二十七歳、スタイルもよく、男装の麗人の姿はいかにも颯爽《さっそう》としたものだった。「われわれの父たちの心を奪い、一人の女の中に自由のイメージそのものを想起させた英雄的な美しさ」と歴史家ミシュレは語っている。

「自由の女性戦士」に変身

テロワーニュは、よりよく革命を理解するためにヴェルサイユの国会へ行ってみることにした。学校というものに行ったことがない彼女にとって、国会が最初の学校になった。そして、彼女は非常に進歩著《いちじる》しい生徒だった。ヴェルサイユに部屋を借り、毎日国会に通った。最前列の座席番号六の席を自分の指定席と決め、この席を確保するために議場の門が開く前から並んで待つという熱心さだった。

「バスチーユ」後の情勢を踏まえ、八月四日に国会は「封建制廃止」を宣言していた。国会内には、農民たちが貴族の城館を襲ったりしたのは所有権・財産権を侵す許しがたい行為だと非難する動きもあったが、それは領主制の過酷さに耐えかねた結果だとする声のほうが強かった。この宣言によって賦役《ふえき》労働や領主裁判権といった人的隷属は廃止されたが、領主への年貢は有償廃止、つまり、二十年から二十五年分の年貢相当額を支払って買い取るべしということになった。これだけの金額を一度に払える農民はそういるものではないから、この「封建制廃止」は実質的なものではなかった。それでも、身分的差別の解消という原則が明白に打ち出されたことは大きい。領主への年貢の無償廃止は後にジャコバン政府によって実現されることになる。

テロワーニュが通い始めた頃は、国会では『人権宣言』（『人間及び市民の権利宣言』）についての討論が行なわれていた。最初のうちは議員たちが何を言っているのかもほとんどわからなかったが、しだいに論点が理解できるようになった。革命議会の中にも保守派と進歩派があり、議員たちは「人権の幅」、つまり「どこまでを人権として認めるか」をめぐって論争しているのであった。

『人権宣言』は八月二十六日に採択された。第一条の「人間は自由なものとして生まれ、権利において平等である」という言葉は、テロワーニュの耳には天の声のように荘厳に響いたことだろう。

『人権宣言』はフランス国内のみならず世界に向けて発せられたものであり、ここにもフランス革命の世界主義が現われている。人間は自由であるはずもなく、平等であるはずもないというのが普通の考え方だった時代に「人間の自由と平等」を世界に訴えた『人権宣言』の意義はこの上もなく大きい。『人権宣言』のもうひとつ重要な点は、第三条で「国民主権」の原則を謳いあげたことである――「主権の原理は、本質的に国民の中に存する。いかなる団体、いかなる個人も、明白に国民に由来するのでない限り、権限を行使することはできない」。これは、絶対王政の理論的支柱となってきた「王権神授説」をはっきりと否定したものでもあった。

早朝から議場にやってきて、終日、議員たちの演説に熱心に耳を傾ける乗馬服の若い女性の姿は議員たちの目にも止まり、ミラボー、シエイエスなど、何人かの国会議員が彼女の部屋に出入りするようになった。豊かな栗色の髪、大きな目、ブルーの瞳、動きに富む活発な表情といった女性としての魅力もさることながら、テロワーニュは生き生きとした不思議な雄弁さにも恵まれていて、議員たちはそれに惹《ひ》かれた。彼女との議論から翌日の演説の着想を得ることもあった。

「ヴェルサイユ行進」（この事件についてはすぐ次の項で話す）のときも、テロワーニュはヴェルサイユにいた。ただ傍《はた》で見ていただけだが、後にこの事件の首謀者は彼女だという風評が立つ。「ヴェルサイユ行進」は女性たちによる行動なので、やがてパリで有名人になるテロワーニュの名が事件と結びつけられたのは、ある意味では自然の勢いだった。国王と国会がパリに移ったので、テロワーニュもパリに戻った。革命運動にとけこんでいき、人気も出た。放蕩貴族たちから巻き上げたダイヤの首飾りなどを換金して革命運動につぎ込み、飯もろくに食えない革命家たちを援助した。集会で演説もしたが、機知に富む見事なものだった。

影響力が過大視され、ベルギーに帰省していた一七九一年二月にテロワーニュがオーストリア政府によって誘拐されるという事件もあった（当時、ベルギーはオーストリア領だった）。革命騒動を引き起こした首謀者の一人、と思われたのであった。オーストリアのハプスブルク家はマリー＝アントワネットの実家だから、フランス革命政府の王家に対する政策などについても聞き出そうとしたようだ。そんなことを彼女が知っているはずもないのだが。オーストリアには九カ月間身柄を拘束された。

この誘拐事件はフランスのみならず、ヨーロッパ中で話題になったので、「テロワーニュ・ド・メリクール」という名前によりいっそうの重みが加わることになった。釈放されてパリに帰ってきたテロワーニュは、ジャコバン・クラブで大歓迎を受け、「自由の女性戦士」と褒《ほ》めそやされた。いろいろな集会に招かれて演説し、拍手喝采を受けていたこの頃が、彼女の最盛期だった。やがて、対ヨーロッパ戦争開戦前夜に彼女は厚い壁にぶつかることになる。

後に「ジロンド派の女王」と呼ばれるようになるロラン夫人も「バスチーユ」で目覚めた一人である。この頃は高級官僚の妻として何不自由ない暮らしをしていた。彼女は『回想録』の中で次のように語っている。

「革命が勃発し、私たちを燃え上がらせた。人類の友、自由の熱愛者である私たちは、人類を再生させるため、あれほど同情してきた不幸な階級の忌《い》むべき貧困をなくすために、革命がやってきたのだと思った。私たちは驚喜して革命を迎えた」

ロラン夫人は三年後には革命の動向にも強い影響力を持つようになるが、「バスチーユ」までは、家事全般から領地管理までを完璧《かんぺき》にこなす模範的主婦として完全に家庭内に埋没していた。

5　ヴェルサイユからパリへ

ヴェルサイユ行進

革命が始まった年、一七八九年の二大事件と言えば、「バスチーユ陥落」と「ヴェルサイユ行進」である。

バスチーユ陥落からおよそ三カ月後の一七八九年十月五日、八〇〇〇人のパリの女性たちが雨の中をヴェルサイユに行進してきた。女性たちは、槍・剣・棍棒《こんぼう》を手にし、大砲を引いていた。この事件の直接のきっかけはヴェルサイユ宮殿の近衛兵《このえへい》たちが宴会で三色徽章《きしょう》を足で踏みにじって侮辱したことだが、この頃パリではパンが不足しており、家族の苦しみを女性たちがもっとも敏感に感じていたことが本当の原因だった。パン屋に行列して並んでもパンがなかなか手に入らない、家では腹を空《す》かした子供たちが泣いている、間もなく厳しい冬がくる、ヴェルサイユでは反革命派の策動があるという、こんなことでは事態はいっそう悪化するだろう、と台所をあずかる女性たちは危機感を感じた。そして、王様になんとかしてもらいたいと思い、ヴェルサイユにやってきたのであった。女性たちの中には「マリー－アントワネットの腸《はらわた》を引きずり出してやる」などと物騒なことを口にする者もいた。

女性たちがヴェルサイユに着いたのは夕方五時頃だった。女性たちは大挙して国会の議場になだれ込んだ。女性たちを先導してきたマイヤールが演壇に登り、議員たちにパリの窮状を訴えた。マイヤールは、バスチーユの英雄の一人として知られていた。

国会議長ムニエの仲立ちで、女性たちの代表五人が宮殿内で国王と会見した。最初に国王に話しかけようとした女性は感極まって失神してしまった。ルイ十六世は駆け寄ってこの女性を抱き起こし、手ずから気付け薬代わりにワインを口に含ませた。その後は会談は和《なご》やかな雰囲気のうちに終始し、国王はパンと麦をパリに届けることを女性たちに約束した。

夜の十時過ぎ、女性たちの後を追ってパリを発った二万人の国民衛兵隊が、司令官ラ・ファイエットに率いられて到着した。衛兵隊の後ろには武器を持った一万人以上の男たちが続いていた。

ヴェルサイユ宮殿前の広場は焚《た》き火を囲んで野宿する者たちでいっぱいだった。彼らは酒を酌み交わしながら革命歌を歌い、国王をパリに連れ帰る話などをしていたが、この夜は別段の混乱もなく過ぎた。しかし、翌日の早朝、群衆がヴェルサイユ宮殿内に乱入して宮殿守備隊と戦闘になり、双方に死傷者が出た。この群衆の中にはヴェルサイユの住民も多数含まれていた。群衆が王妃の寝室にまで迫ってきたため、マリー＝アントワネットは大急ぎで手近にあった衣類をはおり、国王のところへ避難しなければならなかった。国民衛兵隊が駆けつけてきて騒ぎを静め、群衆を宮殿内から排除した。

宮殿正面前の中庭は興奮した人々で埋まっていた。ルイ十六世がバルコニーに姿を現わすと、人々は一様に「国王万歳！」の歓声で迎えた。続いて「国王はパリへ！」という叫び声が起こると、全員がこれに唱和した。

王妃もバルコニーに出てくることを要求する声が起こった。狙撃《そげき》される危険があったが、マリー＝アントワネットは勇を鼓してバルコニーに立った。すると、それまで毒づいていた人でさえもやさしい思いに駆り立てられたようだった。パリ国民衛兵隊司令官のラ・ファイエットが王妃と一緒にバルコニーに出て、王妃の手に恭《うやうや》しく口づけしてみせたことも効果があったろう。アメリカ独立戦争に参加して「両世界の英雄」と呼ばれたラ・ファイエットは三十二歳という男盛りにあり、大変な人気があった。侯爵の称号を持ち、革命に加わった開明貴族を代表する人物である。

「パリへ！　パリへ！」と叫ぶ群衆の勢いは津波のように抵抗しがたいものだった。ルイ十六世は要求に応じるしか事態を収拾する術《すべ》はないと判断し、バルコニーから群衆に呼びかけた。

「諸君、私は妻と子供たちと一緒にパリに行こう。いちばん大事なものを、私は善良にして忠実なる我が臣民の愛情にゆだねる」

王政の象徴であった壮麗な宮殿を追われ、パリに連れてこられた国王一家はチュイルリー宮殿に身を落ち着けることになった。

慣れ親しんだヴェルサイユ宮殿を離れるのは国王一家にとって非常に辛《つら》いことだったが、その日の朝になって宮廷の移動を通告されたチュイルリー宮殿の管理責任者ミックにとっても、これは大きな災難だった。というのは、かつてはれっきとした王宮であったチュイルリー宮殿はルイ十五世が幼少年期を過ごして以来七十年も王家から打ち捨てられたままになっていて、種々雑多な人々が勝手に住みつき、すっかり荒れ果てていたからである。しかも、やってくるのは国王一家だけではない。廷臣、役人、侍女、従僕、賄い方、衣装係、宮殿警護の兵士たちなど、雲霞《うんか》のごとき大群も一緒にやってくるのである。革命前のヴェルサイユ宮殿には一万五〇〇〇人が住んでいたと言われる。「バスチーユ」以降、沈む船からはネズミも逃げ出すように、宮廷貴族たちは従者を引き連れて続々と外国に亡命し、ヴェルサイユ宮殿も盛時にくらべれば閑散としてきていたとはいっても、宮廷はなお数千人規模ではあったろう。

ミックは、その日のうちにチュイルリー宮殿に住みついていた者たちを立ち退かせ、職人を大動員して故障箇所を修理し、ペンキを塗り、蠟《ろう》を引き、絨毯《じゅうたん》を敷いたりして、なんとか王宮にふさわしい体裁を整えなければならなかった。ルイ十六世一行がヴェルサイユからチュイルリーに着くまでに八時間ほどかかったので、この時間をフルに活用してミックも獅子《しし》奮迅《ふんじん》の活躍をしたのだったが、それでもやはり間に合わなかった。王子の部屋のドアが開きっ放しになってどうしてもうまく閉まらず、やっと家具で押さえるといった有様だった。

国王に続いて議会もパリに移ってきたので、これで名実ともにパリが革命の中心になった。パリが「革命の都市」とすれば、ヴェルサイユは革命に抵抗する「旧体制の都市」だった。

革命史の流れの中では、「ヴェルサイユ行進」はパリの勝利を確実なものとし、その後の革命の順調な発展を約束した、と位置づけられる。

革命を軌道に乗せたのは女性たちの働きによるものであり、歴史家ミシュレは「男たちが『七月十四日』を行ない、女たちが『十月六日』を行なった。男たちは王政のバスチーユを攻略し、女たちは王政そのものを攻略して、これをパリの手に、つまりは、革命の手にゆだねた」と言っている。流血の混乱もあり、国王一家をパリに連れてきたやり方は強引で乱暴ではあったが、女性たちがルイ十六世を「国民の父」と慕い、王様が自分たちの身近にいれば安心だと思っていたのは間違いない。

ルイ十六世は、宮殿に隣接するチュイルリー庭園を散歩することはできたが、なかば軟禁状態におかれた。しかし、これは恨みの念から出たものではまったくなく、国王を担いで革命をつぶそうとする反革命勢力から国王の身柄を守ろうとする防衛心から出たことだった。王妃のマリー＝アントワネットは遊び好きで浪費家ということで評判が非常に悪かったけれども、ルイ十六世は善き国王として人々の敬愛を集めていた。革命指導者たちの国王に対する態度も敬意あふれる非常に丁重なものであり、王家の予算額を決定する際には、国会は国王のもとに議員代表団を派遣し、「経済観念よりも、大いなる君主の玉座が大いなる栄光によって包まれることを要求する、国家の尊厳のほうをより多く考慮して」国王みずからが予算額を決定してくれるよう要請したのであった。「国王がパリに来たからには、もう革命は終わった」と思った人さえいた。

「国民、国王、国法！」

国民と国王が一丸となって新しい国造りにあたろうという、この革命初期のスローガンがもっとも光り輝いたのは、バスチーユ陥落一周年記念日にあたる一七九〇年七月十四日にパリで開催された全国連盟祭においてであったろう。

フランス革命前は、人々は地域ごとに閉鎖的な暮らしをしていた。長さや重さの単位が地方によってばらばらであったことは「序章」でふれたとおりだが、法律も違っていたし、生活習慣も違っていた。税金で優遇されている地方もあった。幹線道路や河川には通行税徴収所があったし、国内関税もあった。自分はフランス人だという意識よりも、たとえば、自分はノルマンディー人だという意識のほうが強かった。これは、明治維新前の日本人にとって、「日本」よりも「藩」のほうが大事だったという事情とよく似ている。日本で「廃藩置県」が行なわれたように、一七八九年十二月に県制度が創設され、フランスは八三の県に分けられた。

「ヴェルサイユ行進」後の頃から、地域差を越えてフランス人として連帯しようという気運

全国連盟祭（1790年７月14日）

が各地で高まってきていた。革命的情況がフランス全土に浸透して行くにつれ、フランス人として互いに手を差しのべあい、新しい国造りにあたろうじゃないかという雰囲気になってきたのである。次の言葉にはそうした思いがよく現われている。

「われわれは、ブルターニュ人でもアンジュー人でもなく、フランス人であって同じ国の市民なのだから、地域的で特別な特権はすべて放棄することを厳粛に宣言する。そうした特権は反憲政的なものである。われわれは、自由であることを幸せにも、誇りにも思う」

全国連盟祭は、こうした流れの一到達点を示す祭典であった。すでにこの種の祭典が地方ごとにいくつも開かれていたが、フランス人が一つにまとまる式典が行なわれるのはパりでなければならず、地方を代表する人々が徒歩をも厭《いと》わずパリに向かった。生まれ育った土地を離れるのは初めてという人も多かった。

全国連盟祭開催前からパリの雰囲気は盛り上がり、会場となるシャン－ド－マルス公園（現在エッフェル塔が立っている場所）の整地作業には、社会のあらゆる階層から延べ一五万人がボランティアを買って出た。職人、兵士、神父、貴婦人、売り子、下町のおかみさんなどが同じ仲間として鶴嘴《つるはし》を振るい、手押し車を押して土を運んだのであった。昼、仕事を持っている人は、夜、作業しにやってきた。当時のパリの人口は六〇万だったから、現在の東京にあてはめて換算すると、二五〇万以上もの人がボランティアとして働いたという計算になる。パリは地方からやってきた人々でごった返すことになったが、ホテルは料金を特別に引き下げ、一般の家庭が見も知らぬ人を競って家に泊めた。

この七月十四日はあいにくと雨だったが、シャン－ド－マルス公園にはそれをものともしない熱気がたちこめていた。一二〇〇人からなる楽団が音楽を奏でる中、全国八三県の代表三万人（多くは国民衛兵隊の兵士）が集結し、三〇万人の観衆がそれを見守っていた。会場に入りきれない人たちが周辺にあふれていた。会場内に設けられた大きな壇の上に国王、国会議員団、役人たちが並んでいた。オタンの司教で国会議員でもあるタレーランが特別に設置された「祖国の祭壇」でミサを唱え、それからパリ国民衛兵隊司令官ラ・ファイエットが

「祖国の祭壇」上に現われた。彼は革命の大スター、人々のアイドル的存在だった。ラ・ファイエットが「自由と憲法と法を守るために、フランス人同士を結びつけ、フランス人を国王に結びつける」誓いの言葉を述べ、続いてルイ十六世が国民と国法に忠実であり続けることを厳《おごそ》かに誓った。

「フランス人の国王である私は、国の基本法によって私にゆだねられている全権限を行使して、国民議会が布告し、私が同意する憲法を維持し、法を施行させることを国民に誓う」

人々は国王の言葉に感激し、熱狂的な歓声でこれに応えた。現場に居合わせたスタール夫人（財務総監ネッケルの娘、ロマン主義文学の先駆者）によれば「観衆は雰囲気に酔っていた。彼らには、国王と自由は完全に一体化したものと感じられていた」とのこと。国王を核として自分たちフランス人は一つにまとまるのだ、そして、国王と国民が一体となって正義の新しい社会を打ち立てるのだ――まさしく「国民、国王、国法！」なのであった。

式典のあとは、人々は革命歌を歌いながら輪になってダンスを踊り、乾杯しあった。

全国連盟祭が挙行されたこの日は、革命の「古き良き時代」をもっともよく象徴する日、革命の十年間の中でおそらくは人々がもっともゆったりと幸福感にひたれた日だった。

「バスチーユ」からのこの一年の間に多くの改革がなされた。人々はこの一年間の革命の成果に満足感を感じていた。不公正な税負担は是正されるだろう。これからは「生まれ」による差別はなくなり、だれもが活躍できる社会になるだろう。前年は凶作だったがこの年は豊作が見込まれ、食糧事情もよくなっていた。もう、不安のときは去った。あとは、「旧体制」の残滓《ざんし》の上に改革を積み重ねていくだけだ……。

このままの雰囲気で推移すれば、フランス革命は世界史上もっとも幸福な革命にもなったのだが。

コラム　革命期のパリ（1）――「花の都」からはほど遠く

毎年、七月十四日に「パリ祭」が行なわれる。テレビのニュースなどでその様子をご覧になった方もけっこう多いのではないだろうか。本文中でも述べたように、「パリ祭」は一七八九年七月十四日にバスチーユ監獄（要塞）がパリの人々によって攻め落とされ、フランス革命の本格的幕が切って落とされたことを記念する、国民的祝祭である。シャンゼリゼ大通りで軍隊の華やかなパレードが繰り広げられ、夜、町の広場で老若男女が夜更けまでダンスを楽しむのが恒例である。そして、にぎやかで晴れがましい雰囲気の中で恋の花咲くこともある――そんなシャンソンもあった。

パリは楕円《だえん》形のような形をしている。この楕円形のやや下側（南側）をセーヌ川が弧を描いて流れている。セーヌ川の中心部の川幅がふくらんでいるところに前後して二つの島がある。セーヌ川は東から西へ流れていて、下流の大きめのほうの島をシテ島という。ノートルダム大聖堂はこの島にある。今から二千三百年ほど前に、このシテ島にパリジイ族と呼ばれる人々が住みついたのがパリの起こりであり、この「パリジイ」が「パリ」の語源になった。

パリには最初、シテ島にしか人が住んでいなかった。シテ島の「シテ cité」というのは「都市」という意味で、英語の city に相当する。最初はこの島だけで一つの町を形成していたことからついた名前である。人がふえてセーヌ川を越えて両岸にも住むようになり、その人たちを外敵から守るために城壁が構築されるが、さらに人口がふえると、その外側にひと回り大きな城壁を新たに構築して古い城壁は取り壊す――これを何度か繰り返してパリは大都市に成長してきた。パリが楕円形のような形をしているのは、こうした事情のためなのである。

現在でもパリは東京よりもずっと小さく、東西一二キロ南北九キロほどだが、革命期には今よりもさらにふた回りほど小さかったのだから、人々がパリを縦横無尽に駆け回ったのもなるほどと頷《うなず》かれる（学生の頃、私は実際にパリの南のはずれから北のはずれまで歩き通したことがある。三時間くらいかかったと記憶している）。

セーヌ川には現在三〇本以上の橋がかかっていて、しゃれた橋の上からセーヌの流れを眺めるのは気持ちのいいものだが、革命の頃まで橋は一〇本しかなく、しかも橋の上には四、五階建ての薄汚い家が両側に並んで立っていて、ずいぶんと景観をそこねていた。

また、現在のパリは見事に整備された、すっきりした大通りが走っていて、街並みがとても美しいが、都市整備が大々的に行なわれたのは十九世紀後半のことで、革命当時は狭い通りがごちゃごちゃと複雑に入り組んでいるところも多く、町のあちこちに工場があったりして、かなりゴミゴミしていた。ちょっと裏通りに入ると、悪臭がただよっているようなところもあった。

革命期には道路の多くがまだ舗装されていなくて、九割は雨が降るとドロンコ道になった。こうした狭くて歩道もついていないドロンコ道を、パリの御者たちは恐るべきスピードで馬車を疾走させるので、よく注意していないとハネを上げられるだけではすまず、押し倒されかねなかった。ある外国の旅行者は、パリの民衆がいつも黒っぽい服装をしているのはこのためだと言っている。

それでも、革命の頃にはパリはすでに一大国際都市になっていて外国人も多く、当時の売れっ子ジャーナリスト、セバスティアン・メルシエという人によると「ちょっとしたことですぐ腹を切る日本人」の姿も見かけられたということである。

第二章　革命的動乱の時代へ

革命が始まった最初の頃は、後に起こる国王の処刑や恐怖政治期の大量流血など、そんなひどいことになるとはだれも思っていなかった。新たに憲法を制定し、国王と国民が一致協力して改革を推し進めていけばすばらしい世の中になる、と人々は楽観的に信じていた。「国民、国王、国法！」というスローガンには、そうした人々の思いがよく表われていた。

このスローガンがもっとも光り輝いたのは、一七九〇年七月十四日の全国連盟祭においてであった。

国会では、一七八九年夏に開始された憲法制定作業が引き続き進められていた。この憲法ができればフランスは立憲君主主義国に生まれ変わり、これで革命当初の目標は達成されることになる。これまで革命を導いてきた開明貴族と上層市民たちにとっては、革命はここで終わるべきものだった。しかし、一度動き始めた革命には止《と》めがたい勢いがついてもいた。

和気藹々とした楽観的な革命ムードに水を差した第一の出来事は、一七九一年六月の「ヴァレンヌ逃亡事件」である。ルイ十六世がパリから逃亡をはかるのである。この事件によって、憲法を制定した段階で革命を終息させようとしていた指導者たちの思惑ははずれ、革命の流れが大きく変わる。国王と国民との間の信頼関係が崩れ、「王政を廃止せよ！」という声がフランス全土から怒濤《どとう》のように沸き起こってくる。

そして、一七九二年四月に始まる対ヨーロッパ戦争が革命闘争をさらに激化させる。緒戦はフランス軍の敗北があい次ぐが、祖国存亡の危機にさらされてフランス人の愛国心はかえって高揚し、外国の軍隊と呼応する国内の反革命勢力に対する警戒心が強まる。これまでは金持ちも貧乏人も一緒になって革命を推し進めてきたのであったが、貧富の差といった人々の間の利害の対立が表面化し、革命の友好的な雰囲気が決定的に失われるのである。古き良き革命の時代は終わって革命的動乱の時代へと移行し、ついには王政が倒されるに至る。

1　ヴァレンヌ逃亡事件

革命の息苦しさ

一七九一年春。

ルイ十六世は息苦しさを感じていた。革命が窮屈《きゅうくつ》でしょうがなかった。革命の進行とともに、国王の権限はどんどん縮小されていた。たしかに自分が任命した大臣たちから成る閣議を主宰し、形式的には行政のトップにあった。しかし、必ずしも自分の意中の人を大臣に選べるわけでもなかったし、行政の実質は閣議ではなく国会内に設けられた各種の委員会で決まるようになっていた。中央と地方の行政機構が改められた結果、公務員の任命権も国王の手から離れていた。残された人事権といえば、外国駐在大使と軍の司令官ぐらいのものだった。以前は外交政策は国王の意思一つで決めることができた。これからできる憲法では、戦争か和平かについても、条約の承認についても、最後の決定権を持つのは国会になりそうだった。

これまで、ルイ十六世は革命家たちに強制されて、意にそわないこともやむなく承認してきた。もはや、自分が望んできたように、王政の伝統にしたがい、王権の権威のもとに改革を推し進めていくことなど、とうていできそうになかった。自分が受け継いだ王政はどうなるのか？　王政は、先祖の国王たちが営々と築き上げてきたものではないか。このままでは王政の伝統を裏切ることになる、とルイ十六世には思われた。

とくに「聖職者市民憲章」（一七九〇年七月十二日に国会で採択）は、ルイ十六世には我慢ならないものだった。これは僧侶に革命への忠誠を誓わせ、司教などの任命権をローマ教皇（法王）から奪い取るものだった。ルイ十六世は非常に信仰心の厚い人物であり、ローマ教皇に対する崇敬の念も強かった。周囲に促されて、一応は意にそわない憲章に同意はした。しかし、一七九一年三月十日、ローマ教皇ピウス六世は初めて公然と「聖職者市民憲章」を弾劾《だんがい》した。おそらくは、これがルイ十六世にとって最後の決め手になったであろう――もう、パリを脱出するしかない……。さらに、四月二日、ミラボーが死んだ。ミラボーは持ち前の雄弁さで革命議会をリードしつつ、陰では宮廷の相談役になってきた。

ルイ十六世は、もうこれ以上、小五月蠅《こうるさ》い革命家連中とは関わり合いたくない、という心境になっていた。

そうしたときに、サン＝クルー城行きを妨害されるということが起こった。

四月十八日、ルイ十六世は家族とともにパリ郊外のサン＝クルー城へ行こうとして馬車に乗った。サン＝クルー城に骨休めに行くのは例年のことだった。しかし、国王は外国に逃げようとしているという噂《うわさ》があったため、居合わせた群衆が馬車を取り囲み、出発を阻止した。国王がこのままパリから逃げ出すのではないかと心配したのだった。治安維持の任務を負う国民衛兵隊の兵士たちは群衆を制止しようとはせず、むしろ同調する様子だった。

ルイ十六世にとっては不愉快きわまりないことだったが、「これで自分が自由ではないことが全ヨーロッパに証明された。パリ脱出は正当化される」とも思われた。

宮廷関係者たちは革命当初から国王のパリ脱出を考えていた。王妃のマリー＝アントワネットは大乗り気だったが、ルイ十六世は拒み続けてきた。国民を打ち捨てて逃げるなど、とんでもないことだった。そのルイ十六世が脱出計画に乗るようになったのは、いつ頃からなのだろうか？　ローマ教皇が「聖職者市民憲章」を弾劾した一七九一年三月には最終的に腹を決めたであろうが、もっと早く、一七九〇年十月頃にはパリ脱出に大きく傾いていたかもしれない。

脱出計画の概要はこうだった――。

ベルギー国境から一〇キロのところにあるモンメディの要塞に行き、ブイエ将軍指揮下の王党派部隊に合流する。オーストリア軍の援助も得る。当時ベルギーはオーストリア領だったから、モンメディはオーストリアからの援助を受けやすい場所。軍隊とともにパリに取って返し、国会を武力で解散し、国王としての主導権を取り戻す。

外国の軍隊の援助も得てパリを制圧しようというのだから、フランス国民から見れば裏切り行為以外の何ものでもないが、ルイ十六世にはそのような認識はまったくなかった。もともと、ヨーロッパの諸王家はお互いに多かれ少なかれ親戚《しんせき》同士のようなものだった。とくにオーストリアのハプスブルク家は妻マリー＝アントワネットの実家なのだから、妻の実家の援助を得て王政を立て直す、というだけのことだった。それに、国民は過激な連中に影響されて一時的に気の迷いを起こしているのだから、これを正道に戻すのは国王としての義務だ、とも考えていたことだろう。

ブイエ将軍は、一七九〇年八月に起こった「ナンシー虐殺事件」の責任者である。ナンシーは、フランス北東部、ドイツ国境に近い都市。この町に駐屯していた兵士たちが貴族の士官たちの会計不正に抗議して蜂起《ほうき》したとき、これを武力で鎮圧し、二二名の兵士を処刑した。

断固とした軍人ということになるのだろうが、札付きの反革命派だった。

脱出計画全体を取り仕切り、中心的に計画を進めたのはアクセル・フェルセンというスウェーデン貴族であった。マリー＝アントワネットの愛人と噂された人物である。フェルセンはマリー＝アントワネットにどこまでも忠実で、かつ、非常に慎み深い男だった。マリー＝アントワネットと同い年で、このとき三十六歳だった。フェルセンはブイエ将軍と連絡を取り合って、逃走ルートを決めた。フェルセンは計画の進展状況を逐一マリー＝アントワネットに報告するために毎晩チュイルリー宮殿を訪れた。

計画決行

脱出するのは、国王、王妃、王女、王子、王妹の五人であった。最初は六月六日に決行する予定だった。それが何度か延期され、六月十九日と決定された。しかし、これもぎりぎりになって翌日に延期された。こうして何度も予定が変更されたことがよくない結果を産むことになる。

いよいよ六月二十日の深夜、国王一家は国民衛兵隊の警備の裏をかいてチュイルリー宮殿から出た。この脱出劇は巧みだった。通常の出入り口には見張りがついていたので、あまり人目につかないところにあらかじめ脱出用の出口を作らせてあった。室内側にはタンスが置いてあり、出口が見えないようになっていた。このタンスを通って中庭に出たのであった。中庭には何台もの馬車がたむろしていた。その中の一台にフェルセンが御者に扮《ふん》して乗っていた。フェルセンはこの馬車で逃走用の馬車が隠してあるところまで国王一家を運んだ。それから、一行は逃走用の馬車に乗り換え、最初の宿駅まではフェルセンも同行した。フェルセンは終点まで国王一家と行をともにしたかったことであろうし、そして、そのほうが旅行がスムーズにいったことであろうが、ここで愛《いと》しの王妃と別れざるを得なかった。ルイ十六世は、フェルセンがマリー＝アントワネットの愛人と噂されていることを知っていた。そうした人物とずうっと一緒に旅行するのは不都合なことであろう……。

パリからモンメディまで、およそ二五〇キロ。モンメディはパリの北東方向にあり、二五〇キロというと、だいたい東京から福島までの距離に相当する。馬車で旅行すると、一日で十分に着ける距離である。

用意された逃走用の馬車は非常に大型の豪華な馬車で、六頭立てであった。オーブン・レンジが二台、ワインが八本入る貯蔵庫が備わっていた。そして大量の食糧と衣類、万が一の故障に備えて数々の部品（ボルト、ナット、釘《くぎ》、車輪の輪など）が積み込まれていた。つまり、馬車の装備は万全だった。が、万全すぎたのである。一日ですむ旅行なのに、ヨーロッパ周遊もできるほどの備えをしてしまったのであった。そして、豪華な大型馬車となれば、嫌でも人目につく。

スピードを最優先し、普通の軽馬車に一家五人だけで乗り込むというふうにすれば、計画が成功する確率はずっと高かった。馬車で長距離の旅行をする場合、時々、宿駅で馬を替えなければならない。今回は一九の宿駅で馬を替える予定になっていた。六頭立てとなれば、それなりの手間と時間がかかる。王子と王女の世話係がいるということで、養育係のトゥルゼル夫人が馬車に同乗していたが、さらに、身の回りの世話をする二人の侍女が乗った馬車が途中から合流した。そして、護衛のため三人の貴族が馬で同行することになったので、替え用の馬がさらに増えることになった。大量の荷物を積み込んで馬車が重くなれば、それだけスピードも落ちる。

なぜ、身軽に逃げることができなかったのだろう？　少々不便でも、一日だけ我慢すればいいのである。

しかし、それができなかった。王家の人間だから。従者なしで二四時間過ごすことができないのである。普段は、寝るとき、起きるときも周りの人間に世話をやいてもらっている。髪のセットや着替えなど、一日ぐらいは我慢できないものかと普通の人間なら思う。しかし、マリー＝アントワネットにしてみれば、王妃なのだから道中もみっともない格好はできないし、人前にはしかるべき服装で出なければならない、だから着替えの服もそれなりにいる、ということになる。

ルイ十六世は従僕に変装していた。しかし、目的地に着いて大勢の人間の前に出るときは、国王として正装した姿でなければならないと思う。だから、その分の衣装も用意しなければならなかった。

そして、道行きが呑気《のんき》すぎた。チュイルリー宮殿を抜け出す時点で、すでに予定より二時間遅れていた。それなのに、途中何度も馬車を止めて休憩した。すばやく、ひそかに馬車を走らせなければならないのに、普段の「大名旅行気分」を抜けきれなかった。総勢一一人も、国王と王妃にとってはけっして多い人数ではなかった。普段は数百人の供をともなって旅行しているのだから。

ポン＝ド＝ソム＝ヴェールという小さな宿駅で最初の護衛部隊と合流することになっていた。このあとは一定の宿駅ごとに護衛部隊が待機し、それぞれの部隊が順次国王一家をモンメディまで送り届ける手筈《てはず》になっていた。だから、ポン＝ド＝ソム＝ヴェールで護衛部隊と合流しさえすれば、モンメディに安全に到着できるのであった。

四〇人の軽騎兵からなる護衛部隊は、二十一日の正午頃、ポン＝ド＝ソム＝ヴェールに到着した。しかし、四時になっても国王一家の馬車がやってくる気配がまったくなかった。この間、村人たちは不穏な動きを見せ始めていた。村人たちは年貢を納めていなかった。年貢を強制的に徴収するために軍隊が派遣されたのではないか、と不安にかられたのであった。村人たちが集まり、中には武器を手にしている者もいた。こうした状況では、いつまでも待機し続けるわけにもいかなかった。これまでにも計画が何度も変更されたので、指揮官は今回もそうなったものと判断し、部隊を撤退させた。しかも、この指揮官は後続の護衛部隊宛に次のような文書を送った――「宝物が本日通過する気配はない。私はブイエ氏に合流する。諸君は明日、新しい命令を受けるであろう」

「宝物」とは、もちろん国王一家のこと。これで、国王はこの日はやって来ないことになってしまった。

国王一行がポン－ド－ソム－ヴェールに到着したのは、夕方六時頃だった。自分たちを待ち受けているはずの護衛部隊の姿が見えないことを認めたとき、ルイ十六世は「大地が崩れ落ちるような気がした」と後に述べている。

ヴァレンヌで正体を見破られる

二十一日の朝になって国王一家が逃亡したことを知った革命政府は、各市町村に国王一家の身柄を確保するよう命じる文書をたずさえた急使を派遣していた。この命令書は宿駅から宿駅へと早馬によって引き継がれ、国王の馬車を追いかける形になった。

ルイ十六世たちは護衛部隊の姿を求めて予定のルートをぐずぐずと進んでいた。ただでさえ、目立つ馬車である。不審な一行の姿が人々の注意を引かないはずはなかった。

ヴァレンヌの宿駅に国王一家が着いたのは夜の十一時頃だった。予定では、ヴァレンヌには護衛部隊のほかに、ブイエ将軍によって馬も必要な頭数用意されることになっていた。しかし、護衛部隊の数人の兵士がたむろしていただけで、馬は用意されていなかった。準備命令は取り消され、兵士たちの多くは持ち場を離れて飲んだくれていた。一行が馬をさがして時間をロスしている間に、革命政府の命令書がついに追いついた。命令を伝えるためにヴァレンヌにやってきたドゥルエらによって橋にバリケードが築かれ、馬車が前に進めなくされた。

すでに二一〇キロの行程をたどり、モンメディまであと四〇キロというところで、国王一家はヴァレンヌの住民たちによって身柄を拘束された。チュイルリー宮殿を抜け出してからちょうど二四時間たっていた。もう深夜になっていたので、ルイ十六世たちはとりあえずヴァレンヌの村役人エピシエの家で一泊することになった。

マリー＝アントワネットはエピシエ夫人に逃亡の手助けを頼んだ。

マリー＝アントワネット「奥様、あなたにもお子さんがおありでしょう。夫が、家族がおありでしょう」

ヴァレンヌ逃亡事件（パリに連れ戻される国王一家）

エピシエ夫人「お役に立ちたいとは思います。でも、しかたありませんでしょう。あなたは国王様のことをお考えです。私は夫のことを考えます。女はそれぞれに夫のために……」

国王一家はパリに連れ戻されることになり、翌二十二日の朝八時少し前にヴァレンヌを発った。

ブイエ将軍が騒ぎを聞きつけ、部隊を率いてヴァレンヌに到着したのは、国王一家の馬車が出発して一五分ぐらいたった頃だった。パリ方面に去っていく国王の馬車が川越しに見えたが、馬車は四〇〇〇人の群衆に守られていたし、川は馬で渡るには深すぎたので、黙って見送るしかなかった。

二十五日、国王一行は四日がかりでパリに

帰着した。国王一家を迎える人々の態度は非常に冷たかった。みんな押し黙り、重苦しい沈黙の中を馬車は通り過ぎていった。だれも帽子を脱がず、国民衛兵隊の兵士たちは銃を逆さまに担いでいた。

国王とともに新しい国造りにあたろうとしていたフランスの人々にとって、この事件は青天の霹靂《へきれき》だった。人々は憤激した——なんということだ、国王ともあろう人が、従僕に変装してまでも外国に逃げようとするとは！　国王は外国と謀《はか》ってフランスに攻め入ろうとしているという、以前からささやかれていた噂が俄然《がぜん》、信憑《しんぴょう》性を増した。ルイ十六世は一挙に国民の信用を失い、「王政を廃止せよ」という声がフランス全土から怒濤のように沸き起こってきた。

何度も言うが、ルイ十六世は改革派の国王だった。フランス革命がルイ十六世の治世下に起こったのは彼が改革派の国王だったからだ、とも言えた。改革を行なわねばならなかったが、王政の伝統にも忠実であらねばならなかった。二つの要請に引き裂かれ、ルイ十六世は方向性を見失ってしまった。ここからさまざまな失策が生じるのであるが、「ヴァレンヌ逃亡事件」はその最たるものだった。この事件がその後の革命の展開に与えた影響には、実に計り知れないものがある。

この事件がマリー＝アントワネット主導によるものだったとしても、このときまではルイ十六世はなお行動の自発性を保持していた。これ以降は、ルイ十六世は主体性を失い、革命の流れに依怙地《いこじ》に抵抗することしかできなくなる。それは「ロバのような頑《かたく》なさ」と言うこともできよう。世間に流布しているありふれたイメージ「ルイ十六世＝木偶《でく》の坊」が幾分なりともあてはまるのはこの時期以降でしかない。

ソルボンヌのフランス革命史講座の主任教授を長く務めたアルベール・ソブールが、単なる一挿話として片づけられかねないこの事件を「フランス革命の本質的出来事の一つ」と位置づけているのは立派なことだ。ソブールはまた、ルイ十六世について、「しばしば言われてきたような、単純で意志薄弱、ほとんど責任感覚すら欠けたといったような人間ではなかった。ある種の知性に恵まれていた彼は、ただ一つの目的に精力を注ぎ込んだ。その目的とは、たとえ国民を裏切ることになろうとも、国王としての絶対的権威を再確立することである」とも言っている。私はこの意見に全面的に賛成ではないけれども、ソブールがこう書いたのが一九六二年であったことを思うと、さすがという気はする。

一応の立憲君主主義体制

フランス中の人々が「ヴァレンヌ逃亡事件」に憤慨したのであったが、立憲君主主義体制をめざしてここまで革命を引っ張ってきた革命指導者たちにとっても、この事件は非常に不都合だった。築き上げようとこれまで努力してきた新体制には、「国王」がぜひとも必要だったからである。そこで、政府は「国王は逃亡したのではなく、誘拐されかかったのだ」と言いつくろった。

革命指導者たちの立場はバルナーヴが七月十五日に国会で行なった次の演説によく表明されている。バルナーヴはもっとも有力な指導者の一人で、「ヴァレンヌ逃亡事件」後は、マリー＝アントワネットに請《こ》われて、宮廷の陰の相談役にもなっていた。ミラボーの跡を継いだ形である。

「われわれは革命を終えようとしているのであろうか？　それとも、また革命をやり直そうとしているのであろうか？　諸君は、すべての人間を法の前において平等なものとした。諸君は、市民的ならびに政治的自由を確立し、国民の主権から奪われていたすべてのものを国家のために奪い返した。もう一歩進むことは、不吉で罪ある行為となろう。自由の線上をもう一歩進むことは王政の破壊になろうし、平等の線上をもう一歩進むことは私有財産制の破壊になろう」

バルナーヴはこれまでになしとげられた成果を強調し、もう十分ではないかと訴えつつ、有産階級の不安を煽《あお》り、王政の存続を国会に承認させた。

七月十七日、パリの民衆が共和政を求める請願書に署名するためにシャン゠ド゠マルス公園に集まると、国会は戒厳令を布告した。集会を解散させるために国民衛兵隊が出動し、民衆に発砲した。五〇人の死者が出た。この事件に続いて共和派と目された活動家が何人も逮捕され、ロベスピエールは逮捕を免れるために一時的に隠れ家に身をひそめなければならなかった。こうして、国会の意志が明確に示された。

バルナーヴらの尽力によって、王政は当面は維持されることにはなる。しかし、いつまで……。

九月三日、国会で憲法が採択された。この憲法は「一七九一年憲法」と呼ばれる。十四日、ルイ十六世は国会の議場に赴《おもむ》いて、憲法を受け入れ、国民に忠誠を誓った。しかし、国王には玉座が用意されておらず、単なる肘《ひじ》掛《か》け椅子しかなかった。チュイルリー宮殿に戻ったあと、ルイ十六世はすすり泣いたという。

ともかくも、こうしてフランス史上初めての憲法が制定され、フランスは立憲君主主義国になった。この九一年憲法では、国王は不可侵の存在とされ、国会を通過した法律に対する拒否権が国王に与えられていた。革命を指導してきた開明貴族・最上層市民たちにとっては、革命はここで終わるべきものだった。そして、実際、彼らは革命は終わったと信じたことだろう。

しかし、すでに国王に対する国民の信頼がすっかり失われていたため、この立憲君主政体には、いわば、魂が入っていなかった。

九一年憲法は、革命が始まってからの二年間の間になしとげられた成果を集約したものでもあった。

国民の政治参加に関しては、納税額によって国民を「能動的市民」と「受動的市民」の二つのランクに分け、後者には参政権が認められなかった。このため、成人男子の三分の一が参政権から除外された。女性の参政権は、初めから問題にもならなかった。それでも「法の前の平等」は保証され、各人に能力に応じた社会的チャンスが与えられるという原則は確認された。

憲法では「国民主権」の原則が謳われ、国王の権威は法にのみ由来することも確認されたが、この九一年体制は、一七八九年八月の『人権宣言』の内容よりも後退したものだった。男子に関しては一七九二年に全員に参政権が認められるが、女性に参政権が認められることはついにない（フランスで女性に参政権が認められるのは一九四四年のこと）。

刑罰の人道主義化は時代の流れであり、晒《さら》し刑や焼き鏝《ごて》の刑は廃止され、拷問の禁止も確認された。ルイ十六世が革命前から進めてきた政策が踏襲されたと言える。裁判には陪審制が導入された。ギロチンも刑罰の人道主義化の流れから導き出されるものだが、これについては次章で詳しく述べる。

言論・出版の自由も保証された。新教徒とユダヤ教徒にも市民権が認められ、信教の自由への一歩前進も見られたが、カトリック以外の宗教儀式を法律によって公認するまでには至らなかった。

革命の二年間の成果として、国有財産の売却も重要である。教会・修道院が保有する不動産を国有財産として没収し、これを一般に売り出した。国家財政を好転させることが第一の目的だったが、これによって土地と建物の所有権が民間に移転し、将来の経済的発展の基礎となった。

こうして売り出される国有財産を原資にして「アシニャ」と呼ばれる紙幣が発行されたが、すぐに額面価値を割り始め、一七九六年には紙屑《かみくず》同然になる。昔はお金は金属で造られ、たとえば金貨なら含有される金の量によって価値が保証されていた。革命政府は貧乏で貨幣を造れるだけの貴金属がなかったので紙でお金を造ることにしたのであった。われわれ現代人はすっかり紙幣に慣らされてしまったが、よく考えてみると、一万円札はカラー印刷がほどこされた紙切れにすぎないのだから、一万円札に一万円の価値があるはずがない。紙幣になじみのなかった当時の人々が「紙切れ」を信用しなかったのも当然だった。紙幣の発行は、また、多くの紙幣偽造者を産み出すことにもなった。紙幣偽造は革命の信用を失墜させる重大な犯罪なので罰則は死刑と決まっていたが、それでも紙幣偽造者は後を絶たなかった。紙に貴金属と同じ価値を持たせることができるという誘惑に打ち勝つのは、当時の人々にとって、われわれ現代人よりもはるかに難しかったことだろう。

2　対ヨーロッパ戦争始まる

自由の十字軍

憲法を制定するという使命を終えた「憲法制定国民議会」は解散し、選挙をへて一七九一年十月に新しい議会が召集された。新議会は「立法議会」と呼ばれる。ロベスピエールの提案により、前議会の議員は立候補できない決まりだったので、新議会の議員は全員が新人だった。

新議会で最大の問題になったのは、開戦か否かであった。「ヴァレンヌ逃亡事件」は、外国の軍隊に対する脅威を人々に強く意識させる結果にもなっていた。八月二十七日に、オーストリア皇帝レオポルトとプロシア国王フリードリヒ－ヴィルヘルムは「ピルニッツ宣言」に署名し、「相互に協力し、必要な軍事力をもって迅速に行動する」用意があると宣言していた。「国王には手を触れるな」という恫喝《どうかつ》のつもりだったが、フランス人の敵愾心《てきがいしん》をかき立てる結果にしかならなかった。

革命をつぶそうとするヨーロッパ諸国の脅威に対して、人々はなんとしてでも革命を守ろうとする熱意に燃えていた。立法議会では開戦派が多数を占めていた。

新憲法によって引き続き行政の長となったルイ十六世は、一七九二年三月、ジロンド派に政権をゆだねた。フランス南西部のジロンド県（県庁所在地はボルドー）出身の人が多かったのでこう呼ばれる。ジロンド派は、ジャコバン派にくらべれば穏健派だが、共和派であることに変わりはなく、ルイ十六世にとっては話もしたくない連中であったろう。革命情勢の進展上、今さら王党派内閣を作るわけにもゆかず、やむなくジロンド派の内閣を組閣したのであった。

政権を掌握したジロンド派は開戦を唱えた。ジロンド派は戦争による経済的効果と革命思想のヨーロッパへの波及をねらい、フランスは「自由の十字軍」とならねばならない、という論陣を張った。大多数の国民が戦争を望んでいたから、ジロンド派は国民の願いを代表していたと言える。

フランス中が戦争熱に浮かされる中、ロベスピエールはほとんど一人で開戦に反対していた。在野の一革命家になったロベスピエールはジャコバン・クラブを拠点にして、「対外戦争よりも、国内の反革命勢力との闘いが優先する」と訴えていた。勝利を収めた軍人が政治を牛耳ることになるという懸念も表明していたが、後にナポレオンによる軍事政権が誕生することを思うと、ロベスピエールには先見の明があった。

ジロンド派が「自由の十字軍」「革命思想勝利のための戦い」と位置づけた戦争に宮廷は反対しなかった。ヨーロッパ連合軍によって革命がつぶされることを期待していたからである。「あの革命家連中は、愚かにも、みずからの墓穴を掘る戦争を始めようとしている」というのが宮廷の認識であった。

一七九二年四月二十日、フランスはオーストリアに宣戦布告した。当時のオーストリアは、領土の広さや軍事力・国際的影響力からいって、今のアメリカ並みの大国だった。開戦に反対したのは、約七五〇人の議員のうち七名だけであった。

オーストリアに続いてまずプロシアが参戦、翌年早々にはイギリス、オランダ、スペインも参入し、やがてフランスは一国でほとんど全ヨーロッパを敵に回すことになる。そして、この対ヨーロッパ戦争は、途中短い和平の時期を何度か挟みながら、一八一五年にナポレオンがワーテルローの戦いに敗れるまで、延々二十三年間も続くのである。

この戦争は、まずなによりも、古い封建社会を打ち壊したいフランスと、これまでどおりの社会をなんとしてでも維持したいほかのヨーロッパ諸国との戦い、というふうに位置づけられる。しかし、フランス人にとっては、諸国王に対する戦争であって、諸国民に対する戦争ではなかった。敵国の国王の軍隊を打ち破り、人々を専制政治から解放し、《自由と平等》の思想を世に広めたい、というのがフランス人の願いであった。

人々は、革命防衛のための戦争、諸国民解放のための戦争に熱を上げた。義勇兵登録に行き「武器がない」と言われると、家に帰って自分で槍を作った。戦争への熱意は「岸を越えようとする革命の大海のうねり」（ミシュレ）であった。

「自由の女性戦士」のその後

対ヨーロッパ戦争開戦前夜の三月、テロワーニュ・ド・メリクールはパリの女性たちを前にして街頭で演説し、自分たち女性も武器を取って戦おうと訴えかけた。

「私たちが美徳においても、勇気においても、男性に劣るものではないということを男たちに示そうではありませんか……。武器を取りましょう。なぜならば、私たちの権利、私たちの家庭を守るように備えることは理にかなったことであり、そして、もし奴隷状態の中で身についてしまった臆病《おくびょう》さがなおも私たちを支配し続け、私たちの力の倍加を妨げるようなら、それは私たち自身に対して不当なことであり、祖国に対しては無責任なことだからです。……男たちの無知と傲慢《ごうまん》と不公正が、これほど長い間女性を押し込めてきた、恥ずべき無用の存在から、今や抜け出るべきときです。……専制主義の重圧は、男たちの頭上によりも私たちの頭上によりいっそう重くのしかかるのですから、自由はおそらくは、彼らにとってよりも私たちにとって、より貴重なものなのです。さあ、武器を取ろうではありませんか！」

「男性に負けずに、女性も武器を取って祖国のために戦おう」というテロワーニュの訴えは国中が戦争熱に浮かされる雰囲気に触発されたものだが、「バスチーユ陥落」の頃は政治のせの字も知らなかった彼女がこのような演説ができるようになったということは、この二年半あまりの間にいかに革命に鍛えられて成長したかを物語るものでもある。しかし、女性武装化の主張が男性活動家たちに与えた衝撃・恐怖には、一種独特のものがあった。

革命指導者たちは女性たちに革命への参加を促したし、女性たちの協力がなければ革命は成功しなかっただろうというほどに女性たちの働きが大きかったことは前にも述べたとおりである。しかし、彼らは女性に補助的役割しか期待していなかった。本来、女性の持ち分とされる領域から逸脱することは嫌っていたのである。つまり、こうである——革命を勝利に導くために女性の協力・援助が必要だったが、人間の自由と平等を謳う革命家も内心では女性の社会的進出に極度の警戒心を抱いていた。こうした矛盾がフランス革命の活動家たちのメンタリティなのである。

テロワーニュは、男たちから揶揄《やゆ》嘲笑《ちょうしょう》され、つい数カ月前に熱狂的歓迎を受けたジャコバン・クラブからも閉め出された。それでも、八月十日、王政が倒された日の戦闘には加わることができた。このことについてはすぐ次の項でふれる。

一七九三年春には革命家同士が対立するようになるが、テロワーニュの決定的不運を招いたのは、このジャコバン派（急進派）とジロンド派（穏健派）の抗争に巻き込まれてしまったことだった。

テロワーニュは両派の和解を訴えるポスターを印刷して街頭に貼りだした。

「殴り合いをし、市民にふさわしくない罵《ののし》り言葉を言い合っていれば、やがて、それ以上のことが行なわれるようになるでしょう。そして、私は予言しますが、感情的にこじれ、もはやその暴発を自分でも抑えることができないような状態になるでしょう」という一節など、恐怖政治を予告するものだ。

「身内同士の争いはやめ、一致結束して敵にあたるべきだ」という彼女の考えは良識にかなったものであり、もし革命指導者たちが少しでも彼女の声に耳を傾けていたなら、恐怖政治期の多くの悲劇も回避されたことだろう。しかし、彼女の訴えはジロンド派の肩を持つものとみなされた。この頃にはジロンド派は民衆から憎まれるようになっていたので、同じ憎しみが彼女にも向けられることになった。一七九三年五月、テロワーニュはジャコバン派贔屓の女性たちから公衆の面前でスカートをまくり上げられてお尻を打擲《ちようちやく》されるという辱《はずかし》めを受け、人前から姿を消した。

テロワーニュはこうした周囲の無理解から発狂し、精神病院に収容されることになる。病室では「自由」「委員会」「革命」「法令」などという言葉をなんの脈絡もなく一人でぶつぶつとつぶやいていたという。革命に寄せた希望が裏切られた無念のほどがしのばれる。

3　王政倒れる

国王の曖昧な態度

実際に外国軍との戦闘が始まってみると、フランス軍は士気は高いのだが臨戦態勢が整っていなかったため、緒戦は敗北があい次いだ。ここまでは、宮廷の読みどおりだった。が、祖国の危機を前にして人々の戦意はかえって高揚した。フランスに攻め寄せる外国軍には亡命したフランス貴族たちが多数加わっていたこともあって、外国の軍隊と呼応する国内の反革命集団に対する警戒心が高まり、革命闘争はさらに先鋭化していった。

人々は、戦争を勝ち抜き、なんとしてでも革命を防衛しようという熱意に燃えていた。ところがルイ十六世は、戦時体制強化につながる二つの法案に拒否権を発動した。革命に敵対的な僧侶を国外に追放する法令と地方から二万人の国民衛兵隊を呼び寄せてパリに駐屯させる法令である。やがてヨーロッパ連合軍がパリに入城し、面倒くさい革命家連中を追っ払ってくれることを期待していたルイ十六世にとって、この二つの法案ははなはだ具合が悪かった。法案に反対しただけでなく、ルイ十六世はひそかに外国と連絡を取り合い、軍事機密を流すことまでもしていた。

ジロンド派は三月に政権を獲得して以来、なんとかルイ十六世と折り合いをつけてきたのだが、この二つの法案をめぐっては国王と真っ向から対立した。

ジャコバン派に革命の主導権を脅かされていたジロンド派の本音は「国王に自分たちの側についてもらいたい」ということだった。

そこで、ジロンド派内閣の首相格を自任する内務大臣ロランは、六月十日、国王に態度決定を迫る長文の手紙を送った。

送ったのはロランだが、実際に手紙を書いたのは夫人だった。実は、ロラン夫人こそ、ジロンド派の事実上の指導者だった。

ロラン夫人対マリー－アントワネット

ロラン夫人は、パリの彫金師の家に生まれた。ルソーに傾倒し、尊大な宮廷貴族たちに反発する反逆的少女だったが、結婚後は非の打ち所のない模範的主婦となり、高級官僚の妻としてブルジョワ的な暮らしをしていた。フランス革命が勃発したのは、彼女が三十五歳のときだった。

「男装の麗人」テロワーニュ・ド・メリクールと同じく、ロラン夫人も「バスチーユ」で目覚めた一人であり、「革命が勃発し、私たちを燃え上がらせた」と『回想録』の中で語っていたことには前にふれた。革命が彼女の内部で眠っていた《力》を呼び覚ましてしまったのであった。それまでは家庭の中に完全に埋没していたロラン夫人は、これ以降は政治・国事についてしか語らなくなる。

一七九二年三月に夫が内務大臣になると、ロラン夫人は壮麗な内務大臣官邸の大臣室に自分専用の机を置き、内務大臣名で出されるほとんどすべての文書を手がけた。見事な文書をたちまちのうちに書き上げる才能があった。内務大臣用の巨額の機密費を使ってマスコミを操作する一方、自分の周りに集まってくるジロンド派の革命家たちに影響力を行使した。

頭脳明晰で決断力もあるロラン夫人がジロンド派の実質的リーダーになったのは自然の勢いだった。しかし、「古き良き女性」タイプの人でもあり、自分が表面に出ることは好まず、表向きはあくまでも男性を立てようとした。彼女はある手紙の中で次のように語っている。

「現在の風俗の中では、まだ女性が目に立つような行動をすることが許されているとは思われません。女性は善なるものを鼓吹《こすい》し、祖国にとって有益な感情を養い、燃え立たせるべきなのであって、女性が政治に関わっているように見えてはならないのです」

だから、個々の革命家に指示を出しはしても、全体的な会合で発言することはけっしてなかった。「革命の女」となりながらも、なおかつ「古き良き女」でもあらねばならないと気持ちを引き裂かれるのは、彼女自身にとっても大変苦しいことだった。自分ではヴェールの下にすっぽりと身を隠していたつもりだったが、それでも、彼女がジロンド派の事実上の指導者であることは世間に知られ、「ジロンド派の女王」と呼ばれた。

さて、六月十日にロランが国王に送った手紙は非常に長文のものだが、「一気に書いた」とロラン夫人は『回想録』の中で語っている。格調高く、予言に満ちた内容でもあった。二カ所ほど引用する。

「《祖国》は、想像力が悦に入って美化してきた単なる言葉では断じてありません。《祖国》とは、人々がそのために犠牲を払ってきたもの、それに対する心遣いによって日々さらに愛着を感じるもの、人々が大きな努力を重ねて築き上げてきたもの、不安の中においても高く聳《そび》え立つもの、頼りとする気持ちと同じくらいに奉仕の気持ちによっても愛するもの、それが《祖国》というものでございます」

「たとえば、二つの重要な法令が制定されましたが、二つとも公共の安寧《あんねい》と国家の安泰に本質的に関わるものでございます。この二つの法令に対する認可が遅れていることが不信を産み出しているのです。もしこうした事態が長びくようなことがあれば、それは不満を呼び起こし、そして、私はこう申し上げなければならないのですが、現在のような興奮した状況においては、どんな結末にたどり着くやもわからないのでございます。

もはやしりごみしているときではございません。時間を稼ぐ手段すらもございません。革命は人々の心の中にしっかりと根をおろしております。今であればまだ避けることができる不幸を賢明にも予防しないならば、革命は血の代価をあがなって遂行され、それによって革命はさらに確固としたものとなることでございましょう……」

「国家の安泰と陛下の幸福は固く結びついております」「陛下はこれまで（国民に敵対するように）残酷にあざむかれてきました」――ロラン夫人は自分たちの側につくように国王に必死に呼びかけた。

ロラン夫人の言うとおり、ルイ十六世にとってはこれが最後のチャンスだった。このとき、ルイ十六世がジロンド派と手を結ぶ道を選んだならば、王政はぎりぎりのところでなんとか救われていたかもしれない。

しかし、ルイ十六世はロラン夫人の必死の叫びに耳をかさなかった。三日後に、ルイ十六世はロランに、内務大臣を罷免する旨のほんの数行の手紙を送りつけてきた。

ルイ十六世にもっとも大きな影響力を持っていたのは王妃マリー＝アントワネットだから、

表向きは国王対内務大臣の対立でも、本当はマリー＝アントワネットとロラン夫人が対決していたのであった。ロラン夫人は彫金師の娘だから、革命前であれば、王妃のマリー＝アントワネットとは比較にもならないのだが、この闘いではロラン夫人が勝利を収める。一般庶民の娘が王妃に勝ってしまうという、普通は絶対にあり得ないことが起こるのが、新しい革命の世の中なのである。

大臣罷免の通知を受け取ったロランは、夫人のすすめにしたがって、ただちに国王への手紙の写しを国会に送った。議場で朗読された手紙は熱狂的な拍手を巻き起こし、手紙を印刷してフランス全県に配布することが決議された。ロランは一躍、時の人となり、その人気は革命初期のネッケルに比肩されるほどに高まった。

これから情勢は急速に流動化してゆく。

六月二十日、国王の煮え切らない態度に抗議して、パリの民衆がチュイルリー宮殿内に乱入し、ルイ十六世の前を延々二時間にわたって示威行進した。この間、ルイ十六世は革命を象徴するフリジア帽をかぶせられていた。

七月十一日、プロシア軍がフランス国境に迫っているとの知らせを受けて、国会は「祖国は危機にあり」と宣言した。祖国防衛に燃える人々の熱気がいやが上にも高まる中、マルセイユからやって来た連盟兵団が革命歌を歌いながらパリの街を練り歩いた。この歌が「ラ・

マルセイエーズ」と呼ばれ、やがてはフランス国歌になる。

一七九二年八月十日

ついに八月十日、パリの民衆は連盟兵団とともにチュイルリー宮殿に攻め寄せ、守備についていたスイス人傭兵《ようへい》部隊との銃撃戦の末に、宮殿を制圧した。

この八月十日の戦闘には、女性も多数参加していた。『モニトゥール』という半公的新聞は次のように伝えている。

「ただちに数千人の女性が、ある者はサーベルを、またある者は槍を手にして戦闘に突き進んでいった。私は彼女たち自身がスイス兵を殺すのを何度も見た。（中略）女性たちにも戦死者が出たが、このことによって他の女性たちが怖《お》じ気《け》づくことはなかった。彼女たちは叫んでいた——プロシア兵だろうとオーストリア兵だろうと、やってくるがいい。あたしたちにも大分損害が出るだろうけど、あのろくでもない連中の一人だって生きて帰しゃしないから」

この戦闘には、あのテロワーニュ・ド・メリクールも加わっていた。しかも、マルセイユ連盟兵団から「勇敢さにおいて際立っていた」と表彰されている。女性の武装化を主張して男たちから大反発を受けたのは、つい五カ月前のことだったのに、これはいったいどうした

チュイルリー宮殿の攻防戦（王政倒れる。1792年 8 月10日）

ことなのだろう？　女性の武装化を理論的に主張しても受け入れられないが、戦いの現場に武器を取って参入する女性は歓迎される、ということであるらしい。あとで見るように、前線で外国軍と戦っているフランス軍の中には男に変装して紛《まぎ》れこんでいる女性たちがいたが、彼女たちも正体がばれたあとでも男性兵士たちから同じ仲間として受け入れられるのである。

銃撃戦の間、国王一家は国会内に避難していたが、国会は、民衆の勝利を見届けたあと、「王権停止」を宣言した。国王一家五人はタンプル塔に幽閉されることになり、これで囚人同様の境涯になった。

この八月十日、青年将校ナポレオンは、たまたまパリにあってチュイルリー宮殿攻撃の様子を見守っていた。ナポレオンは革命派の軍人であったが、チュイルリー宮殿の守備のまずさが気になった。砲兵中尉であった彼には、大砲を使えば攻め寄せる群衆を簡単に追い返すことができたであろうに、と思われた。
「八月十日」は民衆の働きによるものだったので、これ以降はその社会的実力が認められ民衆が革命の表舞台に躍《おど》り出てくる。一方、革命初期の指導者たちは表舞台からしりぞき、バルナーヴはパリを離れて故郷に隠棲《いんせい》し、ラ・ファイエットは外国に亡命するのである。

王政は、王権神授説に代表されるように、キリスト教（カトリック）と不即不離の関係にあった。両者はお互いに支え合ってきたのである。王政が倒れたことによって、キリスト教の社会的威信も低下した。それをよく示すのが、戸籍の世俗化と離婚制度の制定である。これまでは戸籍は教会によって管理されてきたのだが、今後は役所が管理することになった。これまでは、「神の前で一生添い遂げることを誓って結婚した以上は、神に背くのは許されない」という論理で離婚は認められなかった（ローマ教皇から特別の許可を得た場合は別）。戸籍の世俗化も離婚制度の制定も、九月二十日に国会によって決定された。

錠前師ガマンの煩悶

フランソワ・ガマンは、錠前作りが趣味だったルイ十六世の師匠にあたる人物である。フランソワの家は、祖父の代からヴェルサイユで宮廷御用達《ごようたし》の錠前屋をしていた。ルイ十六世に指導を請われ、宮殿内に設けられた工房で一緒に錠前作りやさまざまな金属工作をするようになった。

国王一家がヴェルサイユからチュイルリー宮殿に移って一年半ほどたった一七九一年五月、ガマンは国王に頼まれ、鉄製の秘密の隠し戸棚を一緒に宮殿の壁の中に埋め込んだ。国王が隠し戸棚の中に書類をたくさんしまいこむのをガマンは見ていた。国外逃亡を計画していたルイ十六世はあらかじめ重要書類を隠しておきたかったわけだが、ガマンは「ヴァレンヌ逃亡事件」が起こって初めて国王の意図を知った。

八月十日に王政が倒れたあと、チュイルリー宮殿は革命政府の管理下に置かれた。

ここから、ガマンの煩悶《はんもん》が始まる。もし、あの隠し戸棚が発見されたら、いったい自分はどうなるのだろう？　ルイ十六世が隠し戸棚にしまいこんだのは重要な機密文書に違いない。それに手を貸した自分は反革命容疑で逮捕され、牢獄《ろうごく》にぶち込まれるだろう。最悪の場合は処刑されることだってあり得る。こう思うと、ガマンは仕事も手につかず、食事も喉《のど》を通らず、夜も眠れないのであった。

いっそのこと、自分から政府当局に申し出るほうがいいのではあるまいか？　こう思って、ガマンは憔悴《しょうすい》の身を引きずってふらふらとパリにやってきては役所の周りをうろついて回るのであったが、なかなか決断がつかなかった。「なぜ、こんな大事な話を一年以上も黙っていたのか」と追及される恐れもあった。

そこで、行動の辻褄《つじつま》を合わせるためにガマンは一つのストーリーを作り上げた。まず、秘密の隠し戸棚を作った時期を一年遅らせ、一七九二年五月のことにした。そして、すべての作業が完了したあと、国王にワインを振る舞われたが、これには毒が入れられていた。国王は秘密を守るために自分を抹殺しようとしたのであり、ために病気になり、動けなかった。やっと体力が回復したので、早速申し出てきたのである、と。

こうして、煩悶に煩悶を重ねた末にガマンはついに十一月二十日、内務大臣ロランに面会を求め、すべてを告白した。ガマンの供述により、宮廷が反革命派と連絡を取り合っていたことを示す文書が発見された。折から国王の裁判が開始されようとしており、発見された機密文書が国王有罪の大きな決め手になる。

一七九四年五月、国会は「ルイ・カペーによって毒を盛られたフランソワ・ガマン」に対し一二〇〇リーヴルの年金を支給することを決定した。しかし、ガマンは一年しか年金をもらうことができなかった。一七九五年五月に胃腸炎で死亡したからである。この時期はテルミドールのクーデター後の反動期で、王党派が息を吹き返し始めていた。ガマンは、今度は王党派の報復に怯《おび》えて悶々とし、そのために命を縮めることになったと言われている。まだ四十四歳だった。

4　革命戦争の兵士たち

ボロボロの軍隊

フランスは革命の勢いに乗って自分のほうから戦争をしかけたのだったが、最初の五カ月間は負け続けた。無理もない。貴族の将軍や士官たちの多くが革命に恐れをなして外国に亡命したため（九〇〇〇人いた将軍・将校のうち、実に六〇〇〇人が戦線離脱していた）、フランスの軍隊は軍人としての訓練を受けた幹部層が非常に薄い烏合《うごう》の衆と化していたし、軍に残っていた貴族の将軍や士官たちにはあまりやる気がなかった。しかもその上に、フランス軍は軍服や軍靴《ぐんか》さえもろくに揃《そろ》っておらず、軍隊というよりも乞食集団といった有様のボロボロの軍隊だった。宮廷がフランスの負けを見込んだのも十分に根拠があった、ということになる。

しかし、対外危機にさらされて、人々の愛国心はかえって高揚した。七月十一日に「祖国は危機にあり」という宣言がなされたあと、パリだけでもほんの数日間に一万五〇〇〇人が義勇兵登録をした。義勇兵たちは二〇〇〇人前後の隊列を組んでパリから続々と前線に赴いたが、その多くは職人・徒弟といった人々だった。宣伝活動や武器製造に必要な印刷工や錠前師は、出征が認められなかった。

フランス軍は一方的に押しまくられ、宣戦布告から四カ月たった一七九二年八月十九日にはプロシア軍が北東部からフランス領内に侵攻した（チュイルリー宮殿が民衆に制圧されて王政が倒れたのは、この間のこと）。まず国境の町ロンウィが八月二十三日に陥落し、ついでヴェルダンが九月二日に陥落した。ヴェルダンは国境とパリの間にある最後の要塞だった。

ヴェルダン要塞には、ボルペール中佐がフランス中部から義勇兵団を引き連れて駆けつけてきていた。貴族の司令官が徹底的に戦うこともせずに降伏を決定したとき、ボルペールはこれに抗議し、ピストルで頭を撃ち抜いて自殺した（一説には、射殺されたとも）。ボルペールの行為は「死を賭《と》して戦う」という一般兵士たちの心意気を代弁するものとして、人々に大きな感銘を与えた。

プロシア軍はさらに快進撃を続け、パリ陥落も時間の問題かと人々が戦々恐々となっていた九月二十日、国境から約九〇キロのところにあるヴァルミーでフランス軍が初めて勝利を収め、敵軍を押し返した。

このヴァルミーの戦いは革命戦争の兵士たちがどんな思いで戦っていたかを示す絶好の例なので、勝利に至るまでの過程を少し詳しくたどりたいと思う。

ヴァルミーの戦い

パリめざして進撃を続けるプロシア軍を迎え撃つべく、まず革命政府はデュムーリエ将軍を総司令官とする軍を派遣し、両軍は九月十七日、ヴァルミー近くで対峙《たいじ》した。

フランス軍は、前から軍にいた兵士たちと急遽《きゅうきょ》前線に駆けつけてきた義勇兵との混合部隊である。義勇兵たちは士気は高いのだが、軍人としてはまったくの素人。義勇兵たちはプロの兵士以上に疲労・困難によく耐えたということだが、それでも、フランス軍は装備も貧弱で、雑然とした寄せ集め集団、ボロの軍隊であることに変わりはなかった。

一方、プロシア軍は、よく訓練され、きっちりと統制のとれた軍隊、ヨーロッパ最高の装備を備えたピッカピカの軍隊である。

しかし、一見乱雑に見えながら、フランス軍には「情熱と意思の深い統一性があった」とミシュレは名著『フランス革命史』の中で述べている。一方プロシア軍には、非常によく統制がとれているように見えて「分裂、迷いがあった」と。つまり、フランス軍の兵士たちには、祖国と革命を守り、《自由と平等》の思想を世に広めるのだという強い決意があったが、プロシア軍の兵士たちには何も目的がなかった、とミシュレは言うのである。フランス軍の兵士たちには、戦争で勝利を収めることによって相手国の人々をも封建制の頸木《くびき》から解放してやろうという気持ちがあった。

戦いの前から戦場付近では雨が降り、両軍ともびしょ濡れだったが、プロシア軍は陰鬱であったのに対し、フランス軍は陽気で、歌を歌い、ダンスをしていた。前に、テロワーニュ・ド・メリクールが女性の武装化を主張して総すかんを食った話をしたが、彼女以外にも武器を取って戦いたいと思った女性はけっこう多く、正式に認められないならば男に変装してでも行くと、男装して軍に紛れこんでいる女性たちがいた。女性兵士たちの勇敢な戦いぶりが幾例も記録に残っている。中でもいちばん有名になったフェルニッグ姉妹はこの戦場にいた。姉は二十二歳、妹は十七歳。女性であることはばれてしまっていたが、それまでの実績によって男性兵士たちから同じ仲間として認められ、このときは総司令官の副官を務めていた。フェルニッグ姉妹は、戦場でのダンスでは輪の中心になり、女性として雰囲気を盛り上げていた。

九月十九日、ケレールマン将軍が援軍を率いて戦場に到着し、これでフランス軍は七万六〇〇〇になり、プロシア軍の七万を数の上では上回った。

ケレールマン将軍はヴァルミーの小高い丘の上に布陣し、二十日朝、将軍率いる三万の部隊とプロシア軍との間で戦いの火蓋が切られた。

プロシア軍は、相手はしょせんは百姓・町人の寄せ集めだ、大砲の音も聞いたことがないだろう、こっちには二〇〇門からの大砲がある、これをいっせいにぶっ放せば、連中は蜘蛛《くも》の子を散らすように逃げていくだろう、と高をくくっていた。

フランス軍は激しい砲撃にさらされたが、動揺する兵もなく、負けじと大砲を撃ち返した。プロシア軍は二万発以上の砲弾を放ったと言われているが、数日前からの雨で地面がぬかるんでいたため、フランス軍はそれほど大きな損害は受けなかった。砲撃の応酬で戦場には煙がたちこめ、お互いに相手の姿が見えなくなるほどだった。煙が晴れてきた午後一時頃、プロシア軍は型どおりの攻撃に取りかかり、三つの軍団に分けた歩兵部隊と騎兵部隊でフランス軍に迫ってきた。

ケレールマン将軍は「撃つな。敵を銃剣で迎えろ」と部隊に指示し、帽子をサーベルの先端に乗せ、これを振り回しながら「国民万歳！」と叫んだ。兵士たちも司令官にならって帽子をサーベルや銃剣の先につけて振り回しながら「国民万歳！」と叫び始め、これが波の輪のように全部隊に広がっていった。

フランス軍兵士三万人の「国民万歳！」の叫び声がヴァルミーの戦場に轟《とどろ》き、銃剣やサーベルで高く掲げられた三万個の帽子が大きく揺れ動いたのであった。プロシア軍の兵士たちには、敵の軍勢が急に増えたように見えたのではないだろうか。整然と隊列を組んで進んでいたプロシア軍は、その異様な雰囲気に圧倒されて隊列がわずかに乱れた。そこへ、デュムーリエ将軍の部隊が砲弾を撃ち込んできたので、プロシア軍の隊列が大きく崩れた。

これを見て、プロシア軍の総司令官ブルンスヴィック公爵は撤退命令を出した。相手は尋常ではない、「狂信者か殉教者の軍隊だ！」と、公爵には思われた。これまでの貴族の軍隊同士の戦争には作法というものがあった。この連中には作法もなにもあったものではない、とてもまともに相手にしてはいられない……。

ボロだけれども若々しい活力にあふれるフランス軍の勢いに気圧《けお》されて、翌日、プロシア軍は戦場を去っていった。ボロボロのフランス軍がピッカピカのプロシア軍を撃退したのである。フェルニッグ姉妹は「常に前衛にあり、もっとも危険な部署についていた」と国会への報告書の中で言及されている。

革命政府は身分・学歴・年齢にはいっさい関係なしに、とにかく軍人として優秀な者を将軍に登用するなどの方針を採用して、軍を思いきって国民軍的性格のものに改編していた。革命前は貴族しか将軍になれなかったが、八百屋の息子であろうと馬丁《ばてい》の息子であろうと、能力さえあれば、だれでも将軍になれるようにしたのである。ナポレオンもこうして将軍に登用される一人である。ナポレオンは身分は一応貴族だが、コルシカ島というど田舎の貧乏貴族の小倅《こせがれ》にすぎないので、革命前なら良家の子弟たちに前を阻まれ、けっして将軍にはなれなかっただろう。

軍を国民軍的性格のものに改編した成果が、ヴァルミーで初めて発揮されたのであった。これからは生まれ・身分にかかわらず、実力・実績によっていくらでも昇進できるということになれば、もともと士気が高かった兵士たちがよりいっそう張り切るのも当然のことである。

ヴァルミーの戦場では、ボロボロの軍隊がヨーロッパ最高のピッカピカの軍隊に士気の高さで勝ってしまった。プロシア軍に同行して戦いの一部始終を見た文豪ゲーテは「この日、この場所から、世界史の新しい時代が始まる」という言葉を残している。

国民軍的な軍隊となったフランス軍は強かった。旧態依然たる貴族的軍隊を打ち負かし、ヴァルミー以降はフランスが優位に立つ。フランス領土内から外国軍を追い払っただけでなく、ドイツ、ベルギー等に進攻し、十一月六日にはベルギーのジェマップでとくに目覚ましい勝利を収めた。「ジェマップの戦い」は「ヴァルミーの戦い」と並ぶ輝かしい勝利であったが、ヴァルミーでは士気の高さが第一の勝因だったのに対し、ジェマップでは軍事的にもオーストリア軍を圧倒した。もちろん、オーストリア軍もプロシア軍と同様にピッカピカの軍隊だった。

世界史的に見ても非常に珍しいことだが、フランス革命期の軍隊には革命精神、変革への意欲が充満していた。革命を支えてきた人々とは、第一に一般の民衆であり、次に指導者・

政治家たちだが、革命防衛のいちばんの矢面に立ったのは兵士たちであり、兵士たちもまた革命のもっとも強力な支柱の一つとなるのである。

コラム　《自由と平等》の光と影

フランスは一七八九年八月二十六日、『人権宣言』を発し、「人間は自由なものとして生まれ、権利において平等である」と高らかに謳いあげた。この頃は、「血筋＝生まれ」によってあらかじめ人間の運命は決まっており、人間が平等であり得るはずがないというのが常識だったのだから、世界に先駆けて「人間の自由と平等」を宣言し、身分制の打破を世に呼びかけたのはフランス革命の不滅の功績である。

このことを踏まえた上で、《自由と平等》の思想にもいろいろと問題があった、という話をしたいと思う。

『人権宣言』を採択したとき、人々は《自由と平等》という言葉の美しさに酔っていた。革命指導者たちも一般の人たちも、である。「これからは自由で平等に生きられるすばらしい世の中になる」という希望にかき立てられ、それまでは政治にまったく関与することがなかった女性たちも大挙して革命運動に加わることになった。

女性たちの働きは非常に大きなものであったにもかかわらず（女性たちの協力がなければフランス革命は成功しなかった、と私は考えている）、革命勃発四年後の一七九三年秋になって、女性たちは革命の表舞台から排除された。革命が成功するかどうかわからない間は男たちは女性を頼りにしたのだが、成功が確実になった時点で、男たちは身勝手にも「女性は家庭に帰るべし」と言い出したのである。女性の参政権はずうっと認められないままだったが、この時期になって、女性の政治活動を禁じる法令が出されたのである。こうして、「人間の自由と平等」と言いながら、この「人間」という言葉には、事実上、女性は含まれないことが明らかになった。

女性の次に、民衆が排除された。もっと言おう。フランス革命で資本主義国家として発展する体制を整えたフランスは、やがて植民地獲得競争に本格的に乗り出す。植民地主義とは、ひとの家に土足で上がり込み、家財をかっぱらい、住人を殺す強盗殺人行為と一緒、最初から「人権」など無視している。となると、あの《自由と平等》は西欧人だけのもの、しかも女性と民衆を排除した富裕市民たちだけのものだったということになる。

では、フランス革命が掲げた《自由と平等》の理想はインチキだったのだろうか？

もちろん、違う。

フランス革命によって、世界史の流れ、世の中の根本原理が不可逆的に変わった。

それまでは「生まれ＝血」がすべてだった。「生まれ」は、人間がどんなに努力しても、どうにもできない。「生まれ」による差別が原理的に打破されたことが大きいのである。

そして、いったん「人間の自由と平等」を宣言した以上、女性も民衆も非西欧人もみんな人間だという自明の事実がじわじわと効いてくる。フランスによって長い間植民地にされてきたヴェトナムの人々が一九四五年に独立を達成した際に『人権宣言』をフランスに突きつけたのは非常に象徴的なことだった。ヴェトナムの人々は言ったのである——フランスの人々よ、あなた方がわれわれの国を植民地にしたのは『人権宣言』の精神に反する間違った行為だった、と。

世界史上初めて普通選挙を実施したのもフランスであり、革命期のことであった。フランス革命において《理想》が光り輝き、一時的に色褪《あ》せたにせよ、それは後世の人々にとって希望の灯火《ともしび》であり続けたのである。

第三章　国王の死

革命が始まった当初、いったいだれが国王の処刑などという事態を想定しただろうか？　しかし、革命はついに、ここまで来てしまう。ほんの数年前まで、人々にとって国王は空気と同じようになくてはならないものであり、国王のいない国など考えられなかったというのに。

一七九二年八月十日の王権停止以後、民衆が革命の表舞台に躍り出て、革命の動向に大きな影響力を持つようになる。「八月十日」は民衆の働きによるものだったので、その社会的実力が認知されたのである。一七八九年に《自由と平等》の理想のもとに開始された革命を「第一革命」と呼ぶとするなら、「八月十日」を機に「第二革命」に移行したと言える。民衆が実質的に革命に参加する、新しい民主主義の時代に入るのである。これまで長い間、精神的にも物質的にも虐げられてきた民衆は《自由と平等》の社会的現実化を求めるようになる。国王の処刑は、革命が深化するこの「第二革命」の流れの中で起こった。

「八月十日」後の新しい情勢に対応するため、立法議会は解散し、新しい議会が召集されることになった。新議会の選挙は普通選挙で行なわれた。一七九一年体制における「能動的市民」と「受動的市民」の差別が撤廃され、成年男子全員に参政権が与えられたのである。これは、もちろんフランス史上初めてのことだった。ただし、普通選挙とはいっても二段階式の選挙で、最初は選挙権を持つ者全員による選挙で「選挙人」を選び、次に「選挙人」が議員を選ぶという形式がとられた。せっかく選挙権が与えられてもそれをどうしていいかわからない人も多かったし、また、王政倒壊直後という騒然とした雰囲気でもあったので、棄権する者が多く、棄権率は七、八割にのぼった。結局のところ、先進的な少数派による選挙だった、ということになる。

一七九二年九月に召集される新しい国会は「国民公会」と呼ばれる。三部会から発展して国会ができてから三番目の議会である。ロベスピエール、ダントン、マラーをはじめとする強力な革命家がずらりと顔を揃える国民公会は、これまでもっとも革命的な議会であった。国民公会は一七九五年まで存続する。

国民公会は、九月二十一日に王政の廃止を正式に宣言する。ここに、西暦四八一年以来千三百年余続いてきた王政は消滅し、フランスは共和国となる。ヴァルミーの戦いの翌日のことである。

国民公会でも当初は、これまで革命を引っ張ってきたジロンド派が主導権を握っていたが、しだいしだいにジャコバン派が優位に立つようになる。

ジロンド派とジャコバン派は、まず、国王の裁判をめぐって対立する。ジロンド派はこれ以上の革命の先鋭化を望まず、なんとかして国王を助けたかった。ジャコバン派は共和国の理想を貫徹するために国王の死を求めていた。

ルイ十六世の裁判の話に入る前に、ギロチンがいかにしてできたかという話をしておきたい。ルイ十六世はギロチンで処刑されることになるが、ギロチンの製作にはルイ十六世自身も関与していた。

1 ギロチン誕生の物語

人道的処刑方法を求めて

ギロチンが初めて使用されたのは、一七九二年四月二十五日、オーストリアに対して宣戦布告がなされた直後のことである。

ギロチンとフランス革命は切っても切れない縁で結ばれている。「フランス革命」と聞いて真っ先にギロチンを連想する方もおられることだろう。

ギロチンは人間の首を瞬時にして断ち切り、しかもその際、大量の血が噴出する。われわれ日本人にとっては、どう見ても、ギロチンは残酷なものである。しかし、フランス人には切腹のほうがよほど残酷なものと映るようである。

もともとは、ギロチンは人道的見地から考案されたものだった。

ギロチンはフランス革命のときに作られたのだが、フランス革命があったからこそギロチンが作られることになった、と言うほうがより正確だ。つまり、ギロチンは《自由と平等》の思想にもとづくものだ、ということである。

革命前は、同じ罪を犯して死刑の判決を受けても、貴族なら斬首刑、一般庶民なら絞首刑というふうに、身分によって処刑方法が違っていた。われわれ日本人にはピンとこないのだが、斬首はフランス人にとっては高貴な処刑方法なのである。これは「人間の平等」の原則に反する、身分の如何《いかん》を問わず処刑方法は同一でなければならないという議論が、ギロチンが誕生するそもそものきっかけだった。

また、革命前には「八つ裂きの刑」とか「車裂きの刑」とか、残虐な刑がいろいろとあった。「車裂きの刑」というのは、死刑囚の体のあちこちを鉄の棒で打ち砕き、地面に水平に据えた馬車の車輪の上に死ぬまで放置するもので、死刑囚は長時間呻《うめ》き苦しむことになる。「八つ裂きの刑」は、四肢を四頭の馬に引っ張らせて引きちぎるものだが、その前に、死刑囚にできるだけ多くの苦痛を与えるために、よくもまあこんなことを考えつくものだとあきれるほどのさまざまな体刑が加えられる。

革命が起こり、人権が重んじられる新しい社会になったのだから、残虐な刑は廃止し、処刑方法を人道的なものにしようということになる。

こうして、人道的な処刑方法について国会で論議がかわされていたとき、この際、死刑制度そのものを廃止しようという提案もなされた。そのほうがはるかに人道主義にかなうはずだ、というのであった。それをもっとも強く主張したのが、ロベスピエールであった。しかし、彼の提案は圧倒的多数で否決された。このとき、死刑制度が廃止されていれば恐怖政治もなかったはずだから、ずいぶんとたくさんの人が死なずにすんだはずである。死刑制度の廃止をだれよりも強く主張したロベスピエールが、後に恐怖政治の最大の責任者にされてしまうというのはなんとも皮肉な巡り合わせである。

斬首がもっとも苦痛少なくして迅速に死に至らしめる人道的処刑方法だというので、一七九一年六月、「死刑囚はすべて斬首されるものとする」と国会で決定された。

しかし、剣で人の首を斬るというのは非常に難しく、失敗することも少なくなかった。一太刀で首を刎《は》ねないと、死刑囚は処刑台の上でもがき苦しむことになる。

フランスでは斬首刑を受けるのは貴族だけで、一般庶民が斬首刑になることはけっしてなかった。高貴な人間ならそれらしく覚悟を決め、みずから跪《ひざまず》いて首を差し出すべきものとされていたので、死刑囚の体を押さえつけることはせず、死刑執行人一人で刑が執行された。つまり、死刑囚の人格が尊重されたのである。今後とも、斬首刑は死刑執行人一人で執行されることが前提とされていた。それが、斬首刑執行の伝統だからである。

貴族だけだからまだなんとかなったのだが、これからは死刑はすべて斬首ということになれば、失敗が格段に増えるのは目に見えていた。その辺の与太者であった兄ちゃんに「覚悟を決めてじっとしていろ」と言っても無理である。とても自分一人で体を支えられるものではあるまい。そこで、確実に首を切断する機械が必要だということで、ギロチンが考案されたのであった。

ギロチンが誕生するまでの論理の筋道を整理しておくと、次のようになる。

「刑罰は平等でなければならない」⇓「野蛮で暗黒な時代とは違って、人権が重んじられるこれからの新しい時代には、処刑方法は人道的なものでなければならない」⇓「首を切断するのが、もっとも苦痛少なくして迅速に死に至らしめることができる人道的な処刑方法である」⇓「しかし剣による斬首に失敗はつきもので、一太刀で首を刎ねないと死刑囚はもがき苦しむことになる」⇓「ゆえに、機械で確実に首を切断せねばならない」⇓ギロチンが考案される。

国会で処刑方法の不平等を最初に問題にしたのも、斬首機械を作るべきことを最初に提案したのも、ギヨタンという医者だった。新しい斬首機械を作る方針が決まったのち、国会から機械についての研究を委嘱されたのはルイ博士という外科学の権威だった（「ルイ」は普通はファーストネームだが、彼の場合は苗字）。ルイ博士の報告書にもとづいてギロチンの原型が製作された時点では、ルイ博士のほうがギヨタンよりも関与の度合いが高かったのだが、最初にアイデアを出したのはギヨタンだということで、新しい斬首機械は「ギロチン」と呼ばれることになった（ギロチンというのは英語読みで、フランス語ではギヨティーヌ guillotine と言う。ギヨタンの綴りは Guillotin）。最終的にどのような機械にするかについての詰めは、ギヨタンとルイ博士と死刑執行人サンソンの三人によって協議された。

皆様もよくご存知のように、ギロチンの刃は直角三角形のような斜めの形をしている。実は、あの斜めの刃を提唱したのはルイ十六世だった。ギヨタンたち三人がチュイルリー宮殿内の一室で協議しているところにルイ十六世がお忍びで参加し、この提案をしたのであった。

なぜ、ルイ十六世は新しい処刑機械に関心を持ったのだろうか？

まず第一に、前にも言ったように、ルイ十六世は即位以来、刑罰の人道主義化に努めてきた。そして第二に、錠前作りが趣味だったルイ十六世は金属工作が得意で精密科学にも造詣が深かった。だから、斜めの刃でないとうまくいかないだろうということが推測できたのである。死体を使って実験した結果、ルイ十六世の考えが正しいことが証明され、斜めの刃が採用されることになった。錠前作りの趣味も伊達ではなく、かなり頭脳明晰な国王だったということは、これを見てもおわかりのことと思う。

ギロチンの問題点

剣で斬首するのはだれにでもできることではない。まず剣の道に熟達していなければならないし、何事にも動じない強靭《きょうじん》な精神力も必要とされる。風邪を引いたりして体調がすぐれず気力が充実していなかったり、死刑囚が若い女性だったりして心に少しでも動揺が生じたりすると、もうそれだけで剣による斬首はうまくいかない。

ギロチンによる処刑は、掛け金をはずして鉄の刃を落下させるだけなのだから、だれにでもできそうに見える。しかし、実際には、ギロチンの操作はとても素人にできるものではなかった。

一七九二年八月に、その場の成り行きで素人の若者がギロチンを操作した実例がある。この若者は、死刑囚の首を切断することには成功するのだが、その直後に脳卒中で死亡した。処刑台の上で人を処刑するというのは、かっとなって人を殺すのとはわけが違うのである。

大勢の人が見守っている中で処刑台に上がった時点で、すでに極度の緊張を強いられる。普通の人は、ギロチンに一歩近づいただけで気を失うだろう。十分に心の準備ができているはずのプロの処刑人でさえ、初めてのときは刑の執行にかかる前に失神することもあった。だから、例の若者はずいぶんと頑張ったのである。頑張りすぎたため、体がそれに耐えられなかったのである。逆に言えば、死刑執行人は、普通の人には耐えられないような重圧を背負って職務を果たしていた、ということである。

ギロチンの真の問題点を指摘しておきたいと思う。

ギロチンは、もっとも苦痛少なくして確実に人を死に至らしめるという医学的観点からは完璧なものだった。しかし、瞬時にして人を死に至らしめるという点にこそ、実は大きな問題がひそんでいた。ギロチンは、あまりにも簡単に人を処刑できる機械でありすぎた、ということである。

恐怖政治期にギロチンがおぞましい活躍をすることは、皆様もよくご存知のとおりである。多いときには、一日に五〇人も六〇人もの人が処刑されたが、これはギロチンがあったからこそできたことで、昔ながらの処刑方法、絞首刑や剣による斬首や車裂きの刑では一日にこんなに大勢の人を処刑するのはとうてい不可能だった。残虐の極みであった八つ裂きの刑なら、一日に一人しか処刑できない。つまり、もっとも残虐な処刑方法が採用されていれば一日一人ですんだところが、「人道的処刑方法」があったために、かえってたくさんの人が処刑されるという、これを考案するために頭をしぼった人々の願いとはまったく逆の結果を招いてしまうのである。

一七九二年九月初旬に「九月虐殺事件」というのが起きる。パリで牢獄内に収監されていた囚人千数百人が一般の人々によって虐殺されたのである。ちょうど、外国軍がフランス領土内に侵攻し、パリが外国軍に蹂躙《じゅうりん》されるのも時間の問題かと人々が戦々恐々となっていた時期、ヴァルミーの戦いの二週間ほど前のことである。牢獄内の囚人が外国軍と呼応して叛乱を起こそうとしているという噂が流れ、自衛本能にかられた人々が暴発したのであった。人道的処刑方法をめぐる高尚な議論はなんだったのか、と思わされる事件だった。

2 ルイ十六世の裁判と処刑

ジロンド派の苦い祝杯

八月十日に王政が倒壊した後、ジロンド派の主だった人々は内務大臣官邸のロラン夫人のサロンに集まり、事実上の共和国の誕生を祝って、バラの花びらを浮かべたワインで乾杯した。これは古代ローマの風習にならったもので、革命期の人々にとって古代の共和国が一つの理想であった。

ロラン夫人ほど熱烈に共和国の誕生を願ってきた人間はいないと言っていい。そのためにこそ、自分が女であるがゆえに表面に立って行動できないもどかしさに耐えつつ、男たちを叱咤《しった》激励してきたのである。けれども、共和国のために上げた祝杯は、彼女にはずいぶんと苦い味がしたことだろう。

　王政が倒れたのも、もとはと言えば、ロラン夫人が夫の名前で国王に手紙を書き、革命の側につくのか、反革命の側につくのか、国王に態度決定を迫ったのがそもそものきっかけだった。けれども、六月二十日のチュイルリー宮殿乱入事件は予定どおりだったとしても、八月十日の王政倒壊は

ロラン夫人

彼女の予定には入っていなかった。彼女の考えでは、共和国は無知で粗野な民衆の手によってではなく、良識ある人々の手によって建設されるべきものだった。民衆運動が高まりを見せていたあの時期、ジロンド派はひとまずは国王と妥協して政権を確保することをねらっていた。
　ところが、ロラン夫人が夢見てきた共和国が、ジロンド派が積極的に関与することなしに誕生することになってしまった。これまでは革命を前へ前へと引っ張ってきたロラン夫人は、革命に追い越されつつあった。だから、共和国の誕生に祝杯を上げるロラン夫人は素直には

喜べず、革命がさらに先鋭化してゆくことを恐れなければならなかった。

　このロラン夫人の憂鬱な思いはジロンド派の革命家たちに分かち持たれていた。ジロンド派はなお革命の主導権を握ってはいた。しかし、これから先については一抹の不安を禁じ得なかった。ジロンド派は、こうした戸惑いの気持ちを引きずりながら国王裁判問題に臨《のぞ》むのである。

裁判の始まり

一七九二年九月二十一日、国民公会が王政廃止を宣言した日、僧侶出身のグレゴワールという議員が国民公会で次のように演説した。

「国王というものは、道徳的には、自然界における怪物のごときものである。宮廷というものは、犯罪の工房、腐敗の温床、暴虐者の巣窟《そうくつ》である。諸国王の歴史は、諸国民の殉教の物語である」

「国民、国王、国法！」というスローガンがもっとも光り輝いた日、全国連盟祭が開催された一七九〇年七月十四日から、二年あまりの月日が流れている。グレゴワールのこの言葉を聞いて、この二年間に革命の雰囲気がいかに大きく変わったのかをあらためて思い知らされる。

ルイ十六世は二枚舌を使って国民を裏切ったとして、裁判にかけられることになった。国王の裁判は、裁判所ではなく、国会（国民公会）で行なわれた。

ジロンド派はまず裁判の先送りをはかったが、ジャコバン派のサン＝ジュストが十一月十三日に行なった演説によって国王裁判の行方が決定づけられた。サン＝ジュストは二十五歳、最年少議員で、国会の演壇に立つのはこの日が初めてだった。

「いかなる幻想、いかなる慣習を身にまとっていようとも、王政はそれ自体が永遠の犯罪であり、この犯罪に対しては、人間は、立ち上がって武装する権利を持っている。王政は、一国民全体の無知蒙昧《もうまい》さによっても正当化され得ない不法行為の一つである。そういう国民は、王政容認という実例を示したがゆえに、自然に背いた罪人なのである。すべての人間は、いかなる国においてであれ、国王の支配を根絶すべき秘密の使命を自然から受けている。人は罪なくして国王たり得ない。これは、明々白々なことである。国王というものは、すべて反逆者であり、簒奪《さんだつ》者である」

錠前師ガマンの告白によってチュイルリー宮殿の隠し戸棚の中から国王が反革命派と連絡を取り合っていたことを示す文書が発見されたのは、このサン＝ジュストの演説の一週間後のことであった。証拠書類が多数見つかったことによって、裁判への流れが加速された。

国王の裁判は十二月十一日に開始された。午後二時頃、タンプル塔から連れてこられたルイ十六世が議場に招じ入れられた後、まず、書記によって告発文が読み上げられた。革命後にルイ十六世が犯したとされる違法行為が列挙されていた。裁判では、前国王はもはや「ルイ十六世」とは呼ばれず、ただの「ルイ・カペー」であった。前にも述べたように、ブルボン家はカペー家の傍系だからである。

書記による朗読が終わると、この日の議長バレールが告発状の内容にそって国王に質問を始めた。普通の裁判でいえば尋問である。

たとえば、バレールは「なぜあなたは、八九年六月二十三日に議会を軍隊で取り囲み、国民に法律を押しつけようとしたのですか？」と尋ねた。ルイ十六世が国王としての最後のイニシアティヴを発揮した、三部会の国王親臨会議の日のことについて質《ただ》したのである。ルイ十六世は「それを私に禁ずる法律はなかった。軍を動かすのは私の自由だった。しかし、私は血が流れることは望んでいなかった」と答えた。

告発状の内容はルイ十六世の不意をつくものだったが、非難されている行為の多くは噂・風聞にもとづくもので、物的証拠の裏付けがないことをルイ十六世はすぐに察知した。国王を貶《おとし》めるのに性急なあまり、明らかに無関係なことまで告発状には言及されていた。ルイ十六世は反革命的陰謀への関与をすべて否定し、証拠書類、手紙や覚え書を見せられたときは、たとえ証拠書類に彼自身の手による添え書きがあった場合でも、きまって「覚えがない」と答えた。

明白な証拠書類までも否定するのは、あまりにも頑《かたく》な「牡蠣《かき》の防禦《ぼうぎょ》だ」と批判する歴史学者もいるが、後にルイ十六世が語ったところによれば、「書類が偽造されている可能性もあったし、実際に思い出せないものもあった」ということである。

尋問は五時頃終わった。三時間以上にわたる尋問だった。

議場を退出する前に、ルイ十六世は弁護人をつけてくれるように求めた。ジャコバン派は反対したが、ジロンド派の主張にしたがって国民公会は弁護人を認めた。

尋問する側は何日もかけて用意してきたが、ルイ十六世はなんの準備もなしにいきなり質問を浴びせかけられた。その割にはうまく切り抜けたと言える。

この日のルイ十六世の様子について、マラーは自分が発行する新聞に次のように書いている。

「彼は自分がルイと呼ばれるのを何度となく聞いたが、少しも不機嫌な様子を見せなかった。これまでは陛下という言葉しか耳にしたことがなかった彼が、である。立たされたままでいたときも、少しも苛々《いらいら》した様子を見せなかった。以前は、いかなる人間も彼の面前で座る特権がなかったというのに、である。潔白であったなら、私の目に彼はなんと偉大に映ったことだろう」

マラーもルイ十六世を裁判にかけるべきことをとりわけ強く主張した一人だが、彼の場合は、過激な言葉や無頼な振る舞いでジャコバン派内部でさえも煙たがられる存在だった。その彼がこのような感慨を抱いたのは驚くべきことである。それほどにルイ十六世の態度が毅《き》然《ぜん》としていた、ということなのだろう。

馬車の中で

喚問を終えたルイ十六世は、馬車に乗ってタンプル塔への帰途についた。タンプル塔の管理はパリ市の管轄だったので、パリ市の最高幹部ショメットが他の警護の者たちと一緒に馬車に同乗していた。長時間にわたる尋問で少し空腹感を感じていたルイ十六世は、馬車に乗る前にショメットが持っていたパンを半分分けてもらっていた。パンの皮だけを食べ、中身はどうしたらいいものだろうかとショメットに尋ねた。ショメットは、パンを受け取ると無造作に馬車の窓から投げ捨てた。

「ああ！　そんなふうにパンを投げ捨てるのはよくありません。パンが不足しているときにはなおさらです」

「どうして、パンが不足していることをご存知なのですか」

「食べたパンが少し土臭かったからですよ」

ショメットは、ふと子供の頃のことを思い出した。

「私のおばあさんはいつも私に言ったものです。おまえや、パンをなくしたりしてはいけませんよ。なくした分は戻ってきはしないんだから、って」

「ショメットさん、あなたのおばあさんは大変良識のある人だったと私は思います」

ここで、少し会話がとぎれた。ショメットは「体の具合がよくないのですよ」と打ち明けた。ルイ十六世は、それは馬車の揺れのせいだと思った。

「船に乗ったことはありますか」とショメットに尋ねた。

「あります。ラモット－ピケと戦争に行きました」

「ラモット－ピケですって！　あれはいい男です」

ラモット－ピケ（一七二〇－一七九一）は、フランス海軍のもっとも有能な提督の一人だった。国王はしばらく黙り込んだ。

シェルブール軍港開設など、ルイ十六世が革命前に行なった海軍改革はもっとも評価されるべき業績の一つであり、彼自身も大変誇りに思っていた。もう六年も前のことになるが、工事が終わったシェルブール軍港を視察に訪れたとき、自分はなんという大きな歓呼の声に迎えられたことだったろう！　嬉しさのあまり、ヴェルサイユにとどまっていたマリー－アントワネット（四人目の子供を懐妊中だった）に次のように書き送ったものだった――「我が人民の愛が心の奥底まで轟いた。私が世界中でいちばん幸せな国王でないなどということがありえようか」

「ラモット－ピケ」という名前を聞いて海軍改革を想起し、今は囚《とら》われの身のルイ十六世は、革命前の、あの輝かしい時代に思いを馳せ、しばし感慨にふけったに違いない。

ルイ十六世はぼんやりと外を眺めていたが、交差点にさしかかるたびごとに「あれは何々通り」「これは何々通り」と言うのだった。国王がパリの街を知悉《ちしつ》していることにショメットは驚かされた。

ルイ十六世が「オルレアン通り」とつぶやいたとき、一緒に馬車に乗っていただれかが「むしろ、エガリテ通りとお言いなさい」と言った。

オルレアン公爵とルイ十六世は従兄弟だった。オルレアン公爵は革命派となって「エガリテ」つまり「平等公」と改名し、国民公会議員になっていた。ジャコバン派に与《くみ》し、ルイ十六世に対して敵対的な立場を取っていた。

ルイ十六世は「ああ、そうでしたね、名前を変えたのでしたね」と言ったきり、あとはもう何も言わなかった。ルイ十六世にしてみれば、「陛下はよく通りの名前をご存知ですね」と世辞の一つも言ってもらいたいところだったろう。

タンプル塔では、辛い知らせが待ち受けていた。裁判が終わるまでは家族にはいっさい会えないと通告されたのである。「まだ七歳にしかならない息子にも会えないとは……」とルイ十六世は悲痛な声をもらした。

一七九三年七月に王太子ルイ＝シャルルは、共和主義教育を施すべく、マリー＝アントワネットからも引き離されることになる。靴屋のシモンが王太子の養育係に任命されるが、これはショメットの意向によるものだった。革命家たちはみなルソーの思想に心酔していたが、ショメットはルソーが教育論『エミール』の中で「皇帝よりも靴職人のほうをずっと高く評価する」と語っていたことをよく覚えていた。そして、実は、ショメット自身が靴屋の息子なのであった。

弁論——ルイ十六世の立場

十二月二十六日、ルイ十六世は二度目の国会喚問を受けた。この日は、ルイ十六世の弁護人ドゥセーズ（「ド・セーズ」「セーズ」とも表記される）によって弁論が行なわれた。ほかに二人の弁護人が同席していた。ルイ十六世が裁判の場に召喚されるのはこれが最後と決められていた。

ドゥセーズは、まず、憲法で国王に不可侵性が保証されていたのだから、国王として行なったことを追及することは法律論上不可能であり、裁判自体が成立しない、と主張した。国王の裁判が法的には違法であることを確認したのち、告発状の内容について反駁《はんばく》し、それから革命前のすぐれた治世を議員たちに思い起こさせようとした。革命前のルイ十六世の治世のことなど、みんな忘れてしまっていた。

「ルイは二十歳で玉座にのぼり、二十歳にして玉座においてよき生活習慣の範を示した。……彼は倹約家で公正で厳正であった。彼はいつでも国民の変わらぬ友として振る舞った。国民は、重くのしかかる過酷な税の廃止を望んでいた。彼はそうした税を廃止した。国民は、農奴制の廃止を望んでいた。彼はまず、みずから国王領で農奴制を廃止することから始めた。国民は、刑事被告人の運命を和らげるために刑法の改正を望んでいた。彼はこの改革を行なった。国民は、過酷な風習によって権利を奪われていた何千というフランス人が権利を獲得ないしは回復することを望んでいた。彼は新たな法によってこうしたフランス人たちに権利を享受させた。国民は自由を欲していた。彼は国民に自由を与えた……」

ドゥセーズの弁論が終わったあと、ルイ十六世は「自分の良心には一点の曇りもない」と言い切った。弁論の間中も、ルイ十六世は終始一貫して落ち着きはらっていた。

革命家たちから見れば、「ヴァレンヌ逃亡事件」にしても、外国軍を国内に呼び寄せようとしたことにしても、国王は口では革命を支持すると言いつつ、二枚舌を使って国民をあざむいていたことになる。

しかし、ルイ十六世の側から見れば、事情はまったく違ってくる。まず、ルイ十六世は、国というものは自分たちが好きにしていい、王家の私有財産のようなものだという感覚の中で育った。したがって、国は国民のものだと主張し、自分たちの行動に制約を加えようとする革命家たちは小五月蠅《こうるさ》い存在でしかないから、逃げたくもなる。そして、戦争中の敵国といっても、オーストリアのハプスブルク家はマリー＝アントワネットの実家なのだから、ルイ十六世は妻の実家に援助を求めたにすぎなかった。

ルイ十六世としては王政の伝統、「国家的理由」にしたがって行動してきただけだった。二枚舌を使おうと使うまいと、国家の安全を守るということが何よりも優先する。そして、ルイ十六世にとっては、当然ながら「王政の安全」＝「国家の安全」だった。君主として自分の義務と信ずることを実行してきただけなのだから、ルイ十六世は自分は潔白だと確信していた。

しかし、革命が追及していたのは、一国の国民の運命を私物化しようというこうした考え方なのであった。革命にとって、これは正義に反する考えであり、国王であったという、そのことこそが、まさに罪とされているのであった。

ジロンド派は国王の命を救うために、「国民の裁可」を持ち出した。国民公会の判決を民会にかけて国民の賛同を得るべきだ、というのであった。ヴェルニオがジロンド派を代表して「国王には憲法で不可侵性が保証されていた。憲法は国民の総意によるものである以上、不可侵性を取り消せるのは国民のみである」と述べた。

一見、国民主権の原則に即した考えのように見えるが、民会を開けば収拾がつかない事態になる恐れがあった。ロベスピエールがその点を指摘し、民会を召集することは「いたずらに共和国を混乱させるだけだ」と反論した。

判決と死

年が改まった一七九三年の一月十五日、裁判の審理は終わり、次の三点が議決にかけられた。


国王は有罪か？

国会の決定は国民の裁可を受けるべきか？

どんな刑を科すべきか？


投票は、一人ひとりの議員が登壇して口頭で述べる形で行なわれた。

まず、全会一致でルイは有罪と宣告された（棄権が三七票）。「国民の裁可」は四二六対二

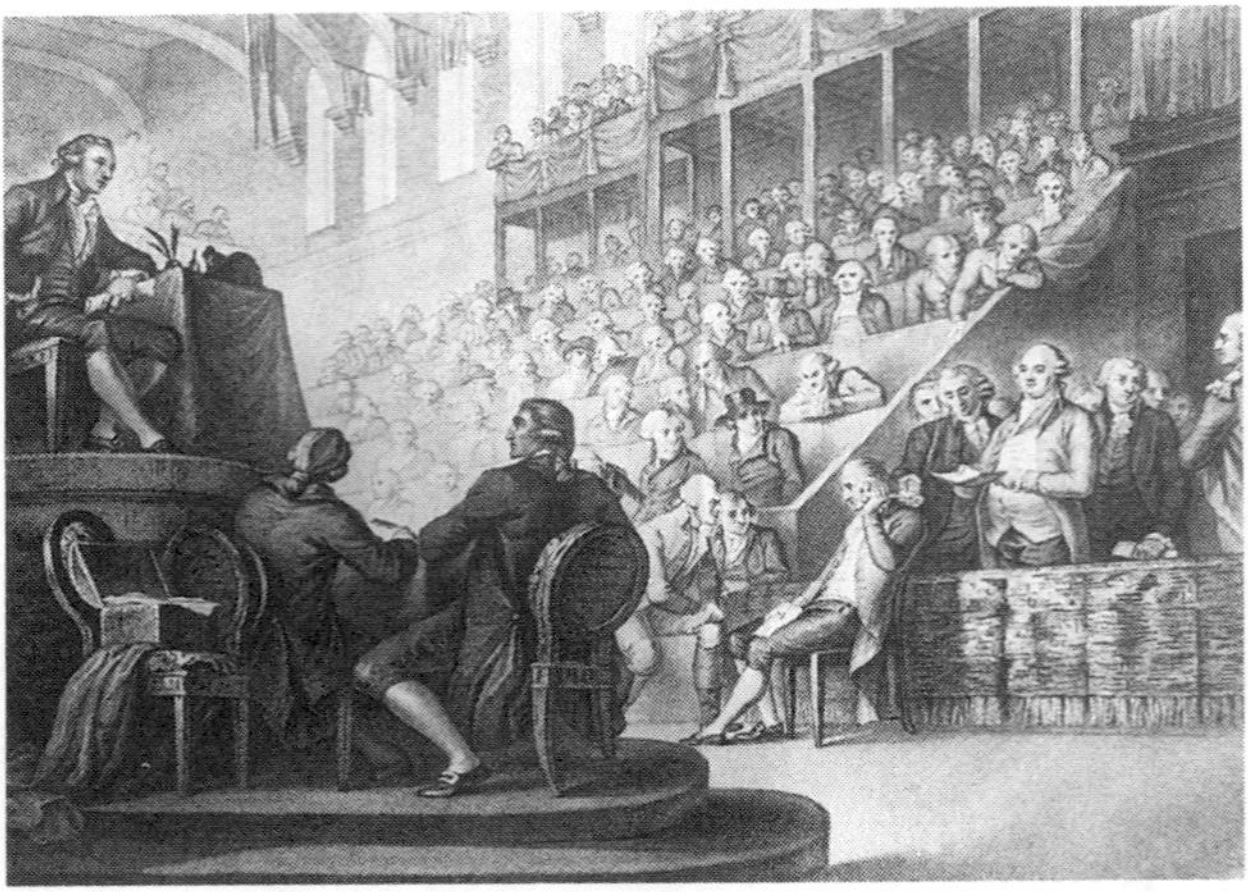

国民公会での国王の裁判

七八で否決された。この時点で、ジロンド派の敗北が明らかになった（「国民の裁可」に反対票を投じたジロンド派議員もいた）。

どんな刑を科すべきかについての投票は、十六日の夜から次の日の夜まで、まるまる一日がかりになった。死刑にすべしという者三八七名、追放・幽閉等の刑にすべしという者三三四名であった。一見、五三票差で死刑に決まったように見えるが、死刑賛成票の中には執行猶予付き賛成が二六票あった。「執行猶予付き」というのは事実上は死刑反対と同じだから、賛成票からこの二六票を引き、これを反対票に加えれば、三六一対三六〇となり、実際にはわずか一票差で死刑に決まったのであった。

「国民の裁可」が否決された時点でジロン

ド派議員たちの間に動揺が走っていて、何人かの議員は死刑賛成票を投じていた。国会の演壇上で「死刑」と言うのは議員たちにとって大きな決断を要することではあったが、議場には国王の死を望む大勢の傍聴人が詰めかけ、議員たちに盛んにヤジを飛ばしていたから、「死刑」と言わなければ革命家として格好がつかないのではないかという雰囲気もあったように思われる。ジロンド派議員の中から死刑賛成者が出たのには、こうした雰囲気に影響された面もあったのではないだろうか。

一七九三年一月二十一日、ルイ十六世は「ルイ・カペー」として処刑場の革命広場（現在のコンコルド広場）に連行された。死に臨んで、ルイ十六世は断頭台の上から人々に訴えかけた。

「フランス人よ、あなた方の国王は、今まさにあなた方のために死のうとしている。私の血が、あなた方の幸福を確固としたものにしますように。私は、罪なくして死ぬ」

ルイ十六世は普段からあまり感情を表に出さない人間だったが（そのために鈍感な人間だと思われたりもしたのだが）、裁判から死に至るまでの間も平静な態度を保持し得たのは信仰心のなせる業であろう。処刑の日の朝もルイ十六世は付き添いの神父に「あの世には公正過《あやま》つことなき審判者がいて、この世で人間たちが拒んだ正しい裁きをしてくれるはずだ」と語っていた。ルイ十六世は来世の存在を固く信じて死んでいったに違いない。

国王が神聖な存在であった時代は終わり、代わって、国民が神聖な存在である時代が始まろうとしていた。かつて国王の権力が史上もっとも強大であった絶対主義全盛の時代に太陽王ルイ十四世は「朕は国家なり」と豪語した。これからは「国民こそ国家なり」でなければならなかった。新しい神々は、古い神の死を求める。新しい革命の世は、かつて神聖であった存在を生け贄《にえ》にささげることによってしか確固としたものにならないと人々は考えたのであった。

歴史家ミシュレは、『フランス革命史』の中で次のように述べている。

「国王の威信などというものは取るに足りないもの、国王の首もほかの首と同じように落ちるもの、この生ける神が死んだところで天変地異が起こるわけではないし、稲妻が走ったり、雷が鳴ったりするわけでもないということを、人々に示してみせることがぜひとも必要だった。そしてまた、人間というものは精神的存在であるだけでなく肉体的存在でもあるのだから、ルイ十六世の断ち切られた首と胴体において実際に王政に手を触れ、さわり心地を確かめ、いじくり回してみない限りは、人々は王政の死をけっして確信することができないだろう、と山岳派*は信じていたようにも思われる。——そうなって初めて、フランスは自明の事実によって説得され、『私はこの目で見た、信じる……。確かなことだ、国王は死んだ……。

共和国万歳！』と言うことになろう」

＊急進革命派の国会議員のこと。議場の奥の高い席に座っていたことから、こう呼ばれる。山岳派議員の中にはジャコバン・クラブの会員でない者もいたが、山岳派＝ジャコバン派と考えていい。

王権神授説にもとづく「国王主権」の原則を根底からくつがえし、新たに「国民主権」の原則を確立するためには、一人の生身の国王を物理的に生け贄にする必要があった。新しい社会を確固としたものにするために、古い社会の死を具体的な形で目にする必要を人々は感じたのであった。

国王の処刑は、また、革命家たちにとって「退路を断った」ことを意味していた。もはや後戻りはできず、前に進むしかなかった。反革命派とは生きるか死ぬかの闘いあるのみ。国王の処刑によって、国王・皇帝を頭に戴《いただ》くヨーロッパ諸国との和解の道も閉ざされた。もはや、なにがなんでも戦争に勝つしかなかった。ジャコバン派の有力議員ルバの言葉が思い詰めた革命家たちの気持ちをよく言い表わしている——「『自由に生きる、さもなくば死』という標語を、われわれは今こそ想起しなければならない」

国王裁判について、私の個人的意見を手短に述べさせていただきたい。

ルイ十六世は有罪だった。二枚舌を使って国民をあざむいたことは疑いない。国王裁判に際してのサン－ジュストの演説はすぐれたもので、思想的には意義深かった。しかし、死刑にするべきではなかった。平和達成時まで幽閉、ということで十分だった。彼ほど善意の国王も少ないし、立派な業績もある。国王を処刑したことによって歯止めがきかなくなり、後の恐怖政治を招くことにもなった、と思われるのである。

ルイ十六世にはたしかに優柔不断なところがあったし、革命期には大きな誤りをいくつも犯した。しかし、なんとか国をよくしようと努力し、国民の幸せを願う気持ちも真剣なものだった。だから、最初は革命にも賛同した。力およばなかった善意の国王が、千数百年間続いてきた王政の悪弊の責任を一身に負わされ、処刑されることになったのであった。

3　死刑執行人サンソン

呪われた一族

ルイ十六世の死刑を執行したのは、シャルル－アンリ・サンソンであった。サンソン家は代々世襲でパリの死刑執行人を務めてきた家系で、シャルル－アンリはサンソン家の四代目当主にあたる。

処刑人一族は、人々に忌み嫌われ、蔑《さげす》まれ、差別されていた。街で処刑人を見かけると、人々は目を背け、体が接触しないように身をかわした。死刑制度が存続する限り、だれかが刑を執行しなければならない。死刑制度に賛成する人たちにとっては、死刑執行人は自分の考えを実行に移してくれている人である。死刑判決に喝采する人が判決を執行する人に目を背けるというのは、ずいぶんと身勝手なことだ。

世間から除《の》け者にされてはいたが、医者を副業にしていたこともあって、サンソン家は経済的にはかなり裕福で、宏壮《こうそう》なお屋敷に住み、貴族並みの暮らしをしていた。死刑執行人がなぜ医業を副業とするようになったかというと、「八つ裂きの刑」「車裂きの刑」「斬首刑」「絞首刑」などいろいろな刑を執行していたため、体のどこをどうたたけばどうなるかという人体の生理機能に詳しくなるからである。死体の引き取り手がない場合は、死体を解剖して人体の構造についても知悉するようになる。解剖によって得られた知識は文書にしたためられ、子孫に伝えられた。

普通の医者が匙《さじ》を投げた病人や怪我人を治癒させるなど、医者としてのサンソン家当主たちの評判は非常によく、一般庶民ばかりでなく貴族、さらには宮廷貴族たちも治療を受けに来た。待合室、診察室、薬剤調合室なども完備していた。医業がもっとも繁盛した三代目の頃は、死刑執行人としての年俸一万六〇〇〇リーヴルのほかに、医業だけで年に六万リーヴルほどの収入があった。当時の男子工場労働者の年収が四〇〇から七〇〇リーヴル程度だったから、どれほどの高収入かおわかりだろう。もっとも、養うべき人間の数も多かった。助手をはじめとする雇い人が三〇人ぐらいはいただろうし、家族のほかに退職した親戚筋の元死刑執行人などの食客がいた。

公務とはいえ、同胞を手にかけることに内心の嫌悪感を禁じ得なかった歴代当主たちにとって、医業で人の命を救うことは精神的にも大きな救いになっていた。金持ちからは高額の報酬を受け取るが貧しい人たちからは一銭も受け取らないというのが、サンソン家の伝統だった。サンソン家の人々は、界隈の貧しい人たちに定期的にパンを配ることもしていた。パリの死刑執行人は「ムッシュー・ド・パリ」と呼ばれていたが、サンソン家の世話になった人たちは道で「ムッシュー・ド・パリ」に会うと、帽子を取って丁寧に挨拶《あいさつ》した。

敬愛する国王を

シャルル＝アンリは、脳卒中で倒れた父親の跡を継いで、十五歳のとき、死刑執行人になった。一七五四年のことで、この頃は、やがて世の中がひっくり返るような革命が起ころうなどとはだれも思っていなかった。

シャルル＝アンリ・サンソンはとても信仰心の厚いクリスチャンだった。彼にとって死刑執行人という職業は悩み多いものだったが、先祖代々の家業とあれば、しかたがなかった。

自分の仕事は犯罪人を罰する正義の行為なのだと何度も何度も自分に言い聞かせつつ、家業を続けた。

フランス革命が勃発したのは、シャルル－アンリが五十歳のとき。革命に遭遇したことによって、シャルル－アンリの運命が大きく変わる。まず、ギロチンが登場したことによって、処刑のあり方が変わった。そして、一七九三年一月、国王ルイ十六世の処刑に直面して、自分の仕事の正当性に対する確信が根底から揺らいでしまった。シャルル－アンリは立憲君主主義者として国王を深く敬愛してもいたが、国王と二度会って親しく話をしたことがあり、個人的にも国王のことが大好きだった。そもそも、死刑執行人は国王の名によって任命されるもので、シャルル－アンリの叙任状にはルイ十六世の署名があった。

シャルル－アンリにとって、国王は断じて犯罪人ではなかった。処刑前夜、なんとか処刑を回避する方法はないものかと煩悶に煩悶を重ね、一睡もできなかった。どこかに逃げることも考えたが、それは思いとどまった。王党派が国王救出を計画しているという噂に望みを託し、いざとなったら自分もそれに一役買う覚悟で処刑場に臨んだのだったが、それもむなしく、シャルル－アンリ・サンソンの責任において国王の処刑が執行されてしまった。

サンソンの心は乱れに乱れ、神に救いを求めるほかはなかった。隠れ家に身をひそめる非宣誓派（革命に忠誠を誓うことを拒否した僧侶たちのこと）の司祭を訪ねあて、国王のためにミサをあげてもらうことで、少しは気持ちを静めることができた。非宣誓派の司祭に接触するだけでも反革命的犯罪とされたこの時期、ことが明るみに出れば死刑は免れなかったのだが、そうせずにはいられなかった。

サンソンの試練はこれだけでは終わらなかった。やがて、恐怖政治がさらにサンソンに追い打ちをかけることになる。罪のない人を大勢処刑するようになって神経がまいり、サンソンは幻覚・幻聴・耳鳴りに苦しめられ、手が震えて止まらなくなる。それでも、家業を中断したのでは先祖を裏切ることになると、なお処刑場に出向くのであった。

サンソンは、ついには死刑制度の廃止を願うようになる。一七九五年に、国会は「和平達成時に死刑制度を廃止」といったんは決議するのだが、いつの間にかうやむやになり、サンソン存命中に死刑制度が廃止されることはなかった（フランスで実際に死刑制度が廃止されるのは一九八一年）。

シャルル－アンリ・サンソンは、その後も毎年、国王の命日に贖罪《しょくざい》のミサをあげ続けたが、シャルル－アンリの死後は息子アンリに引き継がれる。サンソン家は結局、一八四〇年にアンリが死亡するまで、四十七年間にわたってルイ十六世のために贖罪のミサをあげ続けるのである。

コラム「死刑廃止」は世界の流れ

アムネスティ・インターナショナル日本によると、二〇〇八年五月現在、世界一九七カ国中、法律上ないしは事実上の死刑廃止国は一三七カ国であり、死刑存置国は六〇カ国である。つまり、世界の三分の二以上の国では死刑が廃止されているのである。

先進国と呼ばれている国（G7）に限ると、イギリス、フランス、ドイツ、イタリア、カナダでは死刑制度が法的に全面廃止されており、死刑制度を維持しているのは日本とアメリカだけである。アメリカの場合は州によって死刑を廃止しているところもあるので、先進国の中で国をあげて死刑を行なっているのは日本だけ、ということになる。

日本で死刑制度について世論調査をすると約八割の人が「死刑制度に賛成」と答えるそうである。この方々は世界の趨勢《すうせい》についてご存知ないかもしれない。世界の国々で死刑制度が次々に廃止されてきているのは、死刑は野蛮だということが認識されてきたからである。日本で「死刑に賛成」と答える人の気持ちはよく理解できる。「凶悪な犯罪を犯した者は死刑で罰するべきだ」というのであり、世の中には「こんな奴は死刑だ」と言いたくなるような人間がたしかにいる。

しかし、死刑になるのは悪人ばかりとは限らない。裁判に誤審はつきもので、まったく何の罪も犯さなかった人が死刑になることがある。処刑された後で無実であったことが判明した例もたくさんある。本人が生きていればなんとか取り返しがつくが、死んでしまったのでは償いようがない。これは、死刑制度が不都合であることのいちばんわかりやすい理由である。

フランス革命の本の中でなぜ死刑制度の話をするかというと、死刑制度はフランス革命とも縁深いからである。革命期にパリだけでも約二八〇〇人が処刑されたし、『サンソン家回想録』を読んで私は死刑執行人の苦悩を知った。革命期に死刑制度廃止について国会で論議されたことも二度ある。

本文中でも述べたように、一度目は人道的処刑方法について議論がなされていた時期、一七九一年五月のことで、ロベスピエールが死刑制度廃止を提案したのであったが圧倒的多数で否決された。この時に死刑制度が廃止されていれば、後の恐怖政治はなかった。二度目は恐怖政治を経たあとの一七九五年十月のことで、「全面的平和が宣言された日を期して、死刑制度を廃止する」という決定がなされたのであったが、いつの間にかうやむやになってしまった。

その後、一八三〇年の七月革命後の国会でも、死刑廃止が問題になった。この時は、死刑廃止案が下院を通過しても上院で否決されるということが何度か繰り返された。結局、フランスでは、一九八一年にミッテラン大統領のもとで死刑制度廃止が実現された。

「死刑制度廃止」は難しい問題だが、私の考えはこうである——。

凶悪事件が起こった後で、犯人を死刑にするのでは遅すぎる。犯人を死刑にしても被害者は生き返らない。それよりも、凶悪事件が起こるのを一件でも少なくし、被害者を一人でも少なくするほうがまさる。死刑は国家による殺人であるから、場合によっては人を殺してもいいと国家が認めていることになる。国家が死刑制度廃止を宣言し、殺人は絶対にいけないということを社会に浸透させれば、凶悪事件は今よりも減少し、被害に遭う人も少なくなるであろう。

ミッテラン大統領のもとで法務大臣として死刑廃止法案を通したのはロベール・バダンテールという人であった。この人が書いた『そして、死刑は廃止された』（藤田真利子訳、作品社）を読むと、今私がここに書いたようなヤワなことを言っているようではとうていダメだと思い知らされる。当時、西ヨーロッパで死刑制度を存置していたのはフランスだけであったが、この人は「死刑」と聞いただけでむかむかっと怒りが込み上げるような人なのである。こうでないと死刑廃止は無理なのだなと納得させられる。

第四章　ジャコバン政府の時代

革命が勃発して四年たった一七九三年に、フランス革命は最高潮に達する。この年、革命的雰囲気がもっとも高まり、革命の理想がもっとも真摯《しんし》に追求され、革命闘争がもっとも熾烈に展開されるのである。

国王の裁判後も、国民公会ではジロンド派とジャコバン派が革命の主導権をめぐって激しく対立し続けていた。国民公会は国会なのだから、本来は立法府だが、行政をゆだねられていた国王による王政が消滅したため、国民公会が行政府も兼ねるようになっていた。国の内外にさまざまな問題を抱える中、革命の要《かなめ》である国民公会内で革命指導者たちがいつまでも内輪もめを続け、国としてはっきりした指針を打ち出せないようでは、革命の勝利などおぼつかない。この状況を打開するためにパリの民衆が立ち上がり、一七九三年六月二日、数万人の武装した民衆が国会を包囲する中でジロンド派の主だったメンバーの国会追放が決議された。これで革命の主導権争いに決着がつき、ジャコバン派の天下になる。

しかし、革命が直面する状況はなお非常に厳しいものだった。国内的には、ジロンド派の残存勢力と王党派が結びついた地方諸都市の叛乱に対処しなければならなかった。国外的には、フランス一国でほとんど全ヨーロッパを敵にした戦争に勝たなければならなかった。

こうした困難な状況に立ち向かうために形成されるのが、ジャコバン派独裁による革命政府である。

ジャコバン革命政府は一七九三年七月から十二月にかけて徐々に形成されてゆく。その中枢機関となるのが公安委員会である。公安委員会は国民公会内に置かれたいくつもの委員会の中でもっとも強力な委員会だった。ジャコバン革命政府は、公安委員会を中心とする集団指導体制であった。公安委員会の十数人のメンバーが集団で大統領のような役割を果たしていたと思えばよい。

公安委員会のもっとも有力なメンバーとなるのがロベスピエールである。すでに革命家としての名声を高めていたロベスピエールは、一七九三年七月二十七日に公安委員会に入り、名実ともにフランス革命の最高指導者になる。したがって、ジャコバン政府の時代はロベスピエールの時代と言ってもいい。

ジャコバン政府の時代は、おおよそ、ジロンド派追放から一七九四年七月のテルミドールのクーデターまでの一年間である。

ジャコバン派の国会議員は、議場奥の高い座席に座っていたところから「山岳派」と呼ばれていた。財務委員会を主導するカンボンのように、山岳派の国会議員の中にはジャコバン・クラブの会員でない者もいるが、「山岳派＝ジャコバン派」として話を進める。なお、「山岳派」という言葉は、普通、国会議員に対してしか使われないが、ジャコバン・クラブの会員であれば、一般の活動家も「ジャコバン派」である。

新しい革命の時代には新しい人間が必要だった。こうして、革命前は社会の片隅でくすぶっているしかなかった人間が社会のトップに躍り出てくる。フランス革命の三大指導者と言われるロベスピエール、ダントン、マラーは、いずれもこうした人々である。この時期を代表する人物として、もう一人、サン＝ジュストを付け加えておこう。この四人については、この章の中で追々その横顔を見てゆく。

1　ジロンド派とジャコバン派の闘い

ともに革命を推進してきた人々

「ジロンド派」という呼び名の起源についてはすでにふれた。ジロンド県（ワインの名産地として知られるボルドーはその県庁所在地）の出身者が多かったからであった。「ジャコバン派」のほうは、「ジャコバン修道会」が語源である。この修道士の団体はすでに消滅していたが、かつての修道院の建物は残っていて、この建物を集会所として利用したところから「ジャコバン派」と呼ばれるようになった。

ジロンド派もジャコバン派も、ともに公正な社会を建設しようという熱意に燃えて革命運動に飛び込んできた人々である。だいたいは同じく中産階級の出身であり、職業も弁護士、医者、ジャーナリスト、実業家などとあまり違いはない。平均年齢がジロンド派のほうが高いこと、地理的に見てジロンド派はフランス西部、西南部、南部出身の人が多く、海運業者となじみの深い環境に育ったこと、これぐらいが目につく違いである。

経済的にはジロンド派の人々のほうがやや豊かで、やがてはジロンド派は財産家・大商人・上流市民層の代弁者になり、ジャコバン派は中流市民層・民衆の利益を擁護することになるが、この両派の対立は、階級の違いよりも気質の違いから生じたように思われる。中産階級の人々も富裕層の人々も、ともに「ブルジョワ」と呼ばれる。

ジロンド派の人々は立法議会（一七九一年十月－九二年九月）においてはもっとも雄弁な革命家であり、この時期にはジロンド派の主導のもとに革命が推進された。ジロンド派の最初の核になったのはブリッソとヴェルニオだが、やがてロラン夫人が事実上の指導者になり、「ジロンド派の女王」と呼ばれるようになる。ジロンド派の人々は演説や筆にかけては大変に才能に恵まれていたが優柔不断なところがあり、そこを男性的決断力も備えたロラン夫人が補完したのである。

ロラン夫人は三十代も後半という年齢よりも若々しく、不思議な魅力の持ち主だった。彼女を見ただけではなんとも思わない人でも、いったん親しく話をする機会を持ってしまうと、もうその魅力から逃れられなくなるのであった。ルモンテ（弁護士、立法議会議員）の次の言葉はこうした彼女の魅力の一端をわれわれに伝えてくれている。

「私は一七八九年以前に何度かロラン夫人に会ったことがある。目、体つき、髪がきわだって美しく、肌理《きめ》の細かい瑞々《みずみず》しい肌が、慎み深くあどけない様子とあいまって、彼女を不思議なほど若々しく見せていた。……そして彼女の声を耳にしたとき、この印象はさらに強められた。ロラン夫人の話しぶりは見事、あまりにも見事だった。自尊心の強い人なら、彼女が言っていることの中にどこか気取ったところがありはしないか、さがしたい気持ちになったことだろう。しかし、それは不可能なことだった。ただ単に、あまりにも完全すぎる自然さがあるだけだった。機知、良識、表現の的確さ、意表をつく論理、ナイーヴな表現の妙、それがなんの技巧も要することなく自然に象牙《ぞうげ》の歯とバラの唇の間から流れ出てくるのだった。それに身をまかせるしかなかった」

夫が内務大臣になる前から、ロラン夫人のサロンに急進派の革命家が集まるようになり、最初の頃はロベスピエールやダントンといったジャコバン派の雄も彼女のサロンの常連だった。ロラン夫人はロベスピエールの高邁《こうまい》な精神、深遠な状況洞察力を高く買い、なんとか味方につけようとしたが、ロベスピエールはしだいに離れていった。ロベスピエールは、ロラン夫人が手元にたぐり寄せようとして成功しなかった唯一の男性だった。

ジロンド派とジャコバン派の対立の最初の徴候は、一七九一年暮れから一七九二年初頭にかけての時期に、開戦を主張するブリッソと非戦を唱えるロベスピエールとの対立として現われた。それでも、まだこの頃は、これまで一緒に闘ってきた仲間だという意識のほうが強かった。対立が本格化するのは、一七九二年八月十日の王政倒壊以後のことである。「八月十日の革命」によって民衆が大挙して政治の表舞台に登場してきたことが、ジロンド派の人々の革命精神を狂わせたのであった。

闘いの始まり

王政廃止宣言は国民公会全会一致で採択されたが、すぐにジロンド派とジャコバン派の抗争が始まった。ジロンド派は当初は国民公会でも多数派を握っており、優位に立って攻撃を開始したのであったが、革命の勢いを止めようとあせるジロンド派よりも、革命の流れを見通したジャコバン派の論理のほうが圧倒的に勝《まさ》っていた。

ジロンド派とジャコバン派の対立の背景には、「エリート指向」対「民衆擁護」という違いのほかに、「地方」対「パリ」の反目がある。ジャコバン派指導者のほとんどはパリ選出議員であり（ただし、パリ生まれというわけではない）、パリを中心とした中央集権国家を構想していた。これに対し、地方に強い勢力を持つジロンド派は、地方に大幅な自治権を認めるアメリカ型の連邦制国家を理想としていた。「共和国は一《いっ》にして不可分」という宣言には賛成せざるを得なかったが、ジロンド派は全国八三県の中でパリが突出した力を持つことに強い警戒心を抱いていた。

ジロンド派にとってとくに我慢がならないのは、八月十日の王政倒壊の前夜に正規のパリ市議会に取って代わった叛乱市議会《パリ・コミューン》だった。八月十日に重要な役割を演じた叛乱市議会は、その後、民衆運動の勢いに乗って国会に対抗する勢力に成長していた。

ジロンド派はまず、合法的手続きをへずに成立した叛乱市議会に攻撃の矛先を向けたが、ロベスピエールの明快な答えで一蹴された。

「こうしたことすべては違法なのである。革命と同じく違法であり、玉座の倒壊、バスチーユと同じく違法なのである。革命なしに革命を望むことなど、できはしない」

一七九二年十二月に開始されたルイ十六世の裁判でも、ジロンド派の狼狽《ろうばい》ぶりが明らかになった。王権を揺るがしたのはジロンド派だが、国王の命は助けたかった。それならば、全員一致で最初から国王の死刑に反対すればよかったのである。しかし、ジロンド派は正面切って国王の死刑に反対できず、一部のジロンド派議員は死刑に賛成票を投じた。国王の死刑は、事実上、一票差で決まったことを思い出そう。

ジロンド派とジャコバン派の間には、平原派（沼派）と呼ばれる中間派があり、数からいえばこの派の議員がいちばん多かった。平原派は最初のうちはジロンド派を支持していたのだが、しだいにジロンド派の影響下から離れ、ジャコバン派に追随するようになる。というのも、ジロンド派はジャコバン派打倒に血道を上げるばかりで、革命と共和国を防衛する有効な政策を打ち出せなくなっている、ということに気づき始めるからである。もし、反革命派が勝利を収めるようなことがあれば、これまでの革命の成果がすべて失われ、また貴族の尻に敷かれる。反革命派の報復によって、財産ばかりか命までも脅かされることになるだろう。中間派の議員たちにとっては、ジャコバン派の政策に嫌悪感を禁じ得ないとしても、ともかくも革命を守りきることが最優先課題だから、ジャコバン派を頼りにするほかはなかった。

国の内外に問題が山積していた。一応は外国軍の侵入を食い止めて攻勢に転じたといっても、戦況は依然として厳しく、一七九三年春に一段と悪化する。しかも、同じ時期に、フランス西部のヴァンデー県で保守的な農民の大規模な叛乱が始まる。この内外の難局を乗りきるには、民衆と手を結ぶことが絶対的に必要だった。

そこで、ジャコバン派は、食糧問題に苦しむ民衆の要求をいれて、経済に統制を加えようとした。買い占めや投機などで暴利をむさぼる悪徳商人が横行していたのである。ところが、ジロンド派は「経済活動の自由」の原則を盾にとって、これに反対した。

この問題でも、ロベスピエールの論理のほうがはるかに説得力があった。

「権利の中でも第一の権利は、生存する権利である。それゆえに、社会の第一の法は、社会のすべての構成員に生存する手段を保証する法である。他のすべての法は、この法に従属する」

革命の雄、ダントン

革命の三大指導者の一人、ダントンは、肩幅が広く胸板の厚い堂々たる体軀の持ち主で、見るからに精力あふれる人物だった。あたりを揺るがすような声で語られる演説は非常に迫力があった。こうしたところはミラボーに似ている。ダントンは単に雄弁で演説がうまかったというだけではない。言葉にこめられた熱情が聞く人の心の中に力を産み出すような演説、言葉の勢いが現実の行為を創造するような演説、言葉が行為となるような演説、ダントンの演説はそうしたものだった。ミシュレは聖書を引き合いに出し、たとえば「神は『光あれ』と言われた。すると光があった」というようなもの、と言っている。


とくに、一七九二年九月二日、フランスがプロシア軍の侵攻に脅かされていたときに法務大臣として国会で行なった呼びかけは歴史に残る名演説だった。

「これから打ち鳴らされようとしている早鐘の音は、危険を告げる合図などではなく、祖国

ダントン

の敵どもに対する突撃の足音である。諸君、敵を打ち破るには、われわれには果敢さが必要だ。さらなる果敢さが、そして常に果敢さが。そうすれば、フランスは救われる」

この演説は人々の祖国愛を燃え上がらせ、それがヴァルミーの勝利にもつながった。このときのダントンは、まさしく革命のフランスを象徴していた。三十三歳だった。

ダントンはロベスピエールより一歳年下、シャンペンの産地として有名なシャンパーニュ地方の出身（「シャンペン」「シャンパン」のことをフランス語では「シャンパーニュ」と言い、シャンパーニュ地方で生産されることからこう呼ばれる）。子供の頃、牛の角に突かれる事故に二度もあい、鼻がつぶれ、顔に醜い傷跡が残った。天然痘のあばたもあり、はっきり言って醜《ぶ》男《おとこ》だが、精悍《せいかん》で豪放磊落《ごうほうらいらく》な男性だったので女性にはもてた。

二十一歳のときにパリに出て法律事務所に勤めたあと、ランス大学法学部で弁護士の資格を取り、ふたたびパリに出た。なじみのキャッフェの娘と結婚。パリで売れない弁護士をしているときに革命に遭遇し、最初は下町の活動家として出発した。パリ市の幹部になり、九二年八月の王政倒壊後に法務大臣に就任。翌月、国民公会議員に当選、九三年四月には公安委員会の一員にも選ばれた。戦争の指導のためにベルギーに出張していたときに、妻が子供二人を残して病死した。何度か浮気もしたが、妻のことは情熱的に愛していた。パリに帰ったダントンは、一週間前に埋葬されていた妻の遺骸を掘り起こし、石膏《せっこう》で型を取って胸像を作らせた。その後、十八歳の美少女と再婚している。亡くなった妻が再婚するように遺言していた。

ダントンは、革命派内部の同士討ちは避けたいと思い、何度もジロンド派に妥協の手を差しのべてきた。それをロラン夫人が手厳しくはねつけ、逆に、ダントンが大臣をしていた時期の法務省に多額の使途不明金が出ていることをルヴェらを通じて国会で攻撃させた。

ロラン夫人は、ダントンが自分のサロンに出入りしていた頃から、ダントンに好意を持っていなかった。まず、醜い容貌、不躾《ぶしつけ》とも言えるほどのざっくばらんな態度が気に入らなかった。精力絶倫なダントンの男性的エネルギーがロラン夫人に女性としての警戒心を抱かせたと指摘する研究者(女性)もいる。「九月虐殺事件」はロラン夫人が革命に寄せていた理想を打ち砕いた事件だが、彼女はダントンを事件の責任者の一人と勝手に決めつけてもいた。

革命家としては第一級のダントンだが、享楽的で金に弱いところがあり、こうしたところも潔癖《けっぺき》なロラン夫人には許しがたかった。たしかにダントンは、女性が大好き、ご馳走《ちそう》も大好き、金を積まれれば反革命派の人間のためにでも一肌脱ぎかねないところがあった。けれども、こうした欠点がダントンの人間らしいところであり、それがダントンをジロンド派とジャコバン派の仲介者にふさわしい人間にもしていた。ダントンには、党派の利害を越えて革命全体を考える包容力があったのである。

ロラン夫人はたしかに美徳あふれる女性だった。が、あまりにも完璧主義すぎた。彼女の非妥協的性格が、周りのジロンド派革命家たちにも伝染してしまった。

それでも、ダントンは和解策をまとめるためにジロンド派幹部たちと会談するところまではこぎつけた。政策に関してはすべての点で合意を見たが、最後にガデが持ち出した条件がすべてをぶちこわしにした。ガデは「九月虐殺事件の実行為者とその共犯者を不問に付すことは絶対に認められない」といって、この点だけは頑として譲らなかった。ジロンド派はダントンを事件関係者の一人と考えていたのだから、これでは話がまとまるはずがない。

ダントンはがっかりした様子で言うのであった。

「ああ、ガデよ、ガデ。おまえは許すということを知らんのだな。おまえは、祖国の幸福のために自分の憎しみを犠牲にすることができないのだ。おまえは闘いを望んでいる。おまえは破滅するだろう」

ジロンド派は妥協する最後のチャンスを逃してしまった。かつて、王家がジロンド派と妥協する最後のチャンスを逃したように。ジロンド派はパリでこそ評判が悪かったが、地方ではジャコバン派を上回る勢力を誇っていた。ここに、ジロンド派の驕《おご》りがあった。

ジロンド派の滅亡

一七九三年四月、ジロンド派は最後の攻勢に出た。まず、ジャコバン派の三大指導者の中でも過激な思想の持ち主として知られ、ジャコバン派内部でさえも浮き上がり気味だったマラーに照準を合わせ、革命裁判所に送ることに成功した。けれども、マラーは四月二十四日に無罪判決を勝ち取り、パリの街を凱旋行進して国会に戻ってきた。結局、これはマラーの人気を高めただけだった。

次に、ジロンド派は、五月二十四日、目の上のたんこぶともいうべきパリ市議会の最高幹部エベールの逮捕にこぎつけた。エベールは民衆運動の指導者でもあった。しかし、ジロンド派の抵抗もここまでだった。

ジロンド派とジャコバン派の抗争に最後の決着をつけたのは民衆だった。

食糧問題に苦しみつつも革命防衛の意気に燃える民衆は、五月三十一日に武装蜂起し、この日の夜にロラン夫人は逮捕された。そして、六月二日、砲六〇門を引き、武装した八万人の民衆が国会を包囲する中で、ジロンド派の主だった議員二九名の国会追放が決議された。追放された議員の約半数、バルバルー、ルヴェ、ビュゾー、ガデらは地方に落ちのびたが、パリに残った議員とその後に逮捕される議員、ブリッソ、ヴェルニオら二一名は革命裁判所に回されることになる。

このまま両派の抗争が長びいたのでは国の方針が定まらず、フランスは絶体絶命の危機に陥ったことであろうから、革命は民衆によって救われたと言える。

ジロンド派の人々は熱烈な共和主義者であり、当代きっての教養人だった。貴族を激しく憎悪する彼らも、民衆に対しては別の生理的嫌悪感のようなものを持っており、これが彼らの目を曇らせたのであった。

一七九三年の時点では、彼らの立場ははっきりと反動的なものであり、革命を指導する能力も喪失していた。しかし、フランス革命後に成立するのが万人平等の社会ではなく、王と貴族に代わって富裕市民層が新しい支配者になるような社会であることを考えると、ジロンド派の考えが間違っていたとも言えないのである。

「ジロンド派追放」は地方に大きな波紋を引き起こし、事件から一ヵ月あまり後の七月十三日、革命の三大指導者の一人、マラーが暗殺されることになる。犯人は、ジロンド派の影響を強く受けたシャルロット・コルデという若い女性だった。

2 《暗殺の天使》シャルロット・コルデ

七月七日のカーン

ジロンド派の有力議員二九名が国民公会から追放されたというニュースを知ったとき、地方の人々は非常に憤慨した。

「国民の正当な代表者を、民衆の圧力に屈して国会から追放するとは何事か！」

もともとジロンド派の勢力が強かった地方の諸都市は次々にパリに叛旗をひるがえした。叛乱は八三の県のうち六〇の県に波及し、パリ対地方諸都市の間で内戦が起こりそうな情勢になった。

ノルマンディー地方のカーンも、こうして叛乱に立ち上がった都市の一つだった。そして、このカーンの町に、追放されたジロンド派議員の約半数がパリを脱出して落ちのびてきたこと、これがマラー暗殺事件のそもそもの発端だった。

雄弁さで名を知られる二十六歳の青年議員バルバルー、流行作家でもあったルヴェ、元パリ市長のペティオンらはカーンの人々から熱狂的な歓迎を受けた。パリでロベスピエール、ダントン、マラーを向こうに回して闘ってきたジロンド派の錚々《そうそう》たるメンバーの到着によって、カーンの町は大きな熱気に包まれ、それまでのただの一地方都市から、パリに対抗する一大拠点になった。

ジロンド派の議員たちはカーンの革命家とともにパリに進撃する義勇軍の編成に乗り出し、これを受けてカルヴァドス県議会（カーンはカルヴァドス県の県庁所在地）は市民たちに呼びかけた。

「自由の戦士たちよ、あのならず者集団にその罪の重さを感じさせるべきときが来た。武器を取れ！　進め！　共和主義のすべての闘士が諸君と同時に立ち上がるであろう」

けれども、義勇兵の閲兵式が華々しく行なわれることになっていた七月七日、数万人も収容できようという広い公園に、パリの圧政に対して命を賭して戦おうという若者はわずか三〇人しか現われなかった。

ジロンド派議員たちはパリでの敗北で打ちのめされて気力が空洞化していたこと、数を増やすために王党派とも連合しようとしたがこれがかえって双方の不信感を産み出したこと、こうしたことが義勇兵の組織化がうまくいかなかった主な原因だった。

まばらな義勇兵たちの姿を沈痛な表情で見守っている若い女性がいた。彼女、シャルロット・コルデには、ジロンド派議員が追放された事件は、正義の法をないがしろにする混乱の極みとして映った。追い剝《は》ぎも同然のジャコバン派を成敗してくれる義勇軍に大きな期待を寄せていた。それなのに、ジャコバン派と武器を取って戦おうという者が三〇人しかいないとは。彼女は思った——男たちがおしゃべりするだけで行動しようとしないときには「女の手」が必要なのではないだろうか。そして、自分が行動すれば、男たちも目を覚まして立ち上がってくれるのではないだろうか……。

シャルロット・コルデはジロンド派議員たちとも知り合いで、集会にも何度も出席してきた。非常に慎み深い女性なので、そうした集会で発言したことは一度もなかった。議員たちはシャルロットのことを、魅力的だがただの田舎娘としか思っていなかった。この閲兵式で沈んでいるのを見ても、義勇兵の中に恋人でもいて別れを悲しんでいるのだろうと、シャルロットをからかったりしていた。

彼らがカーンにやってこなければ、シャルロットはいつまでも「ただの田舎娘」でいられたのである。パリでの出来事、中央政界での出来事は、それがいかに気にかかることであっても、彼女にとってはあまりにもはるかかなたの出来事でありすぎた。ところが、全国的に名を知られる国会議員たちと親しく接触しているうちに、彼女がパリに対して抱いていた心理的格差が解消し、中央政界での出来事が彼女の個人的行動領域の中に入ってきてしまった。ジロンド派の議員たちはこのことに少しも気づかなかった。

シャルロットはもうすぐ二十五歳になろうとしていたが、白い百合の花のような清楚《せいそ》な容姿をしていて、「清純な少女」という言葉がぴったりだった。由緒正しい貴族の生まれで、祖父などは「うちは王様以上に貴族なのだ」と家柄の古さを自慢していた。けれども、父親が長男でなかったこともあって（当時は原則として、長男にしか遺産相続権がなかった）、シャルロットの家は貴族とは名ばかりに落ちぶれ、父親みずからが土地を耕して生計を立てていた。

シャルロットが十三のとき、母親が死亡し、妹とともにカーンの修道院に入れられた。貴族や上流市民の子女が修道院で教育を受けるのはごく普通のことだったが、シャルロットの場合は、教育が終了しても、修道院を出て結婚するという可能性が閉ざされていた。貴族の結婚ともなれば持参金が必要であり、修道院は持参金がないために結婚できない女性たちの収容所も兼ねていたのであった。

何事もなければ、シャルロットは神に祈りをささげつつ、修道院で静かに生涯を閉じたことであったろう。ところが、革命が起こって修道院が閉鎖されたため、二十二歳のときにシャルロットは突然俗世間の荒波の中に放り出されてしまった。それから三年間、革命というものを理解するために新聞やパンフレットを手当たりしだいに読んできた。知人が過激な革命派に迫害されたこともあったし、流血事件もたびたびあった。国王の処刑もショックだった。そして、ジロンド派が国会から追放される事件が起こり、周囲でマラーの名がより頻繁に口にされるようになった頃、追放された議員たちがカーンにやってきたのであった。

さびしい閲兵式の二日後、七月九日にシャルロットはパリ行きの乗合馬車に乗り込み、十一日にパリに着いた。パリは初めてだったので、馬車の終点にあった案内所で近くのホテルを紹介してもらった。

ホテルの名前はプロヴィダンス・ホテル。「プロヴィダンス」とは「神の摂理」という意味であり、この言葉が彼女に何事かをささやいたに違いない。

彼女の目的ははっきりしていた。マラーに天誅《てんちゅう》を加えることによって、フランスを救う。マラーこそがフランスを混乱に陥れている張本人、血も涙もない怪物、悪党中の悪党なのだ。マラーさえいなくなればフランスは平和になる、と彼女は信じて疑わなかった。

《人民の友》マラー

ロベスピエール、ダントン、マラーと並び称されるフランス革命の三大指導者の中では、マラーはいちばん民衆の立場に近く、《人民の友》という異名を持つ。

革命当初は、マラーはしがないジャーナリストにすぎなかった。時の政府有力者を痛烈に批判し続けたため、警察に追われて「穴倉から穴倉へ」と逃げ回る生活を送っていた。国民公会議員に当選し、革命の動向に大きな影響力を持つようになった後でも、マラーには「権力者」という雰囲気はまるでなく、「下から」つまり民衆の側から権力を監視するというのが、彼の一貫した態度だった。「叛乱の火から自由が出現してくるのが見られる」「百の暴動のうち九十九までは民衆に理があるということを知らないためには、世の中の観察をよほど怠らなくてはならないだろう」といった言葉には、《人民の友》マラーの面目躍如たるものがある。

女性には縁のなかったロベスピエールも服装は人一倍きちんとしていたが、マラーは薄汚い格好をして平気でいたし、風貌もかなり風変わりだった。パリの民衆の間に絶大な人気があり、無頼で過激な言辞を弄《ろう》するマラーは、ロベスピエールやダントンにとっても扱いにくい人間だったことだろう。

マラー

マラーはスイスの生まれである。同郷の先輩ルソーにならって十六歳のときに故郷を飛び出し、フランス各地を数年間放浪したのち、イギリスに渡り、十年間滞在した。イギリスで医師の資格を取り、代表作『隷属の鎖』を英文で出版するなど、著作家としてのデビューも飾っている。フランスに戻ってアルトワ伯爵（ルイ十六世の弟、後のシャル十世）の親衛隊付医師になり、電気や光学の研究でも名を知られるようになる。革命期には無頼派で鳴らすマラーだが、王弟のお抱え医師であった頃は物理実験室まで備えた立派なお屋敷に住み、名士として順風満帆の暮らしをしていた。理由ははっきりしないのだが、王弟お抱え医師をクビになり、しかもその上に病気になり、生活にも困るようになった。「もう、自分の人生は終わった」という失意のどん底にあった頃にフランス革命に遭遇した。革命の足音を聞いて力がよみがえってくるのを感じたマラーは、墓場から生き返ったような気がしたことだろう。このとき、四十六歳、革命家としては最年長グループに入る。

マラーは、貧しく不幸な人々に対する思いやりと革命の敵に対する憎悪との振幅が、とりわけ大きな革命家だった。飢えのために盗みを働いた人に対する擁護などは実に心温かいものだが、自分が発行する新聞『人民の友』にマラーは次のような記事を何度も書いてきた（新聞の題名が彼の別名になったのである）。

「十カ月前であれば、五〇〇の首がたたき落とされれば、諸君の幸福を確保することができたであろう。諸君の兄弟・妻・子供たちが虐殺されるのを見た後では、諸君自身が身を滅ぼさないためには諸君はおそらくは一〇万の首をたたき落とさざるを得ないだろう」

これはマラー一流のレトリックであり、マラーはべつに「血に飢えていた」わけではない。シャルロットはきっとどこかでマラーのこのような記事を読んだか、噂に聞いたかして憤慨したことがあったに違いない。

国会議員になってからは、マラーはずっと穏健な人間になり、パリの民衆にある種の警戒心を感じるようにさえなっていた。ジロンド派追放の際も、三人の議員を追放から救ったほどだ。

「ジロンド派追放」は民衆運動によるものだが、あえて責任者をさがすとすれば、それはジャコバン派の最高指導者ロベスピエールということになるだろう。ジロンド派はマラーをたびたび攻撃目標にしてきたが、それは、ジャコバン派内部でも持てあまされ気味のマラーを標的にするのが戦術上有利だったからにすぎない。

だから、シャルロットが混乱の責任はすべてマラーにあると考えたのは、完全な思い違いだった。カーンにやってきたジロンド派の議員たちもマラー一人に責任があるとは思っていなかった。彼らはもちろんマラーを憎んでいたが、それ以上にロベスピエールを憎んでいた。シャルロットがマラーを暗殺したというニュースを知ったとき、ジロンド派の人々は「なぜ、マラーを？」と一様に意外感に打たれるのである。

七月十三日、コルドリエ街三〇番地

パリに来て三日目の七月十三日、この日決行と決めていたシャルロットは朝早くホテルを

出て、パレ－ロワイヤルの刃物屋で料理用の細身の包丁を買った。モロッコ皮の鞘《さや》のついた包丁をドレスの胸のところにしまい、その上からショールをはおった。それから辻馬車を拾い、コルドリエ街三〇番地のマラーの家に向かった。最初は国会の議場で天誅を加えるつもりでいたのだが、パリに来て初めて、マラーが病気のためずっと前から国会に来ていないことを知った。新聞をよく読んでいたはずなのに、なぜ気づかなかったのだろう？　マラーに近づくのは容易なことではなかった。マラーの家には内縁の妻シモーヌ・エヴラールのほかに、マラーの妹と家政婦が同居し、マラーが発行する新聞を手伝う人の出入りも多かった。マラーに面会を求めたシャルロットは、応対に出てきたシモーヌに「病気ですから、だれにも会いません」と簡単に追い返されてしまった。

近くを二時間ほど歩き回ってから、シャルロットはホテルに帰り、マラーに手紙を書いた。陰謀を告発する人間ならマラーはすすんで会おうとすることは知っていたので、カーンでの陰謀について情報を提供する、と気を引いてみた。パリ市内であればすぐに配達される制度があった。シャルロットはマラーからの返事を待ったが、たとえマラーにその気があったとしても、返事がくるはずがなかった。彼女は自分の住所を書くのを忘れていたのである。

夕方になって、しびれを切らしたシャルロットは、もう一通マラーに手紙を書いた。ホテルのボーイたちにそれとなくマラーのことを聞いてみると、「マラーは人々に愛されている」「マラーは心のやさしい人間だ」と言っていた。そこで、今度はマラーのやさしさに訴えてみようと思った。手紙の締めくくりに「私が非常に不幸な女だというだけでも、あなたの庇護《ひご》を受ける十分の権利があります」と書いた。

書き上げるとすぐに、手紙を持って辻馬車に乗った。マラーの家に着いたときには、もう七時になっていた。応対に出てきたのはまた婦人たちで、また素っ気なく追い払われそうになった。が、今度はシャルロットも心得ていた。すばやく玄関口に体を滑り込ませたシャルロットと婦人たちとの間で、「会わせてください」――「ダメです」の押し問答が始まった。女たちの言い争う声がマラーの耳に届いた。事情を聞いたマラーは、訪問者を部屋に通すように命じた。

シャルロット・コルデ

シャルロットが通されたせまい部屋には靴の形をした奇妙な風呂があり、頭にターバンのような布切れを巻きつけたさらに奇妙な人物がその中につかり、風呂に渡した木の板を机代わりに書きものをしていた。

「人間のできそこない」「両棲類動物」とさんざんに悪口をたたかれたその容貌は、たしかに人間離れしたものだった。全身的な悪性の皮膚病に悩まされていたマラーは、この夏を持ちこたえられるかどうかというほどに健康状態が悪化していた。頭痛と痒《かゆ》みがひどく、水風呂に浸《つ》かって体を冷やすと、症状が幾分か治まるのであった。

この年の夏はひどく暑く、ビールの生産が追いつかないほどだったが、この七月十三日もずいぶんと暑い一日だった。マラーの病気は暑い日にはとくに症状が悪化した。苦痛と闘いながら一日中仕事に没頭してきたマラーは、シャルロットがやってきた頃にはすっかり体力を使い果たし、疲労の極に達していた。髪は逆立ち、目は爛々《らんらん》と獰猛《どうもう》な光を放つ猛獣のごとき人物を頭に思い描いてきたシャルロットは、体も細り、やつれはてた瀕死《ひんし》の病人を目にして、少なからず戸惑ったことだろう。

かたわらの椅子に腰をおろした清楚な少女の言葉にしたがって、マラーは何やらぶつぶつつぶやきながら、裏切り者たちの名前を書き取っていった。バルバルー、ガデ、ペティオン、ルヴェ……とジロンド派逃亡議員たちの名前を書き終えると、マラーは、彼らと結託して陰謀をたくらんでいるカーンの指導者たちの名前を求めた。

マラーは、シャルロットがこれらの裏切り者たちに迫害されているかわいそうな少女だということを少しも疑っていなかったので、出来上がったリストを見ながらシャルロットを励ますかのような口調で言った。

「数日以内に、この連中を全員ギロチンに送ってやろう」

自分が思い描いてきたイメージとはあまりにもかけ離れたマラーを前にして気持ちがくじけそうだったシャルロットは、この言葉で「血に飢えた怪物マラー」に立ち返ることができた。目の前にいるのは人間ではないのだ、飽くことなく人間をむさぼり食う野獣なのだ……。部屋に入ってきてから一〇分ぐらいしかたっていなかった。

シャルロットは静かに立ち上がり、胸のところから包丁を取り出して柄を両手でしっかりと握りしめると、マラーの胸をねらって上から一気に振りおろした。マラーはリストに気を取られていたのか、それとも、あまりにも思いがけない少女の振る舞いに呆気《あっけ》にとられたのか、体を動かすこともできなかった。

シャルロットはマラーの右手側に位置していたので心臓を直撃することにはならなかったが、刃は第一肋骨《ろっこつ》と第二肋骨の間を斜めに刺し貫き、肺動脈を切断した。それは、男でもなかなかこうはできまいと思われるほど、冷静で確実な一撃だった。マラーはシモーヌに助けを求める叫び声をやっとあげることができただけで、ほとんど即死だった。

あまりにもアンバランス

シャルロット・コルデの裁判は、事件の四日後、革命裁判所で行なわれた。シャルロットが法廷に姿を現わしたとき、満員の傍聴席から驚きの声があがった。人々は「髪振り乱した、ならず者の女」を予期していたのに、しとやかで美しい若い女性が現われたからである。白い服と白い帽子が、汚れを知らない無垢《むく》な様子をいっそう引き立てていた。

逮捕直後の取り調べの段階から背後関係が追及されたが、裁判でもこのことに重点が置かれた。これほど大それた犯罪がたった一人のか弱い女性によって計画されたとはとうてい信じられなかったのである。シャルロットは、自分に共犯者はなく、一人で考え、一人で実行したと決然とした態度で主張し続けたが、鈴の音を思わせる子供っぽい声は言っている内容と全然合っていなかった。

シャルロットは死刑の判決を受け、この日の夕方、革命広場で処刑された。

彼女は、自分の行為によってフランスは平和になる、そのためにこそ自分は犠牲になったのだと最後まで信じていた。しかし、結果はまったく逆だった。地方の諸都市がパリに対して武装反撃の準備をしている時期に起こったこの事件によって、フランスはより大きな混乱に陥り、彼女が好意を寄せていたジロンド派の人々に対する弾圧もよりいっそう過酷なものになる。当局は、シャルロット・コルデの犯罪はジロンド派の大きな陰謀の一部とみなしたのであった。パリで逮捕されたジロンド派国会議員二一名が処刑されるのは、この事件の三カ月半後である。

マラー暗殺事件は、その影響からしても大事件だが、この事件がとくに衝撃的に感じられるのは、犯人が純情無垢な少女であったこと、つまり、凶悪な犯罪内容と犯人の人となりとがあまりにもアンバランスだからである。彼女を《暗殺の天使》と名づけた十九世紀のロマン派詩人ラマルティーヌは『ジロンド派の歴史』の中で次のように語っている。

「人間の行為の中には、弱さと強さ、純粋な意図と犯罪的手段、誤りと真実、殺人と殉教とが、あまりにも分かちがたく混じり合っているために、それをひとことで形容することができず、犯罪と呼ぶべきか、美徳と呼ぶべきか、あるいは、決めかねるような行為がある。……われわれとしては、この崇高な祖国解放者、圧政の高潔なる暗殺者に対して、彼女への感激の念と彼女の行為についての厳しい断罪とを同時に含むような名称を見出さなければならないとしたら、称賛と嫌悪との両極端を結びつけた一つの言葉をあえて創造し、彼女を暗殺の天使と呼ぶだろう」

普通一般にわれわれ人間がとらわれる俗世間の諸々《もろもろ》のしがらみにはまったく無縁な、無色透明な女性であったという意味では、彼女はたしかに天使のごとき女性だった。

シャルロット・コルデに感激するあまり、彼女と同じギロチンで処刑されることを願ったアダン・リュクスという青年がいる。この青年は、逮捕されるためにわざわざ彼女を称《たた》えるパンフレットを印刷して配布し、革命裁判所で死刑判決を受けることによって願望をかなえた。

3　ジャコバン革命政府の成立

ジロンド派が去った後

ジロンド派が去った後の国民公会では、次々に重要な決定がなされた。

六月三日の法令で、亡命貴族の土地財産の売却方法が一般の市民にも手が届くように細分化され、支払いに十年間の猶予が与えられた（この措置は後に一般の国有財産売却にも適用される）。

七月十七日、封建制の無償廃止が宣言された。これまで領主に年貢を払って耕してきた土地の所有権が無償で農民に譲渡されることになったのである。一年前、王政倒壊直後の八月二十五日にも国会が領主への年貢の無償廃止を決議したことがあったが、このときは年貢台帳等の証書類がある場合は除外されていたから、いまだ不徹底なものだった。今回は、「たとえ証拠書類があろうとも」という徹底したものだった。これで、一七八九年八月四日に宣言された「封建制廃止」が名実ともに実現されたことになる。

六月二十四日に新憲法が採択されていた。この憲法は「一七九三年憲法」と呼ばれる。

「労働権」「教育を受ける権利」などが明記され、「政府に対する蜂起権」をも認めるという超民主的な憲法だった。八月に国民投票で裁可されたが、平和到来まで施行は延期ということになる。戦争に勝つまでは政府の強権発動を我慢せよ、というわけである。

革命指導者たちにとって、民衆の協力がぜひとも必要であり、民衆運動と連携を保ちつつ政策を進めなければならなかったが、その一方、ブルジョワ革命としての本筋を守るために民衆運動を規制し、これを統制下に置く必要があった。とくに、「アンラジェ」と呼ばれる過激派グループが革命指導者たちには目障りだった。「アンラジェ」とは「狂犬病にかかったような連中」という意味で、もともとは罵り言葉である。

「アンラジェ」のリーダー、ジャック・ルーは六月二十五日に国会で次のような請願演説を行なった。ルーは僧侶出身の革命家で「赤い司祭」という異名を持ち、パリ市議会の一員でもあった。

「ある階級の人間が罪に問われることなくほかの階級の人間を飢えに追い込んでいるとき、自由はむなしい幻影にすぎない。金のある連中が独占によって同胞に対し生死の権限を行使しているとき、平等はむなしい幻影にすぎない。市民の四分の三が涙を流さずしては手にすることができない食料品の値段によって、日々、反革命が行なわれているとき、共和国はむなしい幻影にすぎない……。

山岳派の議員諸君、あなた方はなぜ、革命に沸き立つこの都市《まち》の家々の四階から一〇階まで上がってみなかったのか。法というものが、富者によって富者のみのために作られ、貧しき者には残酷なものであるがゆえに、投機と買い占めによってパンも服もないという、窮乏と困苦の悲惨な状態に追いつめられた数多くの人々の涙と呻《うめ》き声に、あなた方も思わずほろりとさせられたことであろうに」

ジャック・ルーのこの演説は、フランス革命が掲げる《自由と平等》の理想に冷や水を浴びせかけるものであったので、国会議員たちの激しい反感を買い、演説は怒号でたびたび中断された。

ジャック・ルーたちは、投機・買い占めによって食料品の値段をつり上げて暴利をむさぼる悪徳商人を死刑を含む厳しい罰則で処罰すること、食料品以外の生活必需品についても最高価格を設定すること、を求めた。朝の四時からパン屋の前に行列ができ、七時間並んで待ってもパンが手に入らない場合もあったので、ブルジョワとしての立場から経済に過度の強い統制を加えることを嫌っていたジャコバン派指導者としても、ジャック・ルーたちの要求を一概に無視することもできなかった。革命政府は彼らの要求を政策に取り入れながら彼らを弾圧する方針を取る。

ジャコバン革命政府の形成

七月から十二月にかけて徐々にジャコバン革命政府が形成されてゆく。その中心となるのが公安委員会である。四月六日に設置されて以来、委員会をリードしてきたダントンは七月十日の委員改選の際、辞任した。「ダントンはなまぬるい」と思われていた。七月二十七日、ついにロベスピエールが公安委員会入りする。ロベスピエールの盟友サン＝ジュストとクートンはすでに五月にメンバーになっていた。八月から九月にかけてカルノー、コロー・デルボワ、ビヨー＝ヴァレンヌらが加わり、メンバーが一二人になった公安委員会はときに「大公安委員会」と呼ばれる。

革命政府は国内の反革命勢力と闘いつつ対外戦争を勝利へと導かなければならなかったが、足元のパリでも難しい対応を迫られた。革命と共和国を防衛するには民衆の協力が必要だったが、民衆の要求を受け入れつつ、同時に、民衆運動を統制していかなければならなかった。また、国民公会内の保守的な議員たち、平原派の賛成を取り付けなければならなかった。革命政府の拠《よ》って立つ基盤はせまく、左右のバランスを取りながら難しい舵取りを強いられたのである。

非常事態を乗りきるためには独裁体制が必要だった。

八月二十三日、「大徴用令」が発令された。国民を戦争のために総動員しようというものである。

「現時点より、敵どもが共和国の領土から追い払われるときまで、すべてのフランス人は軍務のために常時徴用される。若者たちは戦いに赴くべし。既婚男子は武器を製造し、食糧を運搬すべし。女性たちはテント、軍服を作り、病院で奉仕活動を行なうべし。子供たちは古い布切れを包帯にし、老人たちは公共広場に出向いて兵士たちを激励し、国王たちへの憎悪と共和国の統一を説くべし」

九月五日に、パリの民衆が武装蜂起して国会を取り囲むという事件があった。かねてからの食糧問題に加えて外国軍の攻勢と国内の反革命集団の策動に苛立《いらだ》った結果で、生活苦と愛国心が結びついた動きだった。この民衆蜂起が革命政府の成立を加速させた。恐怖政治の体制が本格的に整えられ始めるのも、この民衆蜂起を契機としてである。革命政府の成立と恐怖政治の断行とは表裏一体の関係にあり、このことについては次の「第五章」で述べる。

革命政府は、二段階的に形成された。

まず、一七九三年十月十日、国民公会はサン-ジュストの報告にもとづいて「フランス政府は和平達成時まで革命的である」と宣言した。報告演説の中で、サン-ジュストは次のように言っている。

「法律は革命的だが、法律を施行する人々はそうではない……。主権者の意思が少数派の君主主義者を抑え、征服権によって彼らの上に君臨するときにしか共和国は打ち立てられないであろう。新しい事態に敵対する者たちに対しては諸君（国会議員たちを指す）はもはやいかなる手心も加えてはならず、どのような代価を支払うことになろうとも自由が勝利を収めなければならない……。正義によって統治できない人々は鉄によって統治せねばならない……。政府自体が革命的に組織されない限り、革命的法律は施行され得ない」

今後、政府は強制権を発動する、ということである。国家公務員、大臣、将軍たちは公安委員会の監視下に置かれることになった。国会内にはいくつもの委員会があったが、すべての委員会がすでに公安委員会の指揮下に入っていた。

次に、十二月四日の法令によって、「国民公会は、政府の政策が発動される唯一の中心である」と宣言された。中央集権化が推進され、地方行政組織も公安委員会の監督下に入った。民衆運動も政府の指揮に服することになり、これで民衆運動の圧力に歯止めがかけられた。革命政府の権威が格段に強化されたのである。警察関係は保安委員会の管轄となったが、公安委員会による事実上の独裁体制であった（保安委員会だけがかろうじて公安委員会に対抗できた）。なによりも、フランス一国でほとんど全ヨーロッパを敵に回すという非常事態に対応した体制だった。

公安委員会に課せられた任務・業務は実に膨大なものであった。国内に叛乱を抱えつつ戦争を勝利に導かなければならない。フランス全土の市町村に政府の方針を徹底させ、経済政策を発令し、将軍たちに指令を出さなければならない。内政・外交のすべての重責を公安委員会が担うことになったのである。委員たちは一日に一六時間から一八時間も書類に向き合ったと言われている。ほとんど不眠不休の仕事ぶりであった。平均年齢が三十歳を少し越えたあたりという若さがあったから、なんとか激務に耐えられたのだろう。

ここで、ジャコバン革命政府の最高指導者ロベスピエールと、その右腕として活躍するサン＝ジュストの横顔を覗《のぞ》いておこう。

ロベスピエール――革命の理想に生きる

ロベスピエールほどフランス革命と一体感のある人間はいない。

ロベスピエールは「腐敗し得ない男」と呼ばれ、現世的な富といったことにはいっさい関心がなかった。強大な権力を手にしても、それを自分の利益のために使おうなどということは頭をかすめることさえなかった。堅苦しくて取っつきにくいところがあり、服装も人一倍きちんとしていた。女性から見ると真面目すぎてあまりおもしろくない男なのだが、当時は女性ファンもけっこう多かった。

ロベスピエール

フランス革命という未曾有《みぞう》の出来事に社会が揺り動かされ、ロベスピエールはその動乱の中から国のトップに押し出されることになったが、革命がなければ、地方の一弁護士として生涯を終えたはずだった。これはナポレオンについても言えることであり、革命がなければ、ナポレオンも無名の軍人として歴史の闇に埋もれたはずだった。

マクシミリアン・ロベスピエールは、一七五八年、北フランスのアラスで生まれた。アラスは、ドーバー海峡に面するパ＝ド＝カレー県の県庁所在地である。革命が勃発した年に三十一歳ということになるが、革命指導者の多くはだいたいこの世代であった。

ロベスピエール家は代々法曹一族で、祖父も父親も弁護士であった。妹二人、弟一人が生まれる。この五歳年下の弟オーギュスタンも、革命に身を投じ、国民公会議員になる。マクシミリアンが六歳のとき、母親が難産の末に死亡した（子供も助からなかった）。母親はまだ二十六歳という若さだった。六歳の子供にとって母親の死がどんなに悲しかったとしても、これだけならまだよかったのである。妻の死にショックを受けた父親が身を持ち崩し、ついには失踪《しっそう》してしまう。これが、マクシミリアンの将来に暗い影を投げかける。マクシミリアンは兄として幼い弟と妹たちの面倒をみなければならず、「十歳にして一家の長」になってしまった。それまではごく普通の子供であったマクシミリアンの顔から笑いが消え、厳しい性格の子供になっていった。兄弟はばらばらに親戚の家に引き取られた。

マクシミリアンは、非常に成績優秀な子供で、学校では賞を総嘗《そうな》めにした。十一歳のとき、奨学金を得て、パリのルイ大王校へ進学。「ルイ大王」とは太陽王ルイ十四世のことだが、この学校はパリでも名門中の名門校だった。ここで十二年間学ぶことになるが、ここでも抜群に優秀な成績を収めた。一七七五年六月、ルイ十六世がランス大聖堂での即位聖別式の帰りにルイ大王校を訪れた際には、ロベスピエールは選ばれて国王の前でラテン語の祝辞を朗読している。ルイ十六世は二十歳、ロベスピエールは十七歳だった。

ルイ大王校のすぐ下の同窓生にカミーユ・デムーランがいた。バスチーユ陥落の立役者になった人物である。勉学のかたわら、モンテスキュー、ルソーなどを愛読。ロベスピエールの思想的素地は啓蒙主義思想によって培われた。とくにルソーの影響が大きい。パリ郊外のエルムノンヴィルに隠棲《いんせい》していたルソーに会いに行ってもいる。ルソーとどんな話をしたのかはわからないが、偉大な思想家に対する感激の念に満たされて帰途をたどったことだろう。

ルイ大王校を卒業後は郷里のアラスに戻って弁護士になり、社会的に弱い立場にある人の弁護をすすんで引き受けた。「弱い立場にある人々、抑圧された人々、貧しい人々を擁護する職業以上に崇高な職業があるだろうか？」とロベスピエールは言っている。腕も良かった。「話をする際の態度、表現の選択、弁論の明晰さ」において同僚たちをはるかに上回っていた、とある同僚は証言している。

ロベスピエールは基本的には人付き合いの悪い男、取っつきにくい男なのだが、郷里で弁護士をしていた頃は、人並みの社交生活もしていた。詩の同好会に出席し、恋歌なども詠んでいる。しかし、周囲の人たちよりもずっと進んだ考えの持ち主であるロベスピエールにとって、郷里での生活は窮屈でもあった。

社会が波立ち始め、三部会議員選挙が行なわれることになったが、これはロベスピエールにとって中央に進出する絶好のチャンスだった。第三身分から立候補し、当選した。選挙運動中は、「国民の敵どもの主張」に反対するよう有権者に訴えるとともに、国王に「自由の大義」を手中に収めるよう呼びかけてもいる。国王裁判に際しては先頭に立って死刑判決を求めたロベスピエールも、この頃はほかの多くの人々と同様に、王政になんの疑問も持っていなかった。

三部会から発展した立憲国民議会（憲法制定国民議会）やジャコバン・クラブでロベスピエールは何度も発言しているが、いつでも一般民衆の立場に立ち、その演説からは深い情況洞察力と透徹した論理性が感じられる。たとえば、「失うべき何ものも持たない（つまり、財産を持たない）」民衆から選挙権を奪おうとする人々にロベスピエールはこう反論した。彼らは財産よりもはるかに貴重なものを持っている、「自由、生命、彼自身および家族のために法の保護を求める権利、圧政に抵抗する権利」などがそれだ、と。

立憲国民議会でのロベスピエールの演説態度は自信あふれる堂々たるものだったが、内容が先進的すぎてあまり多くの賛同を得られなかった。それでも、ミラボーは「彼はかなりの人間になるだろう。なにしろ、自分が言っていることを全部信じているからな」と将来性を見越していた。

ロベスピエールは議場の外をも意識していた。「このせまい囲いを越えて……国民と人類に聞いてもらうことが私の目的である」と。議員たちには支持されなかったが、傍聴席の受けはよかった。

一七九一年七月から、ロベスピエールは指物師《さしものし》の親方をしていたデュプレの家に寄宿する。デュプレ家には年頃の娘が四人いて、その中のエレオノールがロベスピエールの婚約者と目された。ロベスピエールには女性の気配がまったくなく、仏教で言うところの「一生不犯《ふぼん》」ではなかったかと思われるのだが、それらしい影といえば唯一この女性だけである。ロベスピエールはデュプレ家で初めて「家庭の団欒《だんらん》」というものを知った。この上もなく居心地がよかったらしく、最後までこの家を離れることはなかった。

一七九二年八月十日の十数日前、七月二十九日の段階でも、ロベスピエールは王政の廃止を主張してはいなかった。「王と呼ばれる幻が消え去ったとしても、専制がなくならねば大した変化ではない」と。彼にとっては、民主主義、人民主権を確立することが第一であって、これは王政のもとでも十分に可能だと考えていた。ロベスピエールは本質的には「合法性の人」であり、できる限りは法に則って行動しようとする。ロベスピエールが「合法性」をあきらめ、暴力的手段を容認するのは、ほかに問題解決手段がないときに限られる。

最初は考えが先進的すぎて多くの賛同が得られず、孤立無援の観もあったロベスピエールだったが、国民公会成立後は重要な問題に直面するたびに論議の先頭に立ち、押しも押されもせぬ革命の第一人者になっていったことは、すでに見てきたとおり。

革命前は人権無視、不平等、不公正が堂々と罷《まか》り通っていた。ロベスピエールは、この地上に正義の社会を建設しようという思いで革命に飛び込み、理想一筋に生きてきた男と言ってよい。ロベスピエールのように理想一筋に生きる人間が国のトップに立てる時代は、歴史上、そうめったにあるものではない。フランス革命というのは、やはり希有《けう》にして貴重な時代だったと私は思う。

サン＝ジュスト――革命の貴公子

サン＝ジュストというと、私がまず思い浮かべるのは「不幸な者たちこそ、この地上の権力者であり、彼らには、自分たちをないがしろにする政府に対して主人として語る権利がある」という言葉である。普通、権力を手にした政治家がこんなことを言うものだろうか？凶作の冬に貧しい農民たちが飢えでばたばた死ぬのを見て涙したことが革命に目覚めるきっかけになった、というのも肯《うなず》ける話だ。

ロベスピエール、ダントン、マラーがフランス革命の三大指導者で、サン＝ジュストはプラス・ワンという感じなのだが、いちばん魅力ある革命家かもしれない。

まず、若かった。革命指導者たちはだいたいみな若く、三十代が多いのだが、サン＝ジュストはまだ二十代、国民公会の最年少議員だった。そして、ハンサムだった。男装の女性かと思われたこともあった。しかも、頭が切れ、兄貴分のロベスピエール（九歳年上）以上に鋭い言葉を放つ、行動力のある革命家だった。現在でも女性ファンが多いのも当然で、東京にファンクラブがある。

ルイ＝アントワーヌ・ド・サン＝ジュストは、生まれたのは中部ニヴェルネ地方だが、九歳のときに北部ピカルディー地方に移ったので、実質的にはこちらが郷里。父親が大変な努力家で、三十年間も地道に軍人として勤め上げた結果、庶民の出でありながら大尉に昇進し、

「騎士」の称号を授けられた。ただし、今もピカルディー地方のブレランクールに現存するサン－ジュストの家は、とても貴族の館といったものではなく、庶民の家そのものである。仕事一筋に生きたため晩婚だった父親は、ブレランクールに家を買って間もなく死亡した。サン－ジュストは十歳、ロベスピエールと同じく父親不在の少年時代を送ることになった。

革命家になってからは革命の原理そのもののように真面目一方のサン－ジュストだが、一時期不良少年としてパリで感化院に入れられたことがあるし、噂になるような恋愛事件を起こしたこともある。その後、ランス大学の法学部に進学した。サン－ジュストは革命前に「オルガン」というエロチックな長編詩を書き、警察に捕まりそうになったが、当時にあっては、性的に倒錯した作品を書くことが圧政に対する抵抗の一方法だった。

サン－ジュスト

郷里で革命運動を展開し、頭角を現わす。ロベスピエールに心酔し、賛辞あふれる熱烈な手紙を書き送り、ロベスピエールの知遇を得た。一七九二年九月、国民公会議員選挙に当選し、いよいよ本格的にパリに進出。まだ二十五歳だった。十一月に国王ルイ十六世の裁判問題でデビュー演説を行なった場面はすでに見た。「人は罪なくして国王たり得ない。……国王というものは、すべて反逆者であり、簒奪者である」——その言葉は議員たちの胸に突き刺さるように鋭く、厳しいものであったが、それが女性のような唇から発せられるだけに、よりいっそう強烈な印象を人々に与えた。

サン＝ジュストにはたくましい行動力があり、目覚ましい成果も上げているが（とくに、ライン軍へ派遣されたときの活躍ぶりはすばらしかった）、この若き革命家には未来志向的側面が強く、理想からはほど遠い〈現在〉を突き放してクールに眺め、来るべき〈未来〉に超然として思いを馳せる、というようなところがあった。政治家としての資質はロベスピエール以上、将来的にはナポレオンのライバルにもなり得た、と言われている。

4　彼らは何をしようとしたか

「彼ら」とは、ジャコバン革命政府の指導者たち、とりわけロベスピエールとその仲間たちのことである。ロベスピエールのもっとも忠実な盟友として、サン＝ジュストのほかに、さらにルバとクートンの名前をあげておこう。二人とも国民公会議員であるが、クートンは公安委員会の、ルバは保安委員会のメンバーでもあった。この二人も、サン＝ジュストと同じく、最後までロベスピエールと運命をともにする。

自由による専制

「専制」とは『広辞苑』によれば「独断で思いのままに事を決すること」。「自由による専制」は、「君主たちによる専制」に対抗する理念である。一七九四年二月五日に国民公会で行なった演説の中で、ロベスピエールは「革命の政府は、暴政に対する自由による専制である」と述べている。「国民公会は、政府の政策が発動される唯一の中心である」と宣言する一七九三年十二月四日の法令で決定されたように、国会に行政・立法・司法のすべての権限が集中され、国会の承認を受けつつ公安委員会が実際に権限を行使する体制が整えられた。

こうしてジャコバン革命政府が成立し、「自由による専制」が可能となった後、ロベスピエールはいったい何をめざしていたのであろうか？　目的とするところ、到達すべき終点は何だったのだろうか？

同じ二月五日の演説でロベスピエールは「われわれがめざしている目的は何か？」とみずから問いを立て、次のように答えている。

「自由と平等を心静かに享受することである。この永遠の正義が世に君臨することである。

自由と平等の原理が刻まれているのは大理石や石にではなく、すべての人間の心の中である。自由と平等を忘れている奴隷の心の中にも、これを否定する暴君の心の中にさえも刻まれている。

われわれは、低俗で残酷なあらゆる情念が鎖につながれ、心広くも善をなそうとするあらゆる情念が法によって呼び覚まされるような世の中になることを望んでいる。こうした世においては、野心とは栄光に値しようという欲求、祖国に役立とうという欲求なのである……。ひとことで言えば、われわれは自然の願いを満たし、人類の運命を成就し、啓蒙思想の約束を果たすことを望んでいる。フランスが……諸国民の模範にならんことを、抑圧する者にとっては恐怖に、抑圧されている人々にとっては慰めにならんことを、世界の華とならんことを」

しかし、まずは「暴政に対する自由の戦争」を終わらせなければならない。つまり、まずは対ヨーロッパ戦争に勝たなければならない。ロベスピエールには勝てる自信があった。

その自信の根拠は「フランス人は真の民主主義を打ち立てた世界最初の国民だ」という確信にあった。民主主義の国においては、すべての市民が平等で全《まった》き市民権を獲得している。国を構成するすべての市民が国を愛し、祖国を守ろうとする。そこから国家としての力が出てくる。「それが、我が共和国に敵対するすべての暴君どもがついには敗れることになる真の理由だ」とロベスピエールは言う。

戦争のゆえにこそ、非常事態体制である革命政府が形成されたのであった。平和が勝ち取られた暁《あかつき》には独裁体制は解除され、憲法にもとづいた形の政府に戻り、自由と平等を心静かに享受できる社会、民主主義が確立された社会になるであろう、というのがロベスピエールの見通しであった。

ロベスピエールたちが実際に行なった政策を見てみよう。

革命と共和国の防衛

内外の危機に対処しつつ革命と共和国を防衛すること――これがジャコバン革命政府に課された第一の使命である。

まず、国内の反革命勢力を制圧せねばならない。一七九三年六月の「ジロンド派追放」を機にパリに叛旗をひるがえした地方諸都市に共和国軍が派遣された。最後まで頑強に抵抗したのはリヨンとトゥーロンであったが、十月九日にまずリヨンが平定され、トゥーロンは十二月十九日に制圧された。地中海に面する港町トゥーロンにはイギリス海軍が味方に付いていたこともあってなかなか攻略できなかったが、ナポレオン（ボナパルト大尉）は町の地形を研究して砲兵としての立場から司令官に作戦を建言し、この作戦が功を奏したのであった。

戦闘でも大活躍したナポレオンは功績を認められ、二十四歳にして将軍に任命される。鎮圧後に過酷な粛清がなされた都市もある。フランス西部、ヴァンデー県一帯の農民叛乱は、完全に鎮圧するには至らなかったが、十二月には勢いを食い止め、大きな脅威ではなくなった。

難局に対処するには国民の総力を結集する必要があった。そのためには、有産階級と民衆の利害関係を調整しなければならない。民衆の生活を守るために経済統制を断行した。食料品のほか石鹼《せっけん》などの生活必需品に関して、最高価格法によって商品の最高価格を決め、それ以上の値段で売ることを禁止した。買い占め商人を取り締まり、商品の流通を促した。パリの各地区に公設の穀物貯蔵所を設け、食糧供給を確保した。生産と流通を奨励し、商品の隠《いん》匿《とく》を罰した。軍隊への物資補給、武器製造のためにも経済統制が必要だった。

十月に革命暦（共和暦）が制定された。王政廃止宣言がなされた一七九二年九月二十一日の翌日を共和元年元日とするものである。月の呼び名も改められ、「葡萄月《ぶどうづき》」「霧月」「霜月」「雪月」「雨月」「風月」「芽月」「花月」「草月」「収穫月」「熱月」「果実月」という新しい呼称が作られた。たとえば「葡萄月」は普通の暦で言うと「九月二十二日―十月二十一日」にあたる。これらの新しい月の呼称は季節感あふれるロマンチックなもので、フランス語としてもとても美しい響きを持つ。革命暦には「これまでとはまったく違う新しい社会を建設するのだから、これまでのキリスト教起源の古い暦を使うわけにはいかない」という意気込みがよく表われていて、非常に興味深い（革命暦は一八〇五年十二月三十一日まで使用される）。

フランス革命ではキリスト教（カトリック）は欺瞞《ぎまん》として攻撃対象になってきたが、この九三年秋に「非キリスト教化運動」が大々的に展開された。教会を閉鎖ないしは転用し、カトリックの儀式を禁止しようというのだった。この運動は革命政府によって始められたものではなく、地方で発生し、パリに波及した。ロベスピエールはしばらく様子を見た後、この運動にストップをかけた。人間の宗教心はそう簡単に消えるものではないから、宗教を抑圧することは社会的混乱を招くという政治的判断だが、他の多くの革命家たちと違って、もともとロベスピエールは非常に宗教心の強い人間でもあった。十二月六日、国会で「信仰の自由」の原則が再確認された。ロベスピエールは後に、カトリックの神に代えて「至高存在」なるものを提唱することになる。

国内的には、ロベスピエールは過激派にも穏健派にも与《くみ》せず、中庸の道を探ったと言える。対外戦争に勝つこと、これが革命政府の当面の最大目標だった。戦争をどのように進めるかは公安委員会全体で協議されたが、個々の作戦面での指導はカルノーにゆだねられた。カルノーは「勝利の組織者」と呼ばれた。一二ある軍団に国会議員が派遣され、将軍たちは派遣委員の指導下に置かれた。派遣委員の指示にしたがわない将軍、明らかにやる気がないと判断された将軍はパリに呼び戻され、中には革命裁判所で裁かれて処刑された者もいる。完全な文民統制だったのである。ライン軍に派遣されたサン＝ジュストの活躍はとくに目覚ましく、強力なイニシアティヴを発揮して兵士たちの装備を改善し、軍の士気を高めた。武器の製造、物資の補給も公安委員会の指揮のもとに行なわれた。科学者を動員して武器改良に努めるとともに、一日に七〇〇丁の銃を製造する態勢を整えた。

公安委員会の戦争指導は成功し、一七九三年暮れには敵の攻勢は食い止められた。

さらなる社会革命

ロベスピエールとサン＝ジュストたちは、より根本的な社会革命をめざしていた。それを例証するのが「風月法」である。外国に亡命した貴族など「疑わしい者たち」の財産を没収し、貧しい民衆に分け与えようという法令であった。この法令は一七九四年二月末から三月初めにかけて国会で採択され、革命暦でいうと風月（ヴァントーズ）にあたるので「風月法」と呼ばれる。

この法令の報告者となったサン＝ジュストは次のように言っている。

「豊かさはかなり多くの革命の敵たちの手に握られており、働く民衆は生活の必要のため、その敵たちに従属させられている。市民関係が政府の形に反する関係に帰着するなら、国家というものが存続し得ようか？」

革命の敵たちは共和国になんの権利も持たないのだから、彼らの財産は命を賭して共和国のために戦う愛国者たちとその家族の生活を和らげるために使われるべきだ、というのであった。国有財産売却の細分化、封建制度の無償廃止によって多くの農民・市民が土地・不動産を手にしたが、貧しい階層の人々には行き渡っていなかった。サン＝ジュストは国会議員たちに強く訴えかける――「国家の中に、ただ一人の不幸な人も、ただ一人の貧しい人も存在してはならないのである」

サン＝ジュストが「不幸な者たちこそ、この地上の権力者であり、彼らには、自分たちをないがしろにする政府に対して主人として語る権利がある」と語ったのは、この報告演説においてであった。身分制と特権にもとづいていた革命前の社会を完全に清算し、民主主義の確立をめざした言葉である。サン＝ジュストはまた、「幸福はヨーロッパにおいて新しい概念である」とも言っている。

「諸君がフランス領土の上に、ただの一人の不幸な人も、ただの一人の抑圧者も欲していないということをヨーロッパが学ばんことを。このフランスの例が地球上に実を結ばんことを。このフランスの例が地球上に美徳への愛と幸福を伝播《でんぱ》せんことを。幸福はヨーロッパにおいて新しい概念である」

いまだ人々が幸福であった時代はない、革命によって初めて人々が幸せに暮らせる社会が建設できるとサン＝ジュストは言っているのであり、これは革命政府がめざしていた最終的到達点を指し示している。

フランス革命は万人平等の社会を打ち立てるための革命ではなく、王と貴族に代わってブルジョワジーと呼ばれる富裕市民層が新しい支配者となるべき革命だった。したがって、サン＝ジュストたちが掲げた理想はブルジョワ革命としてのフランス革命の枠組みをはみ出していたのであり、彼らの理想がユートピアに終わらざるを得ない最大の理由もここにあった。

私は、何かにつけ「フランス革命の人々とは、大いなる幻想に取り憑《つ》かれた人々だった」と感じるのであるが、ここに引用したサン＝ジュストの一連の言葉にそうした思いをより強くする。そしてその一方、これらの言葉はフランス革命の後世へのメッセージのようにも感じられる。

コラム　「自由の女神」は、なぜ女性か？

「自由の女神」というのは、だれもが知っている、あのニューヨークの自由の女神像のことである。自由の女神は、女神像なのだから、女性にきまっている。ここで問題にしたいのは「自由を象徴する像が、男性像ではなく、なぜ女性像になったのか」ということである。

そもそも、あの自由の女神はフランス革命となにか関係があるのだろうか？

ご存知の方もいらっしゃるだろうが、あの自由の女神はアメリカ独立百周年を記念して一八八六年にフランスがアメリカにプレゼントしたものである。だから、あの自由の女神はフランス人である。顔つきがなんとなくフランス人っぽいと思いませんか？

フランスの人々が自由を象徴する像を女性像にしたのは、フランス革命の影響による。

女性たちがフランス革命の成功に大きく貢献したということには何度もふれたが、結局は一七九三年秋には革命の表舞台から排除され、《自由と平等》の恩恵は革命期間中は女性たちにはおよばなかった。にもかかわらず、革命期に「自由」や「共和国」が偶像化されるとき、それはいつでも女性の形を取り、これは女性たちが革命運動からしりぞけられた後も変わらなかった。

革命家諸君にとっては「自由」や「共和国」のシンボルは女性でなければならなかったのである。なぜなのだろうか？

昔の漁船などには、舳先《へさき》のところに海に突き出すような形で女人像がついていた。嵐や不測の事故から船を守ってもらおう、というわけである。海の荒くれ男たちは、男では頼りにならない、女性にこそ自分たちを守ってほしいと思ったのである。

革命期の男たちにも、同じような心理状況があった。現実的には革命に女性を関与させないようにした。でも、その一方では、女性を崇拝したい、女性の前にひれ伏したい、という気持ちもあった。ここが、男心の複雑なところである。

現実社会においては女性を自分と同等の存在とは認めない、しかし、個人的、内面的には女性を崇拝したい、この二つの気持ちがなんの矛盾もなく共存していた。実は、女性を崇拝したいという気持ちは太古の昔から男にはあったのだが（古代文明の遺跡から母性崇拝に使用されたとみられる偶像が発掘されている）、革命期の男たちの「女性を崇《あが》めたてまつりたい」という願望は、「女性は家庭内の聖なる存在であってほしい」という願望と表裏一体のものだった。実際、フランス革命をへて成立する近代社会においては「男は外に、女は内に」という男女分業が理想とされる。二十世紀後半になって、この

(左)
自由を象徴する女性（1792年）

(下)『民衆を導く自由の女神』
ドラクロワ画
このドラクロワの絵は1830年の七月革命を描いたものだが、中央の女性は実在の人間ではない。「自由の象徴は女性」というフランス革命以来の伝統がここにも受け継がれているのである。

男女分業の原則がはっきりと崩れ始め、現在に至っている。

自由の女神に話を戻そう。革命期の男たちにとって、自由の神像が男性像であったのでは、それはありがたくもなんともなく、とうていその前にひれ伏したいという気にはならなかったであろう。この伝統はその後も受け継がれ、アメリカに自由の神像をプレゼントしようということになったとき、制作者にとってそれが女神像であるのは当然すぎるほど当然のこと、男神像にすることなど頭をかすめさえしなかったことだろう。

そういうわけで、あのニューヨークの自由の女神は女性なのである。

第五章　恐怖政治——革命政府の暗黒面

ジャコバン革命政府に課された使命は、国内の反革命勢力と闘いつつ対外戦争を勝ち抜き、革命を守り、推し進めることであった。これは、とてつもなく難しいことだった。パリの民衆運動の突き上げに対処しながら国民公会内の保守的議員たちの賛同も得なければならなかった。「ジャコバン派独裁」とはいっても、結局は議会主義（多数決）の範囲内でのことなのである。

前章の終わりで見たサン＝ジュストの言葉に象徴されるように、ジャコバン革命政府の時代は、ある種、夢のある時代だったが、困難な内外情勢の中で政策を推進するための強制手段となったのが恐怖政治であり、これが革命政府の暗黒面であった。

恐怖政治など、なかったほうがいいに決まっている。フランス革命は《自由と平等》の理想を掲げて開始されたのであり、本来、人間生きてこその革命であったはずだ。しかし、激動の時代に流血はつきもの、というのが歴史の宿命のようだ。

恐怖政治は、もともとは民衆の要求によるものだった。民衆は、長い間、貧しくも苦しい生活を強いられてきた。自分たちが不当な扱いを受けてきたことに対して血の代償を求めていた。民衆は、革命前の旧体制社会で自分たちを虐げていた貴族階級、革命後の混乱に乗じて買い占め・投機などで肥え太ってきた富裕層をとくに憎んでいた。こうした憎しみには、強制的・暴力的手段によって悪を懲《こ》らしめるのだという正義感もともなっていて、これは下層社会の人々の伝統的心性だったと、F・ヒュレとD・リッシェは『フランス革命』の中で指摘している。

ロベスピエールは本来「合法性の人」であり、できる限りは民衆の動きを抑えようとしてきたのだが、ついにはこうした民衆の要求にのり、恐怖政治を推進することになったのは、反革命勢力の抵抗があまりにも頑強なものであったので、これに苛立った結果だった。

ジャコバン政府の指導者たちは、不純分子たる反革命派を物理的に排除することによって革命を遂行しようとした。しかし、必ずしも反革命派とは言えない人々、かつて革命に貢献した人々、さらには、現に革命を支えている人々をも多数巻き込んでしまうことになった。そして、恐怖政治の行き過ぎによって革命自体が自発的活力を失い、ジャコバン革命政府が自滅することにもなってしまう。

1　恐怖政治の始まり

美徳と恐怖政治

革命初期、国会で新しい処刑方法について論議されていた頃にロベスピエールが死刑制度廃止を提案したことには前にふれた。このとき、ロベスピエールは次のように演説していた。

「私は次の二点について証明したい。①死刑は本質的に正義に反する②死刑は犯罪抑止効果がいちばん高い刑罰ではなく、犯罪を抑止するよりも犯罪を増大させる効果のほうがずっと大きい……。社会が断罪する被告人は、社会にとってせいぜいのところ、打ち負かされた無力な敵でしかない。被告人は、大人を前にした子供以上に、社会に対して弱い存在である。それゆえに、真実と正義の目には、社会が大がかりな装置を使って命じる死の光景は卑怯《ひきょう》な殺人でしかないし、個人によってではなく、国民全体によって合法的な装いのもとに犯される重々しい犯罪でしかない」

そのロベスピエールも、一七九四年二月五日にはこう言うようになっていた。

「平和時における人民政府の原動力は美徳であるが、革命時における人民政府の原動力は美徳と恐怖政治の二つである。美徳なき恐怖政治は忌《い》むべきものである。恐怖政治なき美徳は無力である。恐怖政治とは、迅速にして厳しく揺るぎない正義にほかならない。それゆえに、恐怖政治は美徳の発露である」

ロベスピエールが言う「美徳」とは、「祖国と法を愛すること」「個人的に無欲であること」「全体的利益に奉仕すること」「場合によっては自分を犠牲にすること」を意味していた。

「不道徳なものは非政治的であり、背徳的なものは反革命的である」と考えるロベスピエールにとって「美徳」は政治用語でもあり、共和国の根本的原理となるべきものだった。ロベスピエールは、「美徳」によって社会を浄化することをめざしたわけである。人間は金、権力、物欲、世間体に流されがちなものなのだから、理想社会を建設するにはなんらかの強制手段が必要だとしても、恐怖政治に頼ったのは間違いだった。しかし、最初から恐怖政治に頼ったわけではない。ロベスピエールにとって恐怖政治が最後のぎりぎりの選択であったことはたしかである。

この二月五日の演説は非常に長く、前半部では内政上の倫理的原則について厳密な論理で語られているのだが、後半部は論旨が乱れている。そこからひしひしと痛ましくも感じ取れるのは、ロベスピエールが至るところに敵の気配を感じていた、ということである。政府職員の中に、国民公会議員の中に、民衆運動の活動家の中に、ロベスピエールは敵の気配を察知し、外国の手先、スパイの影を見ていた。当面の政敵を外国の手先と決めつける論法は誠実さを欠いているように思われるが、それは、革命を取り巻く状況が非常に厳しかったという事情を反映している。革命の行く末への心労のために、そして、日々の実際的激務のために、ロベスピエールは疲れ、神経過敏状態に陥り、疑心暗鬼になっていたに違いない。このゆえにこそ、ロベスピエールは恐怖政治から抜け出ることができなかった、と思われるのである。

革命裁判所

恐怖政治が始まるのは一七九三年秋からである。その要となるのが革命裁判所であった。革命裁判所が設立されたのは、この半年前、一七九三年三月十日である。

この頃、ベルギーとオランダで敗北が続き、反革命の徒に対するパリの民衆の苛立ちが高まっていた。革命指導者たちは、一七九二年に民衆が牢獄内の囚人を大勢殺害した「九月虐殺事件」の再来を恐れ、反革命の輩《やから》を合法的に裁くことによって、民衆の暴発を抑えようとした。そのためには、裁判を迅速に行なう特別法廷が必要だった。

九三年三月九日の国会での論議に革命指導者たちの危機感がよく現われている。バンタボルという議員は次のように言っている。

「裏切り者と陰謀屋は罰せられるべきであるのに、共和国には真の裁判が存在しないことに市民たちは気づいている。市民たちが前線に出発するのを嫌がっているのは、ただこの理由からだけだとみんなが言っていた。前線に赴こうとしている市民たちは、確実に信頼できるような法廷を求めている。こうした法廷は必要不可欠である……。もし国民公会がこれを設置しなければ、よき市民たちの気持ちを逆撫《さかな》ですることになろう」

ジロンド派は、独裁につながりかねないとして革命裁判所の設置に反対した。

ダントンが次のように演説して国会の趨勢《すうせい》を決めた。

「われわれの前任者たちの誤りを教訓として活かそう。立法議会が行なわなかったことをやろう。民衆が恐るべき存在とならないようにするために、われわれが恐るべき存在になろう」

こうして、ほんの数日間の議論で革命裁判所の設置が決定されたのであった。

革命裁判所は「あらゆる反革命的企て、自由、平等、統一、共和国の不可分性、国家の内的および外的安全を脅かすあらゆる行為、王政を復活させようとするあらゆる陰謀」に関わる事件を管轄する特別法廷で、控訴・上告はいっさいなく、ここで下された判決は、即、確定の最終判決であった。

革命防衛のために設置された革命裁判所が、本来の使命を逸脱し、政敵排除にも利用されるようになるのである。

九三年九月五日の民衆蜂起によってジャコバン革命政府の形成が加速化されたのであったが、恐怖政治の態勢が本格的に整えられ始めるのも、この蜂起をきっかけにしてであった。つまり、民衆運動の圧力に屈する形で恐怖政治が始動することになるのである。国会は「最高価格法」とともに「疑わしい者たちに関する法令」も可決せざるを得なかった。「疑わしい者たち」とは、「革命を妨害する者たち」「反革命の輩」という意味だが、定義が曖昧《あいまい》であるためにほとんどだれでも「疑わしい者」とみなし、逮捕することが可能だった。八月までは、革命裁判所で裁かれた二二四人のうち、死刑判決を受けたのは五二人、約四分の一だけだった。九月に革命裁判所の組織が再編強化され、十月から政治的裁判が始まる。九三年の最後の三ヵ月間、十月―十二月に、三九五人の被告中、一七七人に死刑の判決が下される。つまり半数近くと、死刑になる率が倍増するのである。パリの牢獄に収監されていた囚人の数は、八月末には約一五〇〇人であったが、十二月下旬には四五〇〇人を越える。

恐怖政治の最初の犠牲者となったのが王妃マリー゠アントワネットであった。革命指導者たちは、最初のうちはマリー゠アントワネットを外交取引の材料に使おうと思っていた。たとえば、領土と引き換えにマリー゠アントワネットの身柄をオーストリアに返還する、というような。しかし、革命闘争が激化し、ヨーロッパ連合軍との戦いが熾烈化する中で、「王妃を裁判にかけるべきだ」という世論が高まっていった。

マリー゠アントワネットが革命裁判所法廷に召喚されたのは十月十四日であった。

2 「悲劇の王妃」マリー゠アントワネット

ルイ十六世と結婚したとき、マリー＝アントワネットはまだ十五歳にもなっていなかった。この頃、国王ルイ十五世の公式寵姫として宮廷のトップに立っていたのはデュ・バリー夫人だった。マリー＝アントワネットは「あの方の役職は何ですか？」と質問し、困った女官が「国王陛下を楽しませることです」と答えると、マリー＝アントワネットは無邪気にも「まあ、それではあの方は私のライバルですわ」と言ったものだった。天真爛漫《らんまん》にして愛くるしい王太子妃は、単に宮廷の人々だけでなく、国中の人々から大歓迎を受けた。この時点では、マリー＝アントワネットの未来はバラ色に光り輝いていた。

マリー＝アントワネット
（輿入れして間もない頃）

現在のオーストリアは小さな国で大して力もないが、当時は領土の広さ、軍事力、国際的影響力の大きさからいって、今のアメリカ並みの大国だった。この頃は、何よりも「生まれ＝血筋」が重視された時代である。マリー＝アントワネットは高慢不遜《ふそん》な女として憎まれもしたが、大国に君臨する名門中の名門王家に生まれたのだから、揺るぎない矜持《きょうじ》の持ち主だとしても、それも当然のことだった。

マリー＝アントワネットは兄弟たちと一緒に

なって宮殿の庭を息急《いきせ》き切って走り回る元気な子供だったが、もうほんの少女の頃から、ハプスブルク家の皇女にふさわしい気品と威厳が身に備わっていた。しかも、家柄が最高だっただけでなく、艶《つや》やかな白い肌、美しい金髪、ほっそりとした優雅な姿態、愛らしい容貌と、女性としての美点にも恵まれていた。輿入《こしい》れ先がフランス以外の国であったなら、栄耀《えいよう》栄華のうちに生涯を閉じたであろうこと、間違いない。

活発で勝ち気な性格のマリー＝アントワネットにとって、錠前作りという王家の人間らしからぬ趣味を持ち、地味で薄のろめいてさえ見えるブルボン家の王太子は、少女が夢見る白馬の王子様ではまったくなかった。真面目一方の夫と優美な遊びの世界にひたっていたい妻というわけで、二人の結婚には最初から、今で言う性格の不一致があったこと、そして、結婚が七年間成就されなかったためにさらに事態を悪化させたことは、すでに見たとおり。

マリー＝アントワネットはまだ遊びたい盛りの年頃ではあったのだが、若い貴公子たちを引き連れてパリにお忍びで遊びに出かけたり、舞踏会や賭けごとに熱中したりして、遊び好きで浪費家の女として評判をがっくり落とすことになったのには、夫と二人きりで無意味な夜を過ごしたくないという気持ちも絡んでいたから、この点はむしろ同情に値する。母親からの叱責《しっせき》の手紙を手にして、彼女はぽつりともらすのだった──「私は退屈するのが怖いのです」

マリー＝アントワネットの兄がフランスにやってきて直々に手術を受けるようルイ十六世を説得して、やっと一件落着したのであった。彼女が母親に送った手紙は勝利宣言とも言うべきものだった――「私は生涯最高の幸福にひたっています」

翌年には女の子が生まれ、三年後には待望の世継ぎも誕生した。母親になってずっと落ち着きはしたが、取り巻きのために人事に介入することはやめず、世間の評判が好転することもなかった。

結婚当初にマリー＝アントワネットが味わわされた幻滅、これに付随する不都合の数々については、ルイ十六世に責任があった。しかし、これは生活の一部分でしかない。重要な一部分であるにしても。全体的に見れば、ルイ十六世は女性にとっていい夫だった。

王家同士の政略結婚では夫婦の愛情など初めから問題にならないのだが、自分以外の女性にはいっさい興味がないという希有な国王を夫に持ったマリー＝アントワネットの場合は、これまでの歴代王妃たちが味わえなかった幸せな家庭生活も送れていいはずだった。しかし、世の中というものはうまくゆかないもの。これまでは王妃たちは国王が何人もの愛人を持つのをじっと耐えてきたのだが、一人の愛人も持たない国王という世にも珍しい夫を持ったマリー＝アントワネットの場合は、自分のほうが好きな男をつくってしまう。

理想の恋人フェルセン

アクセル・フェルセンはスウェーデンの上流貴族の家に生まれた。十五歳のときに家庭教師とともにヨーロッパ遊学の旅に出て、最後の仕上げにフランスにやってきたのがそもそものきっかけだった。二人が初めて会ったのはマリー＝アントワネットがまだ王太子妃の頃で、ともに十八歳だった。フェルセンはすらりと背の高い好男子で、一見したところは冷たい人間に見えるが「氷の表皮の下に燃えるような魂」を秘めていた、とある女性は言っている。

おそらくは、最初に会ったこのときから、マリー＝アントワネットは北欧の貴公子に心惹かれるものを感じたに違いない。というのは、このすぐ後にパリのオペラ座で行なわれた仮面舞踏会では、マリー＝アントワネットのほうからフェルセンに近づいてきたからである。仮面をした若い女性としばらくの間冗談を言って戯れあったのだが、王太子妃だとわかったのは、後になってからだった。王太子妃から特別の関心を示されたことによってフェルセンの心に情熱が芽生え、歴史家ルノートルの言葉を借りれば、「この晩が彼の一生を決めた」のであった。

とはいっても、二人の間に急速に恋の炎が燃え上がるということはなく、その進展ぶりは遅々たるものだった。次に二人が会うのは四年後のことというふうに、二人が長期間にわたって会わない時期も何度かある。フランスに滞在している間はフェルセンはヴェルサイユ宮殿に足しげく通い、マリー＝アントワネットとの仲が噂にもなった。一七八五年に誕生したルイ十六世の次男ルイ＝シャルルはフェルセンの子ではないかと言われたほどだ。

フェルセンはひたすら目立つまいとする非常に慎み深い男だった。同時代人のサン＝プリエストは「こうしてたびたび会っていたことは世間的にはスキャンダルになったが、寵臣の態度はつつましく節度あるもので、外面的にはなんら変わった点はなく、王妃のすべての友人の中でいちばん控え目だった」と書き残している。フェルセンはルイ十六世によってスウェーデン近衛連隊の連隊長（大佐）に任命されたが、これにはマリー＝アントワネットの後押しがあった。

革命勃発後、マリー＝アントワネットが友人と信頼していた人々は革命に恐れをなして次々に去っていったが、フェルセンは残った。妹に宛てた手紙にフェルセンは「私は時々友人（王妃のことですが）に会っています。会うのは王妃の居室で、いつでも自由に行けます……。その行動、勇気、心根からいって、彼女は天使です……。私といるとき、彼女はしょっちゅう泣きます。愛さずにはいられないことがおわかりでしょう」と書いている。

「ヴァレンヌ逃亡事件」に際しては、馬車の用意、逃走ルートの設定、ブイエ将軍との協議など、お膳立《ぜんだ》てはすべてフェルセンがした。チュイルリー宮殿から国王一家脱出の手引きをし、途中まではフェルセンが馬車を駆った。このときほどマリー＝アントワネットと「運命をともにしている」とフェルセンが感じたことはなかったろう。

マリー＝アントワネットにとってフェルセンは、革命前、なんの屈託もなく遊びの世界にひたっていた楽しい時代を想起させてくれる人間でもあり、革命後の苦しい時代にもっとも自分のために尽くしてくれた人間でもあった。フェルセンは若い頃は人並みにアヴァンチュールを楽しんだし、結婚話も何度かあったが、生涯独身を通した。もちろん、マリー＝アントワネットへの思いのためである。

二人が相思相愛の恋人同士であったことは間違いないが、それが精神的なものに終始したのか、最後の一線を越えたのかとなると、微妙である。二人の関係はあくまでもプラトニックなものだったと主張する人もいれば、ツヴァイクのように、間違いなく愛人関係にあったと断言する人もいる。要するに、決め手はない、ということである。

革命前の上流貴族社会では既婚女性がかなり自由に恋愛することが許容されていたが、王妃となれば話は別である。次期国王の「血の正統性」に疑問が生じるからである。普通は、王妃は常時大勢の侍女にかしずかれているので、密会しようにもその機会を見つけるのは難しいし、最初からそういうことは考えない。宮廷の仕来りなどよりも自分の考え、自分の感情を優先させるマリー＝アントワネットにして「プラトニックか否か」という問題が生じるのであり、とても彼女らしいことだ。

革命との対決

フランス革命は、マリー＝アントワネットにとって、何よりも現実との出会いだった。それまで優美な遊びの世界に耽溺《たんでき》してきたマリー＝アントワネットは、王権の権威が危機に瀕したとき、敢然として革命に立ち向かおうとする。その姿は健気《けなげ》であり、ここにハプスブルク家の王者の血がよみがえったのであった。

ルイ十六世は改革派の国王だったから、革命に対して強硬策を取ることに迷いがあったが、マリー＝アントワネットにはそのような迷いはなかった。彼女にとっては、革命は絶対的悪だった。優柔不断な夫をたきつけて革命に敵対し、「宮廷はマリー＝アントワネットを中心に動いていた」とさえ言われたほどだが、しかし、王権の権威を守ろうとして彼女が打ち出す策によって、王家の立場はますます悪くなるのだった。マリー＝アントワネットは一冊の本も最後まで読み通したことがないと言われている。軽薄で、ものごとを深く考えるということをしない彼女は、もともとが政治には不向きだった。彼女の方針は、革命の状況についての緻密《ちみつ》な分析から出るのではなく、革命に対する恐怖と憎悪、フランスは自分たちのものであり、一般の国民が口出しするなどもってのほか、王権は神聖にして侵すべからずという固定観念から出てくるのであった。

フランス革命は、「国は王家のもの」から「国は国民のもの」へと原理が切り替わる世界史的な大転換期に起こった。国は王家の私有財産のようなものという感覚の中で育ったマリー＝アントワネットにとっては、自分たちの行動を制約しようとする革命家たちはとんでもない悪党と思われたのも無理はない。革命家たちから見れば反革命の犯罪でも、王家の威信を守ろうとしたのは彼女にとっては当然の正義の行為だった。オーストリアに軍事機密を流したのも、新しい革命の世では「国家反逆罪」だが、彼女にしてみれば、嫁入り先で困ったために実家に援助を求めたにすぎない。ジロンド派と手を組むのが王権生き残りの最後のチャンスだったが、ジロンド派が差しのべてきた手をにべもなくはねつけてしまった。王家が破局寸前に追い込まれていることに気がつかなかったのだろうが。

王政が倒壊して、マリー＝アントワネットは家族とともにタンプル塔に幽閉された。ルイ十六世は外面的にはかっこいい男ではなかったし、優雅にダンスが踊れるわけでもなかったから、舞踏会や宴会に明け暮れ、軽妙な会話が飛び交い、笑いさざめく宮廷生活の中では、影が薄くなるのはやむを得なかった。しかし、ルイ十六世にはすぐれた精神的資質、包容力、やさしさがあった。夫を軽んじ続けてきたマリー＝アントワネットがこれに気づき、ルイ十六世を真剣に愛するようになるのは、何もかも失ってタンプル塔に幽閉された後のことであり、結婚して二十年以上もたっていた。

それでも、ルイ十六世は最後の最後になって、やっと妻に愛されるようになったという喜びを感じることができた。自分が長い間愛されてこなかったこと、妻がフェルセンに心を寄せていたことをルイ十六世は知っていた。こういう場合、夫たるもの、普通はどういう態度をとるものだろうか？　ルイ十六世はどこまでもやさしい夫だった。自分は間もなく死ぬというときに、妻が過去の行動を後悔しはしまいかと気づかったのである。遺言書の中で、自分が感じさせたであろう悲しみについて妻に許しを求めた後、「もし彼女が自分になんらかの落ち度があったと思うようなことがあれば、私が彼女に対してなんの不満も抱いていないということを確信してもらいたい」と書いている。

終の住処

一七九三年八月一日に、マリー＝アントワネットはタンプル塔からコンシエルジュリに身柄を移された。コンシエルジュリは革命裁判所付属の監獄である。一七九四年七月のテルミドールのクーデターまでに、ここから約二八〇〇人が断頭台に送られることになる。この恐るべき監獄が、栄耀栄華の生涯を送るはずだったマリー＝アントワネットの終《つい》の住処《すみか》であった。

王政が倒壊してから、マリー＝アントワネットはほぼまるまる一年間、タンプル塔に収監されてきた。一七九三年一月にルイ十六世が処刑された直後から、マリー＝アントワネットも裁判にかけるべきだという声はあったが、それはけっして多数意見ではなかった。九三年八月のこの時期にコンシエルジュリに移送されることになったのは、まず第一に、諸外国を牽制《けんせい》するためだった。

九三年の夏、フランス軍はヨーロッパ連合軍に押され気味だった。北部戦線でも東部戦線でも敗北があい次いでいた。七月二十八日、北の国境の要、ヴァランシエンヌが陥落した。ヴァランシエンヌからパリまでの間には要塞はなく、これでヨーロッパ連合軍にとってはパリまでのルートががらあきになった。マリー＝アントワネットの忠実な恋人フェルセンはベルギーでパリ進撃計画を温めていた――「われわれの前には軍隊はなく、すべての穀倉が食糧でいっぱいだ」と。一挙にパリに攻め寄せて王妃を救出しようというのだった。

国民公会が八月一日にマリー＝アントワネットを革命裁判所に送付することを決議したのは、こうした動きを牽制するためだった。つまり、「いい気になっていると、王妃の命はないぞ」という脅しである。しかし、革命政府の本音は、前王妃の裁判が近いと諸外国に思わせておいてこれを外交交渉のきっかけにし、前王妃の身柄と引き換えになんらかの有利な譲歩を勝ち取りたい、ということだった。

七月に息子ルイ＝シャルルと引き離され、タンプル塔では娘マリー＝テレーズと義妹エリザベトと暮らしていた。意外なことにコンシエルジュリのほうがタンプル塔よりも監視がゆるかったので、王家に忠実な人々によって何度か救出も計画されたが、すべて失敗に終わった。

マリー＝アントワネットはコンシエルジュリに二カ月半とどまることになったが、それは、前王妃を外交交渉の手段に使おうという思惑も依然として革命政府内にあったからだった。しかし、相手側に交渉に乗ってきそうな様子がないままに時間が経過し、恐怖政治が始まろうとする時期に行き当たってしまった。

裁判が開始されたのは十月十四日だった。

王妃としての政治的罪のほかに、息子といかがわしい行為にふけったなどという、聞くに耐えない非難も受けた。マリー＝アントワネットは、そんな話が母親にとってどんなに大きな侮辱であるかを法廷内の女性たちに訴えかけた。

「一人の母親に対してなされたそのような非難にお答えすることは自然に反します。私は、ここにいるすべての女性たちに証人になっていただきたいと思います」

王妃に対して憎しみしか抱いていない女性たちも、この訴えには心を動かされた。

裁判は二日間にわたって行なわれ、十六日の午前四時過ぎ、死刑の判決が言い渡された。

いったん独房に戻されたマリー＝アントワネットにはもう数時間の命しか残されていなかっ

たが、少しも取り乱したところがなかった。

　もともと健康状態が非常に悪く、出血にも悩まされていた彼女にとって、徹夜の裁判がどんなに身にこたえたことだろう。気が遠くなりそうなほどに疲れていたが、最後の力をふりしぼって義妹エリザベトに長い手紙を書いた。マリー＝アントワネットには実の兄弟姉たちもいたのに、なぜ、遺書ともいうべき手紙を託す相手が義妹だったのだろうか？　実の兄弟たちは自分たちの利害にばかり汲々《きゅうきゅう》として、私たち家族のためには何もしてくれなかった。それに引き換え、エリザベトは苦労をともにしてくれた。そういう思いから、最後の手紙をエリザベト宛に書くことになったのだろう。

「妹よ、私が最後に手紙を書くのは、あなたに対してです。今、死刑の判決を受けたところですが、これは恥ずべきものではありません。死刑は、罪人にとってのみ恥ずべきものなのですから。私の場合は、あなたのお兄さまと一緒になるように宣告されたのです。お兄さまと同じく私は無実ですから、最期のときにおいても、お兄さまと同じ確固とした態度を示したいと思っています。良心に何も恥じることがないときに人がそうであるように、私は平静な気持ちです。かわいそうな子供たちを打ち捨てていくことが心残りでなりません。あなたもご存知のように、私がなんとか生きてこられたのは子供たちがいたからこそですし、善良でやさしい妹、あなたがいてくれたからです。あなたは友情ゆえに私たちと一緒にいるためにすべてを犠牲にしてくれました……」

必死の思いで書きつづったこの手紙も、裁判所によって留め置かれ、エリザベトに届くことはなかった。

何を着て処刑場へ行くかが最後の問題だった。ヴェルサイユ宮殿で暮らしていた頃は目にも目映《まばゆ》い豪華なドレスをあり余るほど持っていたマリー＝アントワネットだが、このときは白と黒の二着の粗末な服しかなかった。白いほうを着たかったが裾《すそ》がほつれていたので、かがらなければならなかった。

こうして、マリー＝アントワネットは、かつて八頭立ての煌《きら》びやかな馬車に乗って通ったパリの街を粗末な荷車に後ろ手に縛られて乗せられ、人々の罵りと呪《のろ》いの言葉を浴びつつ、処刑場へと引かれていった。その姿は画家ダヴィッドのデッサンによって今日に伝えられている。美しかった金髪は真っ白になっていたし、眼には不眠を物語る隈《くま》があった。かつての美貌の面影はまったくなく、まだ三十八歳だというのに老婆のように老け込み、やつれはてていた。

しかし、処刑台の上でも最後まで王妃としての威厳を失わなかった。しっかりとした足取りでギロチンに歩み寄ったとき、少し急いだために死刑執行人の足を踏んでしまった。「ごめんなさい。わざとじゃございませんのよ」とマリー＝アントワネットは申し訳なさそうな様子であやまった。それから、周囲をもう一度見回した。「さようなら、子供たち。あなたたちのお父さんのところに行きます」が、最後の言葉だった。

マリー＝アントワネットは革命に遭遇したために一国の王妃から一介の死刑囚になったが、そうした人間ドラマを生きたことによってある種の偉大さを得た。「不幸のうちに初めて人は、自分が何者であるかを本当に知るものです」という言葉は、革命前、安穏軽薄に暮らしていた頃のマリー＝アントワネットにはけっして口にし得ない言葉である。マリー＝アントワネットは今日、非常に大きな人気を誇っているが、革命がなければ、単にわがままで遊び好きな王妃というにすぎず、二百年後の今もなおヒロインとして輝き続けることはなかっただろう。革命のおかげでわれわれには窺《うかが》いしれないような苦悩を味わいもしたが、「悲劇の王妃」となったことによって、マリー＝アントワネットは歴史の主役としての栄光を手にしたのでもあった。

3　断頭台に消えた女性たち

恐怖政治の犠牲になった人々の中には、それが死刑に相当する犯罪かどうかは別にして、明らかに重大な罪を犯した者たちももちろんいた。けれども、ほとんど、あるいは、まったくなんの罪もない人、革命に大きな貢献をした人やすぐれた学者・科学者も数多く犠牲になった。たとえば、革命初期に活躍した革命家バルナーヴ、今でも学校の教科書に登場する化学者ラヴォワジエも革命裁判所で死刑の判決を受けて処刑された。

ここでは、断頭台の露と消えた何人かの女性を紹介したいと思う。

テルミドールのクーデターまでに処刑された約二八〇〇人の中には、三百数十名の女性が含まれていた。フランス革命は、選挙権をはじめとして女性には政治的権利をいっさい認めなかった。革命指導者たちにとっては、女性は政治的には未成年者同然だった。それならば、政治的罪に関しても女性を未成年者扱いにするべきで、罪に問うべきではなかった。フランス革命が女性の政治的罪を問題にしたこと自体が極めて不当なことだったと私は思う。

ロラン夫人

「ジロンド派の女王」と言われたロラン夫人が革命裁判所法廷に出廷したのは、マリー＝アントワネットの処刑の三週間後であった。

ロラン夫人は生粋のパリジェンヌであり、パリの中心、シテ島で生まれ育った。革命裁判所が置かれたコンシエルジュリの建物もシテ島にあり、生家から近かったから、裁判所の建物自体は子供の頃から見慣れたものだった。

ロラン夫人は少女時代からローマの古代共和国に強い憧れを抱き続けてきた。王様の行列に群がって歓声を上げている貧しい民衆の姿を見ては「みんな王様の豪華な装いに喜んでいるが、それももとはといえば、自分たちが食うものも食わずに支払ったものではないか」と思ったりした。二十歳のとき、ヴェルサイユ宮殿で働いている知人を頼って一週間ヴェルサイユ宮殿に滞在したことがあったが、宮廷人のもったいぶった振る舞い、平民である自分を見下した態度に、非常に腹立たしい思いをさせられた。王太子妃から王妃になって間もないマリー＝アントワネットが華美なドレスに身を包み、大勢の侍女にかしずかれているのを遠くから見守りつつ、我が身の服装が質素なことを思ったことだろう。ロラン夫人はマリー＝アントワネットより一つ年上だった。

今でこそ、ロラン夫人とマリー＝アントワネットとでは知名度においても人気においても格段の差があるが、革命当時はロラン夫人はマリー＝アントワネットと同じくらい有名だった。ロラン夫人は彫金師の娘である。それが、一七九二年八月の王政倒壊の頃には内務大臣の妻として王妃に対抗する女性になっていた。一介の小市民の家に生まれたロラン夫人が王妃と比較されるような地位にまで登りつめたこと、さらには王妃を凌駕《りょうが》するような勢いさえ見せたことは、新しい革命の時代を象徴する出来事だった。

ジロンド派の事実上の指導者として革命の動向にも大きな影響力を持っていた頃は、一時期、少女時代からの夢がかなえられたように思えたこともあった。しかし、革命が急激に先鋭化する中でジロンド派の失墜と運命をともにし、逮捕されてしまった。

獄中では、ロラン夫人は大半の時間を『回想録』の執筆にあてた。現実の革命にはもはや何事も期待できない以上、後世に自分たちの正しさを訴えるしかなかった。思えば、革命が勃発して以来のこの四年間、変転きわまりない年月だった。この四年間で五十年分も生きた気がする。後悔することは何もない。しかし、ジロンド派の指導者たちに着せられた汚名は晴らしておかねばならない……。革命はしかるべき教養を備えた人々の手にゆだねられるべきものであって、ジャコバン派の指導者たちが無知でがさつな民衆を革命に引き入れたのは「規則違反」なのであった。『回想録』には、二十歳年上の夫との生活が破綻に瀕していたこと、革命運動の中で意中の人を見つけたことなども書かれている。

ジロンド派の国会議員二一名の裁判は十月二十四日に始まり、三十日の深夜に「共和国の壊滅をはかった」として全員に死刑の判決が下された。翌日、処刑場に連行された彼らは革命歌を合唱し、一人、そしてもう一人と処刑されるごとに歌声は小さくなっていった。

十一月八日、革命裁判所はロラン夫人にも死刑の判決を下した。もとより覚悟していたことではあった。裁判長は言う、「共和国の統一・不可分性、フランス国民の自由と安全に対

革命裁判所法廷

する恐るべき陰謀が存在した」と。死刑判決が出れば、即日処刑されるのが普通だった。

沿道を埋める群衆からは絶え間なしに口汚い罵りの言葉が投げつけられた。一緒に馬車に乗っていた死刑執行人サンソンによれば、「王妃も、シャルロット・コルデも、ジロンド派議員たちも、ロラン夫人ほど民衆の怒りの対象にはならなかった」という。

ロラン夫人には死の道連れが一人いた。造幣局の役人で、紙幣偽造の罪を犯したラマルシュという男だった。ロラン夫人が口元に静かな微笑みさえ浮かべていたのとは対照的に、ラマルシュは死の恐怖に打ちのめされていた。憔悴《しょうすい》しきって一見老人かとも思われるこの男はまだ三十五歳でしかなかった。その様子を見かねて、ロラン夫人は励ましの言葉をかけてやっていた。

処刑場の革命広場に着くと、ロラン夫人は「あなたは私が処刑されるのを見るのに耐えられないでしょうから」と言って、ラマルシュに先に処刑台に上るようにすすめた。サンソンが「それは命令とは違う」と異議を差しはさもうとすると、ロラン夫人はにっこり笑いながら言った。

「女の最後の願いだというのに、拒むなんてことがおできになれまして」

処刑台の脇のところに、大きな自由の女神像があった。台に上がれば、嫌でも目に飛び込んでくる。

「自由よ、汝《なんじ》の名において、なんと多くの罪が犯されたことか！」

死に臨んで、ロラン夫人はこう叫んだと伝えられている。

この時期、死に際が立派な人は珍しくなかったが、そうした中にあっても、彼女の最期はなおひときわ見事なものとして人々に強烈な印象を残したのであった。

オランプ・ド・グージュ

ロラン夫人が処刑される五日前の一七九三年十一月三日に、オランプ・ド・グージュという女性が断頭台に上っていた。

女性たちの働きは非常に大きく、女性たちの協力がなければフランス革命は成功しなかっただろうと思われるほどだということにはすでに何度もふれたが、女性たちは身を挺《てい》して革命のために働いただけでなく、女性独自の主張もしていた。前に紹介した「男装の麗人」テロワーニュ・ド・メリクールは、武器を取って戦うことが女性の解放につながると考えていた。『人権宣言』に対抗して一七九一年九月に『女性の権利宣言』を発表したオランプ・ド・グージュは、もっとも強硬な女権論者だった。

彼女は『女性の権利宣言』の第一条で

「女性は自由なものとして生まれ、権利において男性と平等である」

と述べているが、これは『人権宣言』の第一条

「人間は自由なものとして生まれ、権利において平等である」

という条文に含まれている「人間homme《オム》」という言葉の曖昧さに楔《くさび》を打ち込んだものだった。hommeという言葉には、「人間」という意味と「男」という意味がある。したがって、「人権宣言」は「男権宣言」と読み替えることも可能だった。

また第十条では「女性は処刑台に上る権利を有している。それゆえに、女性は同様に、演壇に登る権利も有しているはずである」と彼女は言っている。要は「女性にだって発言する権利はある」と言いたいのだが、女性の政治活動を容認しない社会的風潮があったため、それへの反発からこういう言い方になるのである。ロラン夫人が「古き良き女」でもあらねば

ならないという規制を自分に課したのも、こうした風潮のためだった。

オランプ・ド・グージュは、女性は『人権宣言』から除外されているのではないかと危惧《きぐ》したわけだが、一七九三年十月三十日に革命政府は女性の政治クラブを禁止し、女性を革命の表舞台から追い払う措置を取ったから、彼女の危惧は正しかった。「人間の自由と平等」を謳いながら、女性には政治的権利はいっさい認めないというのは、フランス革命のもっとも大きな矛盾の一つである。

強硬な女権論者であるオランプ・ド・グージュは、しかしながら、政治的には穏健派で王党派に近かった。政治的に王党派寄りか過激派寄りかということと、女性の権利を強く主張するかどうかということは、別なのである。『女性の権利宣言』も、王妃マリー＝アントワネットにささげられていた。

オランプ・ド・グージュは気性が激しいために敵も多かったのだが、いつでも弱い者の味方をするやさしい女性でもあった。ジャコバン派とジロンド派の抗争の際は追いつめられたジロンド派を擁護し、ルイ十六世が裁判にかけられた際は弁護人を買って出ようとした。この頃は、王党派であるというだけで立派な犯罪だった。刑死することになった直接の原因も、王党派の嫌疑をかけられたためだった。

デュ・バリー夫人

デュ・バリー夫人は、ルイ十五世の最後の公式寵姫であった女性である。ルイ十六世は公式寵姫を持たず、革命後に公式寵姫制度が復活することもなかったから、デュ・バリー夫人は史上最後の公式寵姫でもある。

死刑執行人シャルル－アンリ・サンソンには、若い頃、伊達男として鳴らし、名前と身分を秘してアヴァンチュールを重ねていた時期があった。デュ・バリー夫人は、その頃に付き合った女性の一人だった。デュ・バリー夫人はまだジャンヌ・ベキュという名前の、下町のお針子にすぎなかった。その後、高級娼婦の時期をへてデュ・バリー伯爵という田舎貴族と形式上の結婚をし、伯爵夫人としてヴェルサイユ宮殿に上がり、ルイ十五世の公式寵姫となった。

ルイ十五世の死後は、デュ・バリー夫人はパリ郊外の田舎の城館に引きこもって静かに暮らしていた。何事もなければ、二十年も前の国王の愛人のことなど、だれもとくに気にかけもしなかっただろう。泥棒に入られて宝石を盗まれたため、警察による捜査が始まり、彼女の身辺が慌ただしくなった。デュ・バリー夫人は何度かロンドンに出かけていた。このため、イギリスに亡命中の王党派と連絡を取り合っているという嫌疑をかけられ、革命裁判所で死刑の判決を下されたのであった。

デュ・バリー夫人が処刑台に上ったのは一七九三年十二月だった。こうして、サンソンは思いがけずもかつての恋人と数十年ぶりに再会することになった。

デュ・バリー夫人は処刑台の上で取り乱し、泣きわめいた。「もう少しだけ待ってください。お願いです！」と泣き叫びながら、とても女性とは思えないような力でサンソンの助手たちに抵抗した。

恐怖政治期に処刑台の上で見苦しく取り乱したのは、このデュ・バリー夫人ぐらいのものだった。不当な判決が多かったというのに、ほとんどの人は従容《しょうよう》として死んでいった。とくに、革命家として名を馳せた人々は、自分は人生を燃焼しつくした、もはやこの世にはなんの未練もない、といったふうだった。

みんながデュ・バリー夫人のように、泣き叫び、身をもがき、命乞いをすればよかったのだ、とサンソンには思われた。そうすれば、人々もことの重大さに気づき、恐怖政治ももっと早く終わっていたのではないだろうか――「ギロチンも、それほど長続きはしなかったことであろうに」とサンソンは『日誌』に書き記している。

王妹エリザベト

ルイ十六世の妹エリザベトは、すっかりマリー＝アントワネットの陰に隠れ、日本ではほとんど知られていないが、なかなか魅力のある女性である。

エリザベトはマリー＝アントワネットより九歳年下で、革命が勃発したとき二十五歳だった。二人とも恐怖政治期に断頭台の露と消えることになったが、王家の人間が処刑されるなどということがまだだれの頭もかすめることさえなかった一七八九年四月、死刑執行人サンソンは国王に拝謁した帰りにヴェルサイユ宮殿内で偶然、王妃と王妹の姿を目にした。もちろん、サンソン自身にとっても、数年後に自分が二人を手にかけることになるなど、想像すらし得ないことだった。豪華絢爛《けんらん》たる装いをしたマリー＝アントワネットにはあたりを圧する威厳があった、エリザベトは身なりはずっと質素だがその整った容貌からは天使のような善良さがただよい出ていた、ということだが、このときサンソンが案内人にもらした次の言葉が二人の人となりの違いをよく言い表わしているように思われる――「どちらがより尊厳さにあふれているかはわかりませんが、王妃様がこの地上最高のプリンセスのようなご様子だとすれば、妹君は天上のプリンセスというご様子ですね」

なにかと評判が悪かったマリー＝アントワネットとは違って、エリザベトは生活ぶりが堅実で非常に信仰心の厚い女性だった。毎日のお祈りも、並の修道女以上に熱心だった。人柄が温かく、ヴェルサイユの近くの村に自分の領地を持っていたのだが、領地でとれる野菜や牛乳を村人たちに配っていた。「牛乳は小さな子供たちのものです。全員に配り終えないうちは、とても飲む気になれません」と言っていた。

エリザベト王女については、「天使のような女性だった」という証言がいくつも残されている。一見したところはおとなしそうでいかにもやさしい女性に見えるのだが、乗馬と狩猟が好きなスポーツウーマンでもあり、芯は強く、気丈でしっかり者だった。

エリザベトは両親に早く死なれ、三歳にして孤児になった。マリー＝アントワネットはまだ十五歳にもならない年齢でヴェルサイユにやってきたのだが、六歳のエリザベトにはずいぶんと頼もしいお姉さんに見えたのではないだろうか。エリザベトは、年が離れた兄夫婦を親のように思って育った。食事も兄夫婦と一緒にとることが多かった。肉親への情愛が深く、五歳年上の姉クロチルドがサルデーニャ王家に嫁入りしたときには、姉との別れを悲しむあまり病気になってしまったほどだった。そんなエリザベトを慰めるのがマリー＝アントワネットの役回りだった。

エリザベトが結婚適齢期になると、いくつもの縁談が舞い込んできた。オーストリア皇太子、ポルトガル王子……。当時は、いったん他国の王家に嫁いでしまうと、もう生涯実家には帰れないのが普通だった。マリー＝アントワネットも、十四歳でウィーンを出てから、二度とふたたび故郷に帰ることはなかった。

エリザベトは、フランスから離れたくなかったし、家族とも別れたくなかった。ある手紙では次のように語っている。

「私はフランス王女なのですから、私が結婚できるのはどこかの国王の息子だけです。そして、国王の息子というものは父親の国に君臨しなければなりません。そうなれば私はフランス人ではなくなりますが、私はいつまでもフランス人でいたいのです。ここ、兄の玉座の足元にとどまり続けるほうが、ほかの玉座に登るよりもましです」

こうして、エリザベトは生涯独身であり続ける道を選んだ。大変人柄のいい女性だったたから、王家以外の家に生まれていれば普通に幸せな結婚もできたことだろう。そして、結婚さえしていれば、革命勃発後に苦労することもなかったのである。

一七九二年八月十日の王政倒壊後、エリザベトは国王一家とともにタンプル塔に幽閉された。

革命に激化の兆しが見えてから、エリザベトは逃げようと思えばいくらでも逃げる機会はあったはずである。現に二人の兄、プロヴァンス伯爵（後のルイ十八世）とアルトワ伯爵（後のシャルル十世）は外国に逃げている。とくにアルトワ伯爵などは、バスチーユ陥落直後に亡命するという気の早さだった。エリザベトは先が読める女性でもあり、王家の運命がかなり過酷なものになるだろうということが、ルイ十六世とマリー＝アントワネット以上によくわかっていた。それでも、ルイ十六世のことが大好きだったエリザベトには、兄一家を放っておいて自分だけが逃げるということができなかったのであった。

タンプル塔では、エリザベトはなにくれとなく兄夫婦一家の世話をした。ルイ十六世とマリー＝アントワネットを慰め励まし、まだ幼い王子と王女の勉強を見てやり、衣類の洗濯や繕いなどもエリザベトがしていた。

マリー＝アントワネットが処刑されて半年後、エリザベトも革命裁判所に召喚された。ルイ十六世とマリー＝アントワネットは戦争中の敵国と連絡を取り合っていたのだから、反逆罪に問うことが可能だった。けれども、そうした宮廷の政治にはいっさい関わりがなく、悪口を言おうにも口実さえ見つからないようなエリザベトに、革命裁判所はいったいどんな罪を問おうというのであろうか？

エリザベトの裁判は一七九四年五月九日に始まった。裁判所は、エリザベトが兄のアルトワ伯爵と手紙のやりとりをしていたことを問題にし、これを反革命的陰謀に加担した証拠とした。アルトワ伯爵はたしかに外国の軍隊と一緒になって革命つぶしに躍起になっていたが、そんなことはエリザベトには関係のないことである。私は裁判記録を読んで、裁判所側の言いがかり的な尋問にもたじろがず、理路整然と果敢に答えるエリザベトの態度に感心させられた。

たとえば、八月十日の王政倒壊の日、チュイルリー宮殿での攻防戦で負傷した守備隊兵士をエリザベトが手当てしたことさえも裁判所側は反革命的犯罪にしようとしたが、これに対してエリザベトは次のように答えている——「私がだれか負傷した人を救護したとすれば、それは、思いやりの気持ちからその人たちの傷に包帯を巻いたにすぎません。怪我をした人たちの苦しみを和らげようとするのに、怪我の理由を知る必要などありませんでした。私はべつに何かいいことをしたと言うつもりはありませんが、これを罪にしようなどというのは信じられないことです」

また、ルイ十六世は暴君だったという非難に対しては「あなた方は兄を暴君と呼んでいますが、もし兄があなた方が言うとおりの人間であったなら、今あなた方がついている席にあなた方はいらっしゃらなかったでしょうし、私があなた方の前に召喚されることもなかったでしょう」と言っている。兄が革命に理解を示したからこそ革命の世になり、あなた方も偉そうにしていられる、兄が暴君であって弾圧に乗り出していたらあなた方もただではすまなかっただろう、という意味である。

結局のところ、国王の妹に生まれたことが罪とされた、と言うほかはない。

翌十日、エリザベトは死刑の判決を受けたが、動揺することもなく、一緒に死刑判決を受けた二十数人の人々を励ましていた。「私たちは古代の殉教者のように信仰を捨てるように強要されているわけではありません。この汚れた世の中と別れるだけなのですから」と言って。エリザベトは死の道連れの中に妊娠している女性がいることに気づき、妊娠を申告するように促した。妊娠中の女性は出産まで刑の執行が猶予される決まりだった。自分が死刑判決を受けた直後だというのに、エリザベトにはそうした周囲の状況に気を配る余裕があった。

エリザベトたちはそのまま即日処刑されたが、妊娠を申し立てた女性は、出産前にテルミドールのクーデターが起こったため、命拾いした。テルミドールのクーデター後は、エリザベトたちに死刑判決を下した革命裁判所側の人々が裁かれることになったが、この裁判の過程で、革命裁判所側が裁判開始前に判決文と死亡証明書を作成して署名まですませていたことが判明した。検事も判事も陪審員たちも、最初から死刑判決を出すことに決め、ただ形式を満たすためにのみ裁判を行なったのであった。エリザベトの機転で助かった女性は、革命裁判所の人々が被告となった裁判に自分の死亡証明書を手にして出廷し、証言した。

エリザベトが処刑された後は、王家の二人の子供だけがタンプル塔に残されることになった。王太子ルイ＝シャルルは九歳、王女マリー＝テレーズ＝シャルロットは十六歳だった。王女は一七九五年十二月に、捕虜になっていたフランスの国会議員数名と引き換えに釈放されて母親の実家であるオーストリア王家に引き取られることになる。問題は王太子の行方である。

王太子は、共和主義教育を施すべく家族から引き離され、靴屋のシモンが養育係に任命されたのだったが、一七九四年一月以降は部屋に一人きりで閉じ込められることになった。窓は厳重に封鎖されて光は入らず、扉は釘付けされてだれも出入りできないようにされ、王太子は差し入れ口から食事を受け取るだけで暗い部屋に放っておかれた。こうした措置が取られたのは王党派による救出を防止しようとしてのことなのだが、テルミドールのクーデターまで、この状態が半年間続いた。クーデター直後に扉をこじ開けて王太子の部屋に入ったとき、人々が見たのは汚れにまみれ、満足に歩くこともできず、白痴同然の受け答えしかできない少年であった。九歳の子供が、だれとも会わず、だれとも話さず、暗闇の中に半年間も閉じ込められていたのである。半年の間に王太子の健康は肉体的にも精神的にも大きくそこなわれていたのであった。早速、改善の措置が取られ、一時期は快方に向かったこともあったのだが、九五年六月八日、容態が急変して死亡した。死因は瘰癧《るいれき》（結核の一種）であった。

王太子の死亡が公表されたが、これで話は終わらない。死亡したのは身代わりの少年だという噂が根強くささやかれ、二百年以上にもわたって「ルイ十七世問題」として論議されることになった。二〇〇〇年四月、研究者グループによって「ＤＮＡ鑑定の結果、タンプル塔で死亡した少年が王太子であることが確認された」という発表がなされ、これでやっと一件落着となった。ただし、この鑑定結果に異議を唱える人たちもいる。

名もなき三人の女性

恐怖政治が始まったとはいっても、最初のうちは月間の処刑者数は数十人程度だった。一七九四年春になると、月間の処刑者数は数百人規模になる。紙幣偽造、敵軍との通謀、サボタージュといった、反革命的犯罪を犯した人ももちろんいたが、ごく些細《ささい》なことや政治的意見の違いが重大な犯罪とされるなど、なにもこんなことで死刑にすることはないと思われる人が多かった。

九四年四月、婦人帽子縫製工クロード＝フランソワーズ・ロワシリエ（四十七歳）は、こうした情況に抗議するポスターをパリの街頭に貼りだした。ただちに逮捕されたこの女性は、尋問に対して「血が流れるのを見るのが耐えられないという以外の動機はありません。こうしたことが国に大きな災いを引き起こすのではないかと心配なのです」と答えている。ポスターの綴《つづ》りは間違いだらけだが、内容は非常に良識あるものだった。

同じ頃、美容師マリー＝マドレーヌ・ヴィロル（二十五歳）、家政婦フェリシテ＝メラニー・エヌフ（二十一歳）の二人も同じ趣旨の文書を書いて逮捕された。この二人は友人同士だったが、二人の文書も綴りは間違いだらけだった。

三人は同じ五月五日に裁判にかけられた。革命裁判所法廷では、ロワシリエは少し弱気になっていたが、二人の若い女性、とくにマリー＝マドレーヌ・ヴィロルの態度は終始一貫、断固としたものだった。過激な言辞を弄する者たちが勝手放題をし、公正さの失われた世の中にはこれ以上住んでいたくはない、「私は自分の存在を犠牲にささげます。生きているのはもう嫌です。私を生から解放してくれる手を祝福します」とまで言っている。三人とも死刑の判決を受け、即日、処刑された。

フランス革命前は、学校に通えるのはごく一部の恵まれた人だけだった。自分の名前が書ける人は人口の三分の一程度だったから、綴りが間違いだらけであっても、文章が書けるだけでも大したものだったのである。だれもが教育を受けられるようになるのは革命以降のことであり、教育の普及もフランス革命の功績の一つである。

今紹介した三人の女性は「隣のおばさん」「隣のお姉さん」といった、ごく普通の人たちである。ロラン夫人やオランプ・ド・グージュも日本ではあまり知られていないが、フランスでは時々関連の本が出る。この三人の場合はフランスにおいても言及されることはほとんどないのだが、果敢に恐怖政治に抗議したこの無名の女性たちには特別の感慨を覚えさせられる。

モナコ公妃テレーズ

テルミドールのクーデターで、恐怖政治は突然終わる。クーデター当日も四五人が処刑されたが、モナコ公妃テレーズもその一人だった。つまり、この女性は恐怖政治の最後の犠牲者なのである。

テレーズはもともとはフランス人で、モナコ公ジョゼフと結婚してモナコ公妃となったのだったが、モナコ公国は一七九三年二月にフランスに併合されたので、またフランス人に戻った（ジョゼフは一八一四年、ふたたび独立を回復したモナコ公国の君主となる）。

テレーズは一七九三年九月に制定された「疑わしい者たちに関する法令」により、パリで逮捕された。夫が外国の反革命軍に加わっていたということはあるが、この頃は逮捕するのに大した理由はいらなかった。彼女は二十六歳、「一人の女性がこれほどの優雅さ、魅力、才気、勇気を兼ね備えた例《ため》しはなかった」という証言が残されている。

長く獄中に留め置かれ、革命裁判所に召喚されたのは九四年七月二十五日だった。死刑の判決を受けたが、テレーズは妊娠中であると申し立てた。「王妹エリザベト」のところでも述べたように、妊娠中の女性は出産まで刑の執行が猶予される決まりだった。

テレーズは妊娠中ではなかった。死刑囚はみな、ギロチンの刃の妨げにならないように髪を短く切られるのだが、髪を死刑執行吏に無様に切られるのを嫌い、自分で切って形見として家族に残したいと思い、妊娠を申し立てたのであった。鋏《はさみ》を借りるわけにもいかなかったので、ガラスの破片を使って髪を切った。勇敢な女性だったから、死を恐れて嘘の申告をしたと思われるのが嫌だった。周囲の人間からも家族からも、そう思われたくはなかった。そこで、髪の用意ができるとすぐに革命裁判所検事総長フーキエ＝タンヴィルに手紙を書き、自分は妊娠していないことを告げた。

なぜ、もう一日、待てなかったのだろう？

毎日何十人もの人が処刑され、ほとんどの人は従容として死んでいったという当時の社会的雰囲気がある。そうした雰囲気にあっては、死を恐れるのは恥ずべきことだった。子供たちに宛てた最後の手紙でも「私が死を一日遅らせたのは、怖かったからではなく、この悲しい遺品を自分で切ってあなた方に渡したかったからです」とわざわざ書いている。

検事総長に手紙を書くのをもう一日待てば、助かっていたのだが……。

処刑場で、モナコ公妃は髪を家族に届けてくれるように死刑執行人のサンソンに頼み、後日、サンソンは約束どおり家族のもとに届けた。一九二六年に出版された『恐怖政治の犠牲になった女性たち』という本には、その髪は「今日もなお、子孫によって大切に守られている」と書かれている。

4　テルミドールのクーデター

恐怖政治は行き過ぎていた

恐怖政治は明らかに行き過ぎていた。恐怖政治は終わらなければならなかった。革命政府自身の手で恐怖政治を終わらせることができればいちばんよかったのだが、そうはならなかった。

テルミドールのクーデターでやっと恐怖政治は終わることになるが、クーデターが起こるのは、一七九四年七月二十七日、革命暦で言うとテルミドール（熱月）九日のことであった。

恐怖政治は、革命を妨害する「不純分子」を排除して革命を推進するために発動された非常手段だった。たしかに、処刑された者たちの中には、なんらかの反革命的犯罪を犯した者もいた。しかし、べつに犯罪を犯したわけでもない人、単に政治的意見が違っていただけの人、ごく些細なことで罪に問うまでもない人等々を多数巻き込んでしまった。

すでに一七九四年春の段階で、恐怖政治は同士討ちの様相を呈していた。

三月下旬から四月初旬にかけて、エベール派とダントン派があい次いで革命裁判所で死刑の判決を受け、処刑された。エベール派は、民衆運動を率いて革命政府に圧力をかけてきたグループである。ダントン派は「寛容派」と呼ばれ、エベール派と対立しつつ、恐怖政治を批判してきた。つまり、ロベスピエールは左派と右派の批判グループを革命から排除したのであった。これで、正面切って反対する者はいなくなり、革命政府の権威がより一段と強化されたかに見えた。

しかし、エベール派もダントン派も、革命運動の中核を担ってきた人々である。当面の政敵ではあっても革命全体で見れば味方であったエベール派とダントン派を排除したことによって、革命政府は中空状態に身を置き、周りを保守的な人々に取り囲まれることになった。とくに、革命の雄ダントンの死は革命にとって大打撃であり、反革命派を喜ばせただけだった。ダントンは処刑当日の四月五日、ロベスピエールに対して「おまえもおれの後に続くことになる」と叫びかけていた。

恐怖政治の行き過ぎから革命の自発性がそこなわれ、革命の勢い自体も下り坂に向かっていた。恐怖政治を推進してきた一人であるサン＝ジュストもこのことに気づき、「革命は凍《い》てついてしまった」と言っていた。

ギロチンに対する人々の感覚が麻痺《まひ》していた。人々は「聖なるギロチン」と呼び、革命にとって障害になるとみなされた者たちをギロチンで処刑することが正義にかなう、と思っていた。「死への狂騒」とでも呼ぶべき、尋常ならざる感覚に取り憑かれていた。夢の中にいるような感じ、目を覚まして初めて自分たちがいかに異常な状態に陥っていたかを悟るといった感じであったろう。そのときには異常さに気づかない。

ロベスピエールは宗教心によって人心の荒廃を食い止め、人々の連帯感を取り戻そうとした。カトリックの神に代わる「至高存在」なるものを提唱するのである。「至高存在」という言葉自体は以前からあり、要するに「神」のことだが、従来のカトリックの神とは別だと言いたいために この言葉を使ったのである。九四年五月七日の演説で、ロベスピエールは次のように語っている。

「たとえ神の存在、霊魂の不滅が夢想にしかすぎなくても、こうしたものはやはり、人間の精神が産み出したあらゆるものの中で、もっともすばらしいものであろう」

ロベスピエールが「至高存在」を持ち出したのは、共和国は「美徳」の上に打ち立てられなければならないという考えの表われだが、さらにさかのぼれば、ルソーが『社会契約論』の中で掲げていた「市民宗教」の影響によるものであった。

ロベスピエールの提案により、国民公会は「フランス人民は、至高存在の実在と霊魂の不滅を認める」と宣言し、六月八日に「至高存在の祭典」という非常に大がかりなイヴェントが挙行された。男たちはカシやブドウの小枝を手にし、女性たちはバラやさまざまな花を手にして街を練り歩き、花の川が流れているかのようだったという。人々の喜びに包まれ、祭典は一応の成功を収めはしたが、革命指導者たちの反応は一般の人々とはまた別だった。前年秋に「非キリスト教化運動」が猛威を振るったことからもわかるように、革命指導者たちの中にはカトリックに反感を持つ者や無神論者も多かったから「至高存在」は彼らにはあまり支持されず、かえってロベスピエールの孤立を浮き出させる結果になる。

ロベスピエールが「至高存在」を打ち出したことによって、恐怖政治は終わるのではないかと期待した人も多かった。それを裏付けるかのように、祭典前日の夕方にギロチン台が撤去されていた。これまでの革命政府の努力が実を結び、戦況も好転していたから、恐怖政治を維持し続ける必要性も薄らいでいた。

ところが、「至高存在の祭典」以降、恐怖政治はさらに一段と常軌を逸したものになるのである。パリの牢獄内の囚人の数は八〇〇〇人を越えていた。祭典の二日後の六月十日（草月二十二日）に「草月（プレリアル）法」が制定されて裁判の手続きが極度に簡素化され、証人喚問も証拠調べも弁論もなく、極端に言えば、人定尋問、即、死刑判決といった有様になる。パリでの恐怖政治の全犠牲者の半数近く、約一三〇〇人は、「草月法」以後のたった一カ月半の間に処刑されたのであった。

あまりの処刑の多さに一般の人々もさすがにうんざりし、国民公会の議員たちはこんなふうではいつ自分の番が回ってくるかわからないと戦々恐々となった。

ロベスピエールにとっては革命がすべてだった。いつでも革命のために命を投げ出す用意ができていた。しかし、当然ながら、そうではない人たちのほうが圧倒的に多い。これまで革命のために十分に苦労してきた。これまでは革命が成功するかどうかわからなかった。しかし、戦況も好転して革命の成功が確保された今、なぜ非常事態的政策が持続されなければならないのか？　貴族どもを追い払って権力と地位を手にした今、少しはいい思いをしたい、というのが人情である。

議員たちの中には、革命の中で汚職を行ない、私腹を肥やしてきた者たちもいた。地方都市の叛乱を鎮圧した際、弾圧をやりすぎた者たちもいた。こうした者たちは、ロベスピエールにとっては革命に害をなす者、革命から排除するべき者たちだった。

「脛《すね》に傷持つ男たち」は結束して「腐敗し得ない男」を倒そうとする。殺《や》られる前に殺るのだ。その中心となって暗躍したのは、フーシェ、バラス、タリアンらである。フーシェは「処刑予定者リスト」なるものを用意して、国民公会議員一人ひとりに会って回った。もちろん、会った相手の名がリストに載っているように仕組まれていた。公安委員会内部も分裂し、カルノー、ビヨー゠ヴァレンヌ、コロー・デルボワらはクーデター派に回った。

テルミドール九日

ロベスピエールは対決姿勢を崩さなかったが、サン＝ジュストは妥協の道を探っていた。一晩がかりで演説の草稿を練り、テルミドール九日（七月二十七日）の正午頃、国民公会で演説を始めた。サン＝ジュストの演説が最後までなされていれば、事態が収拾されたかもしれないとよく言われる。

しかし、サン＝ジュストは演説を始めたばかりのところでタリアンに妨害された。タリアンは、サン＝ジュストを押しのけ、短刀を振り回しながらロベスピエール弾劾の演説を始めた。

だれかがクーデターの口火を切らなければならなかった。タリアンがこの危険な役を買って出たのには理由があった。愛人のテレジア・カバリュスが獄中にあり、処刑が今日明日にも迫っていたのである。タリアンは、前日、愛人から怯懦《きょうだ》をなじる手紙を受け取ったばかりだった。

「警察の役人が今ここから出ていったところです。役人は、私が明日裁判にかけられる、つまりは処刑台に上ることになる、と告げに来たのです。昨夜見た夢とはあまりにも違います。ロベスピエールはもはやおらず、牢獄は開かれておりましたのに、あなたのどうしようもない臆病さのために、この夢を実現できる人はもうすぐだれもいなくなることでしょう」

テルミドールのクーデター（1794年7月27日）

タリアンとしては、どうしてもこの日のうちに決着をつけなければならなかった。クーデターが失敗すれば自分が真っ先に処刑されるのだから、タリアンも必死だった。ビヨー＝ヴァレンヌがタリアンの助っ人に登壇し、ロベスピエールを攻撃した。それからまたタリアンがロベスピエールを非難する演説を始めた。ロベスピエールは何度となく発言を求めたが、議長はクーデター派のコロー・デルボワが務めており、ロベスピエールには発言を許さなかった。

国会は、ロベスピエール、サン＝ジュスト、クートンの逮捕を決議した。ルバとロベスピエールの弟オーギュスタンの二人は、一緒に逮捕されることを申し出た。

五人は身柄を拘束されたが、数時間後に

国民衛兵隊によって救出され、夕刻、パリ市庁舎に入った。市庁舎前の広場には、パリ四八地区のうち一六の地区の国民衛兵隊が集結していた。すぐに攻撃をしかければ、国民公会を制圧できたことであろう。しかし、「合法性の人」ロベスピエールには、攻撃命令を下す決断がつかなかった。彼にとって国会は神聖な場所であり、そこに軍隊を率いて乗り込むという不法な行動をとることに強いためらいを感じたのであった。

何も命令が出されないので、広場の兵士たちは不安を感じていた。夜になって雨も降り、兵士たちは少しずつ広場を離れていった。パリの民衆は、リーダーが革命政府に弾圧されたという恨みの念があるため、最初からそれほど積極的ではなかった。こうして、市庁舎前の広場が空っぽになった夜中の二時頃、反ロベスピエール派地区の国民衛兵隊を率いてバラスがパリ市庁舎を攻め、ロベスピエールたちはふたたびクーデター派の手に落ちた。

翌テルミドール十日、ロベスピエール、サン＝ジュスト、クートンら二二名が、正式な裁判にかけられることもなく革命広場で処刑された。十一日にはロベスピエール派の活動家七一名が処刑された。恐怖政治の間にも一日にこれほどの人間が処刑されたことはなかった。十二日にさらに一二名が処刑された。三日間でロベスピエール派として計一〇五名が処刑されたことになる。

ここでもう一度はっきりと言っておきたい。恐怖政治は誤りだった。恐怖政治など、ないほうがよかった。「断頭台に消えた女性たち」のところをお読みいただいただけでも、恐怖政治がいかに非人間的で馬鹿げた状況に立ち至ったかは十分におわかりいただけたものと思う。

しかし、読者の皆様にくれぐれもお願いしたい。大量流血がフランス革命に特有な現象だとは、ゆめゆめ思わないでいただきたい。

歴史が大きく変わる激動の時代にはこうしたことはよく起こりがちなのである。「フランス革命は日本史の出来事で言えば明治維新のようなもの」とはこれまでにも何度も言ってきたことだが、この日本でも、幕末から明治維新にかけての時期には京都でずいぶんたくさんの人が殺されたし、山川菊栄《きくえ》『武家の女性』（岩波文庫）によると、水戸藩だけでも二〇〇〇人近くが粛清された（ご両親が水戸藩の出身だった）。男の子の場合はたとえ三歳でも打ち首になったという。

「三歳の子は、首を縮めてどうしても斬れないので、炭俵へ入れておいて、上からお菓子を見せ、ついつりこまれてヒョッと首をのばしたところを斬ったのでした」

とこの本には書かれている。だからといって、当時の水戸藩の人々がとりわけ残酷だったということにはならない。そういう時代だった、というだけのことである。

ロベスピエールたちはフランス革命の歴史的枠組みを越えた、もっと先のことを考えていた。これまで人類が経験したことがないような正義の社会を構築したいという理想があった。そして彼らにとって、貧しさに苦しむ人のいない社会、すべての人が自由に幸せに暮らせる世の中というのは絵空事ではなく、強い現実性を持っていた。こうした彼らの希望と願いもテルミドールの夢と消えた。

彼らは現実を無視し、理想に走りすぎた。しかし、フランス革命が今でもなお未来へと私たちの思いをかき立てるのは、こうした理想のためではないだろうか。

革命の時代はまだまだ続くが、ロベスピエールたちの死によって、革命らしい革命の時代は終わるのである。

コラム　革命期のパリ（2）——革命のメッカ

フランス革命の本格的火蓋が切られたのもパリだが、その後もパリは一貫して革命の中心であり続けたので、フランス革命ゆかりの場所がたくさんある。その何箇所かをご案内したいと思う。

パリ発祥の地、シテ島に革命裁判所が置かれていたが、コンシエルジュリの牢獄は裁判所に隣接していた。コンシエルジュリは、革命裁判所に出廷する囚人たちの一時的な死の休息所で、生きてここを出ることはまずなかった。しかし、毎日毎日何十人もの囚人仲間が処刑されるという情況の中では、人は死に親しんでゆくものらしく、べつに自分の運命を嘆き悲しむこともなく、男たちはギロチンを種に冗談を言い合い、女性たちはノミや南京虫《なんきんむし》は当たり前という劣悪な衛生環境にもめげずに化粧と装いに意をこらし、優雅に中庭を散歩していた。明日をも知れない運命にあって、この世で最後の、束の間の愛が取り交わされることも珍しくはなかった。

コンシエルジュリは、今も革命当時そのままの姿でセーヌ川のほとりにたたずんでいる。隣の建物は現在も裁判所として使われているが、コンシエルジュリのほうは今では観光名所にすぎず、マリー＝アントワネットが収監されていた独房を見ることもできるし、ギロチンの刃が手を伸ばせばすぐに届くような位置に展示されたりしている。

　フランス革命の最中枢機関、国民公会があったチュイルリー宮殿は、シテ島から西のほうに歩いて十数分のところにあったが、一八七一年のパリ・コミューン（一時的に労働者の政府が成立した出来事）の騒乱の際に焼け落ち、今はチュイルリー庭園にその名を残すのみである。チュイルリー庭園を通り抜けたところにコンコルド広場がある。コンコルド広場は革命当時は「革命広場」と呼ばれ、ルイ十六世やシャルロット・コルデ、マリー＝アントワネット、ロラン夫人たちはこの広場で処刑された。

　革命のもうひとつの中枢機関、パリ市議会が置かれていたパリ市庁舎は、セーヌ川を挟んでシテ島のすぐ北のところにある。パリ市庁舎もパリ・コミューンの際に焼け落ちたが、こちらはその後再建され、今も革命期そのままの外観を見ることができる。

　革命の発火点になったバスチーユ監獄（要塞）は、事件後間もなく取り壊されて跡地はバスチーユ広場になっていて、かつての要塞の土台部分を運河のところからのぞけるだけだが、ここへもパリ市庁舎から東に歩いて十数分で行くことができる。

　第一章のコラムでお話ししたように、革命期のパリは現在よりもふた回りほど小さく、その気になれば端から端まで歩いて行かれる程度の広さだったのだが、革命の重要機関が中心部に集中していたのだから、街の熱気がいやが上にも高まりやすいような地理的情況にあったわけである。

繰り返しになるが、フランス革命は現代社会の出発点に位置する革命である。「国民主権」「法の前の平等」といった今の社会の根本原則はフランス革命によって確立されたのであった。しかし、新しい原則がすぐに受け入れられるものではなく、一時的にくつがえされた時期もある。「バスチーユ陥落」の記念日を国民的祝祭として祝う第一回目のパリ祭が挙行されたのが一八八〇年だということは、フランス革命で打ち立てられた新しい原則が最終的に社会に定着するまでに百年近くの時間が必要だった、ということを意味している。

第六章　ナポレオンの登場

「バスチーユ陥落」からテルミドールのクーデターまで、五年の歳月が流れている。

恐怖政治が終わったのはよかったが、テルミドールのクーデター後の社会は大いに乱れた。クーデターで政治の実権を手にした人々は「テルミドール派」と呼ばれる。ロベスピエールを倒したジャコバン派国会議員と、これまで「平原派」とか「沼派」とか呼ばれてきた中間派・保守派議員から成る人々である。「平原派」の議員たちはジャコバン革命政府の支配にひたすら耐えてきたのであったが、革命政府を担ってきたジャコバン派議員たちの多くも短時日のうちに豹変《ひょうへん》する（原則的立場を守ろうとする議員たちは排除されてゆく）。この人々にとっては、革命はもはや正義のためでもなければ理想のためでもなかった。革命がつぶされれば、せっかく手にした権力・地位・財産を失うばかりか、王党派・反革命派の報復によって命までも脅かされることになる。だから、なんとしてでも革命を守り抜かなければならないが、他人がどうなろうとも、そんなことは知ったことではなかった。革命や正義のために自分が犠牲になろうというような気はさらさらなく、現に手にしている権力と富を享受したいという人々である。ある意味、無理をするのをやめて普通の状態に戻ったとも言える。

一七九五年十月、革命の栄光を担ってきた国民公会は解散し、五人の総裁が行政を担う総裁政府が発足する。この総裁政府の時代、政局は右に左に揺れ動いて安定せず、政府内に汚職が蔓延《まんえん》する。ジャコバン政府の時代にも政府高官による汚職はあったが、発覚した場合は死刑に処せられた。総裁政府の時代には、国のトップに立つ人間が汚職をしてもべつに咎《とが》められることもなかった。政府がこんなふうでは、反革命派がのさばりだし、治安が悪化し、戦争の雲行きもあやしくなるだろう。

こうした乱れた社会を救うべく登場してくるのが、ナポレオンなのである。

ロベスピエールやサン＝ジュストたちは理想に走りすぎた。テルミドール派の人々は実利に走る。ナポレオンは理想と実利のバランスがとれた人間だった。

ナポレオンというと軍人のイメージが強いが、政治家でもあり、「フランス革命の混乱を終息させ、かつ、革命の成果を取り入れつつ近代社会の基盤を築いた」というのがナポレオンの歴史的功績なのである。

ナポレオンはフランス革命の最後の仕上げをするべく登場してくるわけだが、テルミドールのクーデター後のパリに現われるナポレオンの姿は全然格好のいいものではない。

1　「ヴァンデミエール将軍」

《テルミドールの聖母》タリアン夫人

テルミドールのクーデターの首謀者たちは、自分が死ぬのが怖くてクーデターを起こしたにすぎなかったが、思いがけずも、圧政からの解放者として人々に迎えられた。一日に四〇人も五〇人も処刑されるような事態がいつまでも続けば自分の首もけっして安全ではあり得ないと思ったのは、なにもロベスピエールの政敵たちばかりではなかった。

人々は革命に疲れていた。

クーデターを境にして、社会の雰囲気はがらりと変わる。これまで息をひそめていた反革命派や成金連中が堂々と姿を現わし、社会的雰囲気は一転して享楽的になった。「ダンス狂」と言うべきほどに、人々は踊りまくった。

連日連夜、パリのあちこちでダンスパーティーが開かれたが、中には「犠牲者の舞踏会」と銘打ったものもあった。この舞踏会に出るには、身内にギロチンで処刑された者がいるという資格が必要だったが、家族ではなくとも親戚のだれかが処刑された人は珍しくもなかった。喪服を着、喪章をつけて舞踏会場にやってきた人々の首には一本の赤い絹糸が巻かれていた。「悪趣味で死者を冒瀆《ぼうとく》するものだ」などと真面目なことを言う者はそっぽを向かれるだけ。こうした趣向を凝《こ》らしたほうがよりおもしろかろうというにすぎない。楽しむためなら、人々はいかなる口実も見逃さなかったのである。

こうしたテルミドール後のパリの社交界に女王のごとくに君臨したのがタリアン夫人だった。テルミドールのクーデターはいつかは起こるべきものだったが、クーデターが一七九四年七月二十七日のあの日に起こったのはタリアン夫人が原因だった。

タリアン夫人こと、テレジア・カバリュスは、スペインの銀行家の娘に生まれ、十四歳のとき、パリでフォントネ侯爵と結婚した。社交界では「彼女はサロンに夜と昼をつくる。彼女自身には昼を、他の女性たちには夜を」と美貌を謳われた。フォントネ侯爵家は新興貴族だったので、革命勃発後も亡命することはせず、しばらくは平穏に暮らし続けていたのだが、貴族であるというだけで生命の危険を感じさせられるようになった一七九三年春、テレジアは夫とともにパリを脱出し、ボルドーの親戚の家に身を寄せた。すでに夫婦関係が破綻していた夫とはここで離婚し、夫はボルドーの港

タリアン夫人

から船に乗って西インド諸島へ亡命していった。

ボルドーは、パリのジャコバン政府に叛乱を起こして鎮圧された地方都市の一つである。反対派粛清のために国会から派遣され、ボルドーに乗り込んできたのがタリアンであった。タリアンには植民地の総督のような絶対的権限が与えられていた。最初は勇ましい革命家として行動していたタリアンだったが、前侯爵夫人のテレジアを愛人にしてからはすっかり腑《ふ》抜《ぬ》けになってしまった。テレジアは、タリアンばかりか、それまでボルドーの人々を震え上がらせてきた革命家たちの多くをも持ち前の社交術ですっかり手懐《てなず》けてしまった。そして、反革命容疑で逮捕された人たちの救済に奔走して謝礼を手にする一方、火薬工場の経営にも乗り出した。製品はいくらでも共和国軍に納入できるのだから、いい商売だった。

しかし、これがパリのロベスピエールの知るところとなり、テレジアはボルドーの革命家たちを堕落させた女としてにらまれることになった。危険を察知したタリアンとテレジアはあい前後してボルドーを離れ、タリアンはパリで名誉回復に努め、テレジアはパリ近郊の隠れ家に身をひそめた。しかし、タリアンが「腐敗し得ない男」ロベスピエールを説得できないでいるうちに、テレジアは隠れ家をつきとめられて逮捕されてしまった。そして、タリアンにも追及の手がのびてきそうだった。

投獄されたテレジアは、いつギロチン送りにされるかわからない状況だった。彼女は、タリアンがフーシェやバラスらと組んでクーデターの準備を進めていることは知っていたが、クーデターが自分がギロチンにかけられた後で起こったのではなんにもならない。そこで、タリアンの怯懦《きょうだ》をなじる手紙を獄中から人づてにひそかに届けさせ、タリアンは愛人を助けたい一心で、国会の壇上で短刀を振りかざしながらロベスピエール弾劾の演説を始め、クーデターを発進させたのであった。

獄中から救出されたテレジアは、一躍最有力政治家の一人となったタリアンと結婚した。人々はタリアン夫人のおかげで恐怖政治の重圧から解放されたことを喜び、彼女を《テルミドールの聖母》と呼んで称えた。

タリアン夫人のサロンには、勇ましい革命家であった人から亡命帰りの反革命派旧貴族まで、さまざまな政治的意見の人が集まっていたので、ちょっとしたことがきっかけで諍《いさか》いが起こることもあった。そんなとき、タリアン夫人がグラスを手にしてさっと立ち上がり、

「過ちを忘れるために乾杯！　侮辱を許すために乾杯！　すべてのフランス人の和解のために乾杯！」

と言うと、たちまち場が和《なご》み、みなグラスを手にして叫ぶのであった。

「テルミドールの聖母に乾杯！」

女性たちはタリアン夫人の装いに注目した。今夜のタリアン夫人の装いが、明日のモード

になるのだから。タリアン夫人は、まず、白い寒冷紗《かんれいしゃ》地の古代ローマふうのドレスを流行させた。シュミーズもペチコートもなしに、ガーゼのように薄い布をまとっただけのこのドレスは、体の線をはっきりと出すだけでなく、肌まで透けて見えそうだった。彼女は髪を短く切りそろえていたが、これは獄中で死を覚悟し、死刑執行吏に切られる前に自分で切ったにすぎなかった。貴婦人ともなれば、たとえ処刑台の上であろうとも、無様な髪で人前に出るわけにはいかなかったのである。ところが、この髪型がタリアン夫人にはとてもよく似合っていたので、ほかの女性たちは自分に似合うかどうかにはおかまいなしに、タリアン夫人のショートカットのヘアースタイルを「犠牲者ふう」と名づけ、これにならうのであった。

社交界で貴顕淑女たちが上等のワインと料理でお腹の具合を悪くしながら連日連夜、明け方までダンスをしていたとき、パリの民衆は飢えで死にそうになっていた。栄養失調のために道で行き倒れになる人が続出し、赤子に乳をふくませながら人事不省に陥り、そのまま死亡する母親もいた。冬、寒さが厳しくなっても、薪が異常に値上がりしたために一般の民衆には手が出ず、やむなく家具をこわして暖炉にくべるような状態だった。

ロベスピエールのジャコバン政府は生活必需品には最高価格を定め、恐怖政治によってそれを維持していたのだったが、その強制力がなくなって悪徳商人が横行し、すさまじいインフレが始まったのであった。ただでさえ物資不足だというのに買い占めや投機によって値段をつり上げることもしていたのだから「悪徳」には違いないが、彼らに言わせれば「経済活動の自由」「利潤追求の自由」ということになろう。

テルミドールのクーデター直後にはロベスピエールが倒されたことを喜んだパリの民衆も、自分たちが思い違いをしていたことに気づき、「あの頃は血が流れたが、パンは不足していなかった。今は血は流れなくなったが、パンが足りない。こうしてみると、血が流れることも必要なことだったのだ」とつぶやきあった。

一七九五年の春、生活の苦しさに耐えかねたパリの民衆は「パンと一七九三年憲法！」をスローガンに二度にわたって蜂起し（四月一日と五月二十日）、国会に乗り込んだ。しかし、リーダーたちが恐怖政治期にギロチン送りになっていたためにかつてのような威力を発揮できず、二度ともすぐに鎮圧された。民衆蜂起の失敗は、すでに二月頃から始まっていた「白色テロ」を勢いづかせ、フランス全土で数多くのジャコバン派活動家が虐殺されることになる。

これがフランス革命期における最後の民衆蜂起であり、以後、民衆運動が革命の動向に影響をおよぼすことはない。これまで、民衆は何度も革命の危機を救ってきた。これまでは革命を成功させるために民衆の協力が必要だったが、ジャコバン政府の時代に最大の危機は乗り越えられ、革命を主導するブルジョワジーにとってもはや民衆の協力は必要ないのであった。革命指導者たちは、民衆運動が大きな影響力を持っていた時代を恐怖とともに想起するようになる。

今後は、民衆に代わって軍隊が革命の動向に大きな影響力を持つようになるのである。

革命の子、ナポレオン

一七九五年秋のある日、みすぼらしい格好をした背の低いやせた軍人がバラスに連れられてタリアン夫人のサロンにやってきた。擦り切れて軍服の肘のところにあいた穴を見せながら「新しい軍服用のラシャ地の手配をしていただけないでしょうか」とタリアン夫人に頼んだこの男が、ナポレオン・ボナパルトであった。今や最有力政治家の一人となったバラスはタリアン夫人のサロンの常連であったが、派遣議員として南仏を視察したときにナポレオンの軍事的才能に注目していた。ナポレオンがバラスの庇護を受けるようになったのは、この縁による。

ナポレオンは一七六九年八月十五日、地中海に浮かぶ小さな島、コルシカ島に生まれた。ボナパルト家は一応は貴族だが、爵位もない最下級の貴族だから、パリの貴族たちから見れば、ナポレオンはど田舎の貧乏貴族の息子にすぎない。コルシカ島は長くジェノヴァ共和国の支配下にあり、住民の多くはイタリア系で、ナポレオンの先祖もイタリアからの移民だった。一七六八年にジェノヴァがコルシカ島をフランスに譲渡したため、本来イタリア人になるはずだったところをフランス人になってしまった、これが「英雄ナポレオン」誕生の第一のきっかけである。

父親の奔走によって政府から奨学金を得、九歳のとき、フランス本土にやってきた。コルシカ島がフランス領になった後も、ナポレオンはイタリア語でイタリアふうに育てられたので、フランスに来たばかりの頃はまったくフランス語が話せず、外国同然の国になじむまでの苦労は大変なものだった。その後、パリの陸軍士官学校に進学し、十六歳で砲兵少尉に任じられた。少尉任用試験の成績は、五八人中四二番。兵営暮らしをしていた二十歳のとき、フランス革命に遭遇した。

これまでにも何度も述べたように、革命前のフランスは「生まれ」によって人間の一生が決まるような身分制社会だった。ナポレオンは身分は一応貴族で士官学校も出ているので、将校にはすぐになれた。しかし、ど田舎の下級貴族の出身なので、革命がなければ、上流貴族の子弟たちに前途を阻まれ、けっして将軍にはなれなかっただろう。人間の《自由と平等》の理想を掲げてフランス革命が開始され、これからは「生まれ」ではなく、個人の実力と才能が重視されるというふうに社会の原理が切り替わった。こうなって初めて、ナポレオンに持てる力を発揮するチャンスが与えられたのであった。だから、フランス革命がなければナポレオンが世に出ることはなかった。これは断言できる。

一七九三年十二月、トゥーロン港攻囲戦での功を認められ、ナポレオンは二十四歳にして将軍に抜擢《ばってき》されたのであったが、このまますんなりとはいかなかった。

タリアン夫人はテルミドールのクーデターのおかげで命拾いをし、パリ社交界の女王にもなったが、ナポレオンはクーデターでひどい目にあった。

ナポレオンは将軍になった後も引き続き南仏で軍務についていたが、クーデターの際、ロベスピエール派として逮捕された。ナポレオンはまぎれもないジャコバン派だったし、ロベスピエールの弟オーギュスタンの庇護を受けていた。パリではクーデター後の三日間でロベスピエール派約一〇〇人が処刑されたのだったが、ナポレオンもパリで逮捕されていれば一緒に処刑されていたかもしれない。逮捕されたのが南仏であったことが幸いした。テレビもラジオも電話もないこの時代、パリの出来事が南仏に伝わってくるまでに一週間かかり、ナポレオンが逮捕された頃にはパリでは事態は沈静化に向かっていた。このため、ナポレオンは十日間ほど投獄されただけですんだ。

それでも「過激派危険分子」とみなされて南仏での軍務を解かれ、パリに出ることになった。そして、フランス西部の内乱鎮圧軍への赴任を拒否したため、予備役に回され、給料半減の処分を受けた。これから苦しい日々が続く。一家の大黒柱であったためにこれまでどおり家に仕送りしなければならず、食事も一日一食がやっとだった。朝食は抜き、昼は喫茶店でコーヒー一杯飲むだけですまし、あとは夕方まで空腹に耐えるという毎日だった。服のあちこちが擦り切れ、靴も何カ月前に磨いたかもわからない、踵《かかと》のすり減ったものだった。前途に希望が持てず、気持ちが落ち込んだときには死んでしまおうかと思うこともあった。兄ジョゼフへの手紙では「馬車に轢《ひ》かれそうになっても避けないようになるだろう」と言っている。

だから、タリアン夫人のサロンに現われたナポレオンは、陰で女性たちにクスクス笑われるような、ひどくみじめな格好をしていた。それでも、腐っても鯛というか、目だけは不敵な光を放っていた。

ナポレオンがパリにやってきたのは一七九五年五月下旬、最後の民衆蜂起が鎮圧されて間もない頃だったが、街の雰囲気がすっかり様変わりしていることに驚かされた。以前は、薄汚い身なりをした民衆が我がもの顔で街を闊歩していたものだったのに、そうした民衆の姿は消え、きざな身なりをした若者たちが棍棒を手にしてジャコバン派の活動家を追い回していた。ナポレオンはまた、社交界では女性が優位に立っていることにもすぐに気づいた。

「地上すべての場所の中で、ここ（パリ）においてだけは、女性たちは舵をとる力量を持っています。そのために、男たちは女性に夢中で、女性のことだけを考え、女性によってのみ生き、女性のためだけに生きています」と兄ジョゼフへ伝えている。

軍服にしても、軍に頼むよりもサロンの女王に頼むほうが話が早そうだった。それで、タリアン夫人に手配を頼んだのであった。

タリアン夫人はまだ二十二歳で輝くような美貌の持ち主だったので、ぽっと出の田舎青年よろしく、ナポレオンはついふらふらとタリアン夫人に言い寄りもする。社交界の女王が飯もろくに食えないただの軍人風情《ふぜい》を相手にするはずもなく、ナポレオンは鼻先であしらわれた。タリアン夫人は男を育てるタイプの女性ではまったくなく、すでに出来上がった男、すでに権力と財力を手にしている男にしか興味がなかった。

タリアン夫人のおかげでナポレオンが新しい軍服を手に入れて間もなく、パリの王党派が叛乱を起こした。一七九五年十月五日のことである。

新憲法が制定され、近々、選挙が行なわれることになっていたが、テルミドール派の人々は自分たちの権力を維持するために、新議会の議員の三分の二は現国民公会議員でなければならないと決定していた。この「三分の二条項」への反発が王党派が叛乱を起こした直接の理由だが、要するに、革命派の勢力が失墜し、世の中が反動的になってきた情勢に乗じて我が世の春をねらったのである。王党派の天下にでもなったらとんでもないことになるから、テルミドール派としては、王党派の叛乱を断固粉砕しなければならなかった。バラスが叛乱鎮圧の任につかされたが、自分で軍隊を指揮する自信がなかった。そこでバラスは、かねてから見込んでいたナポレオンに叛乱鎮圧の指揮をゆだねた。将軍たちの中には王党派の息のかかった者もいたが、テルミドールのクーデターでロベスピエール派として逮捕された男が王党派寄りであるはずがなかったから、ボナパルト将軍なら安心だった。革命左派であったことが、今度はプラスに作用したのである。

王党派の叛乱軍は二万から二万五〇〇〇を数えたのに対し、政府が動かせる兵力は約五〇〇〇であったが、ナポレオンはパリの町中で大砲を使用するという強い決意を見せて一日で叛乱を鎮圧した。この十月五日は革命暦で言うとヴァンデミエール（葡萄月）十三日であった。そこでナポレオンは「ヴァンデミエール将軍」ともてはやされることになった。これを機に軍人として第一線に復帰したナポレオンは、中将に昇進し、パリ周辺を管轄する内国軍司令官に任命される。

一七九五年十月二十六日、革命の栄光を担ってきた国民公会は解散し、新憲法にもとづいて総裁政府が発足した。

八月二十二日に制定された新憲法（共和暦三年憲法）の精神は、起草者の一人ボワシー・

ダングラの次の言葉によって明確に語られている。

「財産所有者によって統治される国は、社会秩序にかなっている。財産を持たざる者たちが統治する国は自然状態にある」

財産による参政権の制限が復活し、有産階級（ブルジョワジー）の国家がめざされていた。王権停止以後、国会が行政府も兼ねてきたのであったが、五人の総裁が行政を担当することになった。つまり、立法府と行政府が分離するという通常の形に戻ったのである。国会は二院制となり、上院に相当する「旧人会」と下院に相当する「五百人会」に分かれる。国会にはもはやこれまでのような強力な権限はなかったが、例の「三分の二条項」によって王党派の脅威に対する措置が取られていた。

総裁政府の時代は一七九九年十一月のブリュメール（霧月）のクーデターまで四年間続くが、五人の総裁の一人に選ばれていて、この総裁政府の時代に最高権力者になるのがバラスである。

2 《麗しのイタリア》

ジョゼフィーヌとの出会い

ナポレオンが運命の女性ともいうべきジョゼフィーヌと出会ったのは、「ヴァンデミエール将軍」ともてはやされるようになって間もない頃だった。

ジョゼフィーヌは、カリブ海のマルチニック島の生まれである。カリブ海といえばアメリカであり、コルシカ島がある地中海からはほとんど地球の反対側に位置する。当時は今とは違って気軽に海外旅行するような時代ではなかったから、これほど遠く隔たって生まれた人間同士が知り合いになることなど、普通はあるはずがなかった。しかし、二つの島を結ぶ一本の赤い糸があった。つまり、二つの島はともにフランス領だった。

ジョゼフィーヌの祖父がプランテーション経営で一山あてようと、フランスからマルチニック島に移住してきたのであった。身分は貴族だが、ナポレオンの家と同様に爵位も持たない最下級の貴族であり、実質的にはジョゼフィーヌは農園主の娘といったところ。十六歳のとき、ボアルネ子爵と結婚するため、フランスにやってきた。子爵の父親がマルチニック島の総督として赴任したことがあり、両家の間に交流があった。ジョゼフィーヌがフランスにやってきて十年後にフランス革命が勃発した。ボアルネ子爵は開明派貴族として革命に参加し、立憲国民議会の議長を務めたこともある。あの「ヴァレンヌ逃亡事件」で国王一家がパリに連れ戻されたとき、国会議長として国王一家の身柄を受領したのがボアルネ子爵であった。その後、子爵は軍の司令官にもなったが、恐怖政治期にジョゼフィーヌとともに逮捕された。子爵はテルミドールのクーデターの四日前に処刑され、ジョゼフィーヌも処刑されそうになったが、クーデターのおかげでからくも命拾いした。

出会ったとき、ナポレオンは二十六歳、ジョゼフィーヌは三十二歳の未亡人で二人の子供がいた。

ジョゼフィーヌは大勢の女性の中にいるときはとくに目立つような美人ではないが、態度仕草がとてもしなやかで、二人きりで話していると、すうっと魂が吸い取られるような独特な魅力があった。ジョゼフィーヌは前子爵夫人だから、ナポレオンにとっては、革命前、遠くから眺めるだけでけっして近づくことができなかった上流貴族社会の貴婦人そのものに思われた。

「英雄、色を好む」と言われるとおり、後には「私はつれない女に会ったことがない」と豪語するようになるナポレオンも、この頃はからきし女性に弱かった。もしジョゼフィーヌが少しでも高慢な素振りを見せたなら、もうそれだけでナポレオンは意気阻喪してしまったことだろうが、ジョゼフィーヌにはそのようなところはまったくなく、だれにでも愛想がよく、人の気持ちをそらさない女性だった。

ジョゼフィーヌはたしかにパリ社交界の花形の一人ではあった。瀟洒《しょうしゃ》な邸宅を構え、召使いを何人か雇い、最新のファッションに身を固めて御者付きの馬車を乗り回していた。馬車は今の自動車とはくらべものにならない贅沢品だった。が、台所は火の車だった。有力政治家の愛人になったり（バラスの愛人だったこともある）、闇取引に首を突っ込んで小遣い稼ぎをしたり、あちこち借金したりしてなんとか世間体を保っていた。召使いからさえ借金していた。給金を払わずに借金を申し込むような主人のところからはみんな逃げ出しそうなものだが、やめた人はいない。これはジョゼフィーヌの人徳であって、「あなた、ちょっとお金貸して」と言われてもなお仕えていたいと思わせるような女性だった、ということである。もともとが、ものにこだわらない、あっけらかんとした呑気な性格で、金がないからといって気に病むこともなく、「自分に金がないのなら、あるところから持ってくればいい」と、社交界では「陽気な未亡人」として振る舞っていた。

ジョゼフィーヌは、パリの貴族社交界で経験を積んできた百戦錬磨の女性である。そんなジョゼフィーヌにとって、ナポレオンはうぶな文学青年にすぎない（実際に小説めいたものを書いていた時期もある）。世間知らずのナポレオンの目を幻惑することなど、造作もないことであったろう。

ナポレオンは六歳年上の未亡人にたちまちのうちにのぼせ上がり、結婚を申し込んだ。ジョゼフィーヌは、今売り出し中の青年将軍も何か役に立つこともあるかもしれないと思って網をかけてみただけだったから、結婚を申し込まれて困惑した。実際、この頃のナポレオンはけっしていい結婚相手ではなかった。財産があるわけでもないし、美男子でもない。立派な体格をした見栄えのする軍人でもない。ただの「やせた小男」にすぎない。

ジョゼフィーヌとしてはあまり気の進まない結婚だったが、相手がどうしてもというので、自分も年だし、子供が二人いるし、ここらでいったん生活を安定させておくのも悪くはないかもしれないと思って結婚に同意した。相手の情熱にほだされて、しかたなく、といった感じだった。

二人は一七九六年三月に結婚式を挙げた。結婚に際してジョゼフィーヌは年齢を四歳少なく申告し、ナポレオンは逆に一歳半多く申告した。これで、二人はだいたい同年齢ということになった。革命の混乱の時代だったからこんなこともできた。

ナポレオンは長いこと、自分をフランス人ではなくコルシカ人だと思ってきた。郷里コルシカを属国にしたと、フランスに敵意を抱いていた時期もある。前子爵夫人のジョゼフィーヌと結婚して、「自分もついにフランス人になった」と実感したらしい。これまでは「ナポレオーネ・ブオナパルテ」と頑固にイタリア式に名乗り続けてきたのに、この頃から「ナポレオン・ボナパルト」とフランス式に名を改めるのである。

ナポレオンの生涯をたどってみると、ジョゼフィーヌと知り合う頃からナポレオンの星は急激に輝きを増し、ジョゼフィーヌから気持ちが離れ始める頃からその星は輝きを減じるという相関関係があることがわかる。そうした先々のことも思い合わせてみると、ナポレオンにとってジョゼフィーヌは「幸運の女神」であり「勝利の女神」であった。

なお「ジョゼフィーヌ」というのはナポレオンが作り出した名前である。ジョゼフィーヌには「マリー＝ジョゼフ＝ローズ」と名前が三つあり、それまでは親しい人たちから「ローズ」と呼ばれていたのだが、ナポレオンは自分のためだけの名前を欲し、二番目の名前から「ジョゼフィーヌ」と名づけたのであった。

イタリア方面軍最高司令官

憧れの前子爵夫人と結婚できたナポレオンであったが、イタリア方面軍最高司令官に任命されていたため、結婚式の二日後にはイタリアへと旅立たなければならなかった。

ナポレオンは、トゥーロン港攻囲戦直後の頃からイタリアでの作戦計画を考えてきた。当時イタリアはオーストリアの支配下にあり、イタリアでオーストリアをたたくべきだというのがナポレオンの考えだった。軍事関係を統括する総裁カルノー（かつての大公安委員会の一員）にこの作戦計画が認められてイタリア方面軍の最高司令官に抜擢されたのだが、政府関係者の間に幅広い人脈を持つジョゼフィーヌも手を回した。

二年越しで温めてきた作戦を実行できることになったのはこの上もなく嬉しかった。しかし、新婚三日目にして愛しの妻から引き離されたのが辛くてたまらなかった。馬車に揺られながらも「ああ、こうして一瞬一瞬ジョゼフィーヌから遠くなる」と思った。

ナポレオンは募る思いを矢継ぎ早にジョゼフィーヌに書き送った。

「僕は、君を愛さずしては一日たりとも過ごしたことはない。君を腕に抱きしめずしては、一夜たりとも過ごしたことはない。僕の人生の魂から僕を遠ざける栄光と野心を呪わずしては、一杯の紅茶たりとも飲んだことはない。仕事の最中、部隊の先頭に立って野営地を馬で駆けまわっているときでも、僕のすばらしいジョゼフィーヌだけが心の中にあり、精神を占め、考えを吸収してしまう。ローヌ河の急流のような速さで君から離れたのも、君により早く再会するためだ。夜中に起きてまた仕事をするのも、そうすれば僕のやさしき友の到着を何日か早めることができるからだ。……『私は前ほどあなたを愛していない』と君が言う日が、僕の愛の最後の日か、僕の人生の最後の日になるだろう」

「ジョゼフィーヌ、君から離れていては楽しいことは何もない。君から離れていては、この世は砂漠であり、一人ぼっちの僕には思いのたけを打ち明ける慰めもない。君は僕から魂以上のものを奪った。毎日毎日、考えることといえば、君のことだけだ。仕事の煩わしさにうんざりしたり、仕事がうまくゆくかどうか心配になったり、人間どもに嫌気がさしたり、人生を呪いたくなったりすると、僕は心臓の上に手をやるのだ。そこには君の肖像画が鼓動を打っている。僕はそれをじっと見つめる。愛はいつでも僕にとって絶対的幸福だけれど、愛する人が傍にいないとあらためて実感するときは別だ。……
僕のジョゼフィーヌが具合が悪いかもしれない、病気かもしれないと考えると、そして、とくに、僕を前ほど愛していないかもしれないという残酷で不吉な思いにかられると、僕の魂は打ち萎《しお》れ、血は止まり、僕は悲しく打ちのめされて、もう怒ったり、絶望したりする気力さえ残らない」

こんなに女房のことが気になるようでは戦争どころではあるまいと思われてくるのだが、ナポレオンは仕事のほうもばりばりこなしていた。

これまではイタリア戦線では戦果があがらなかったのだが、軍の状態もまったくひどいものだった。物資の補給がうまくいっていないため、兵士たちは食事もろくに取っておらず、軍服もボロボロで、軍隊というよりも乞食集団だった。兵の質自体は悪くなかったが、規律が乱れていた。ナポレオンはまず、現地調達によって兵士に腹一杯食わせようと思った。そのためには、兵士たちの士気を鼓舞しておかなければならない。今度の司令官は今までの司令官とは違うぞ、ということを兵士たちにわからせなければならない。後にはでっぷり肥って貫禄も出るナポレオンだが、この頃はガリガリにやせていた。見かけはぱっとしなかったが、兵士たちに対する演説は抜群にうまかった。

「兵士諸君、諸君は裸同然にボロをまとい、ろくなものを食べていない。政府は諸君に負うところ大であるにもかかわらず、諸君に何も与えることができない。この岩だらけの地にあって、諸君が見せている忍耐と勇気は感嘆すべきものである。しかしながら、その忍耐と勇気も、諸君にいかなる栄光ももたらすことはなかったし、いかなる名誉も諸君の上にふりそそぐことはなかった。私は、世界中でもっとも肥沃《ひよく》な平野へと諸君を導きたいと思う。豊かな地方が、いくつもの大都市が、諸君の手中に落ちるであろう。諸君は、そこに名誉と栄光と富を見出すであろう。イタリア方面軍の兵士諸君、勇気と果断さが諸君に欠けるなどということがあるだろうか?」

戦うべき相手はまず第一にオーストリア軍であり、次にその補助的軍隊であるピエモンテ軍だった。フランス軍が兵四万、砲三〇門であるのに対し、オーストリア軍とピエモンテ軍は合わせて兵八万、砲二〇〇門と圧倒的優位を誇っていた。

もともとフランス政府はイタリア戦線にはあまり期待しておらず、軍の主力をドイツ戦線に配置し、実績ある歴戦の司令官をつけていた。イタリア方面軍に課されていた任務は、なんとか持ちこたえ、後方からオーストリアを牽制する、というにすぎなかった。けれども、結局は、ドイツ戦線ではあまり成果があがらず、フランスはイタリア戦線で救われることになる。

ナポレオンが赴任してきてからのイタリア方面軍は、負け知らずの連戦連勝だった。四月五日に行軍を開始し、六度の会戦でピエモンテ軍を降伏させた。ナポレオンの戦略の基本は、兵力の集中と部隊の迅速な移動にあった。敵がフランス軍はまだ遠くにいると思っている間に常識を上回るスピードで部隊を移動させ、分散する敵軍を各個撃破していったのである。

いよいよオーストリア軍との直接対決になったが、五月十日、ロディの戦いでボロの軍隊がヨーロッパ最高の軍隊を敗走させた。ナポレオンの軍隊と戦ったこともある、プロシアの戦史家クラウゼヴィッツは、ナポレオンの才能を称賛しつつも、その作戦が「あまりにも通常のやり方からかけ離れ、ほとんど正当化し得ないものなので、むしろ非難すべきではなかろうかと迷うほどだ」と語っている。

たとえば、ロディの戦場を流れるアダ川にかかる一本の橋があった。オーストリア軍はこの橋を七〇〇〇人の兵士と一四門の砲で守っていたので、普通の考え方でいくと、橋は奪取不能と判断されるべきだった。ところが、ナポレオンはこの橋を突破してしまった。最初は橋の上に累々と死体が折り重なり、軍の進行を妨げるほどだったが、フランス軍の兵士たちは少しもひるまなかった。ナポレオンは後方にいて部下に無謀な突撃を強いたのではない。自分も攻撃集団の中で一緒に戦っていた。この日のナポレオンは擲弾兵《てきだんへい》のようだったという。

戦いが終わったとき、ナポレオンの顔は硝煙で真っ黒になっていた。兵士たちはナポレオンに「小伍長」という綽名《あだな》をつけた。

フランス軍はボロではあったが、兵士たちはみんな若く、士気は人一倍高かった。フランス軍は、オーストリアの封建的支配からイタリアを解放する軍隊としてイタリアの人々から歓迎され、兵士たちも「理は自分たちの側にある」と確信していた。フランスの一般社会ではすでに革命の理想は消えていたが、軍隊にはなお革命精神が充溢《じゅういっ》していた。

ナポレオンは、予定どおり現地調達の方針によって兵士たちに腹一杯食わせ、長い間払われてこなかった給料もきちんと支給した。それでも軍服までは手が回らず、将校たちでさえ一本のズボンを交替ではくといった有様で、軍はあいかわらず乞食集団のようだったが、兵士たちの間には若々しい生気がみなぎっていた。ナポレオンがアダ川の橋を強行突破しようとしたのも、橋は奪取不能と油断しているはずのオーストリア兵たちの気のゆるみと部下の兵士たちの勢いを考えてのことだったのだろう。

イタリアではこの後も凄惨《せいさん》な戦いが繰り返されるのだが、この戦役に従軍した兵士たちの心には、不思議と、「あれだけ少ない装備で、あれだけでかいことをやった」戦いの日々は、《麗《うるわ》しのイタリア》として長く思い出に残るのである。

戦闘がある日は、一日中、戦場に釘づけだが、戦闘のない日には作戦会議を開き、各部署に指令を出し、政府に報告書を書かなければならない。敵が降伏すれば、降伏条件を取り決めるための交渉がある。ナポレオンは睡眠時間を削って仕事に没頭していたが、それでも、どんなに激しい戦闘があった日でも、どんなに仕事が忙しい日でも、ジョゼフィーヌに手紙を書かない日は一日もなかった。それも、一通だけでなく、三通も四通も書くこともある。恋の炎が士気を高め、勝利の高揚がさらに恋の炎をかき立てていたのだろう。

イタリアの戦場で、初めて、ナポレオンに持てる力を存分に発揮する機会が与えられた。それが、見事に成功した。しかも、恋をしていた。とこうなれば、砲弾が炸裂《さくれつ》するイタリアは、ナポレオンにとってこそ、青春が花と開いた《麗しのイタリア》なのであった。

イタリアでは、打つ手打つ手が、みなうまくいった。ナポレオンは、自分の体が得体の知れない何か不思議な力で運ばれているような気がした。自分にはかなりのことができるかもしれない、という予感も感じ始めていた。これで、ジョゼフィーヌが傍にいてくれさえしたら、もう何も言うことはなかった。

「これまで、女性がこれ以上の献身、情熱、やさしさで愛された例《ため》しはない。これまで、これ以上にひとつの心を完全に支配し、そのすべての願望を決定づけた例しはない。……というのは、君の愛、君の心、君という人間を失うことによって、人生を愛すべき貴重なものとするすべてを失うことになると思うからだ。ああ！　そうなれば、僕は死ぬことを惜しんだりはしないだろうし、あるいはたぶん、名誉の戦場で死ぬことに成功するだろう」

ナポレオンにとって、ジョゼフィーヌは美と美徳の化身、人生の目的、自分の存在理由だった。

イタリアから続々ともたらされる勝利の報に、パリは沸き立っていた。人々は、ボナパルト将軍が妻を熱烈に愛していることを知っていた。将軍を勝利へ、栄光へと駆り立てているのは夫人への愛なのだ。そこで人々はジョゼフィーヌを《勝利の聖母》と呼んで褒め称え、《勝利の聖母》ボナパルト夫人の輝きは《テルミドールの聖母》タリアン夫人の影を薄くした。しかし《勝利の聖母》には、自分がどんな男と結婚したのか、まだよくわかっていなかった。どんなに名声が上がろうとも、夫はあいかわらず「世間知らずの、うぶな文学青年」なのであった。ナポレオンにとってジョゼフィーヌが勝利の女神であり幸運の女神であることは間違いないが、一時的には、ジョゼフィーヌに泣かされるときも来る。

国家的人物となる

オーストリアは何度も司令官を更迭したり、新たな精鋭をイタリアに送り込んできたりしたが、ナポレオンはそれらの軍団をことごとく打ち負かした。とはいっても、十一月十四日から十七日にかけて行なわれたアルコーレの戦いのように、苦しい戦いもあった。このときの敵将はアルヴィンチ元帥であったが、翌一七九七年一月十四日のリヴォリの戦いではナポレオンはアルヴィンチ元帥に対して大勝利を収めた。オーストリアが最後に送り込んできたカルル大公はオーストリア最良の司令官ではあったが、このときにはナポレオンは増援を得て七万四〇〇〇の兵を指揮下に持ち、兵力で相手を上回っていた。これまで相手の半分の兵力で二〇回以上もオーストリア軍を打ち破ってきたナポレオンである。ナポレオンの兵力が上回るようになったのでは、もう相手に勝ち目はなかった。

九七年三月には、ナポレオンは北イタリアからウィーンへと進攻する気配を見せた。こうなっては、オーストリアは和平交渉に応じるしかなく、四月に和平予備協定が調印された。

イタリアの戦場のナポレオン

イタリア戦役はフランスの全面的勝利に終わり、「ナポレオン・ボナパルト」の名がヨーロッパ中に轟いた。

ナポレオンはイタリアで軍人としての卓越した才能を発揮してみせただけではない。政治家・統治者としての経験も積んだ。たとえば、それまで小さな領邦国家に分裂し、オーストリアの封建的支配下にあったイタリアに二つの共和国を設立し、自由と平等の原則にもとづく憲法を付与した。

また、ナポレオンはイタリアにいながらにしてフランスの内政にも影響力を持つようになっていた。大勝利を収めたというだけでも大きな政治的貢献だが、ナポレオンはイタリア諸邦から軍税・賠償金として徴収した大量の金貨銀貨や名画骨董《こっとう》品をパリに送り、ほとんど破産しかかっていた政府はこれで大いに助かった。

九七年九月のフリュクチドール（果実月）のクーデターの際には、ナポレオンは政府の要請に応じてオージュロー将軍をパリに派遣した。新憲法の規定によって、毎年国会議員の三分の一と五人の総裁の一人が改選されることになっていたが、この年の選挙で選ばれた議員のほとんどは王党派ないしは王党派寄りで、反政府派が議会の多数派を握ることになった。そこでバラス主導の総裁政府はオージュローが指揮する軍隊の力を借りて、これらの議員の当選を無効として議会から追い払い、議会が押しつけてきた王党派の新総裁（議会に総裁の選任権があった）と王党派に傾斜していたカルノーを追放したのである。軍隊のおかげで政府はなんとか当面の危機を乗りきることができたけれども、こうして右の王党派をたたけば左のジャコバン派が勢いを盛り返すというふうで、これからも選挙のたびごとに毎年クーデター騒ぎが繰り返されることになる。

ともかくもナポレオンは政府にいくつもの貸しを作ったわけで、政府首脳はボナパルト将軍の意向を尊重せざるを得なくなり、そう簡単には「こうせよ、ああせよ」と指示が出せなくなった。

十月、カンポ－フォルミオで正式な和平協定の交渉が行なわれたが、オーストリアが送り込んできた老練な外交官を相手に一歩も引かず、ナポレオンは巧みな外交官であることも示した。交渉は、政府の指示を仰ぐこともなく、ほとんどナポレオンの独断で進められた。フランスに圧倒的に有利な条件で「カンポ－フォルミオの和約」にこぎつけ、これで、ヨーロッパ大陸では一応の平和が得られたのであった。「一応の」というのは、イギリスとは依然として戦争状態にあったからである。

十二月五日、ナポレオンはラシュタットでの条約批准を終えてパリに凱旋した。ナポレオンは祖国の英雄として熱狂的な歓呼の声に迎えられた。人々は、ヨーロッパに平和が戻ってきたことを非常に喜んでいた。ボナパルト将軍を一目でも見ようと大勢の人が家にまで押し寄せてきて、門のところに配置された歩哨《ほしょう》の兵士たちがやっとのことで群集を押し返すという騒ぎだった。ボナパルト将軍の家があるシャントレーヌ街はヴィクトワール（勝利）街と名を改められた。

若くして将軍に任命された者はナポレオン以外にもたくさんいる。その中からナポレオンが抜け出てきた理由は、軍人として優秀であっただけでなく、政治家としての資質にも恵まれていたからである。

イタリア戦役は、ナポレオンにとって歴史への本格的デビューだった。ボナパルト将軍の将来は歴史的なものになるだろうと多くの人が予感し始めていた。自分でも、なんでもできそうな気がしていた。フランスを統治することさえも。イタリアでの実績によって、ナポレオンは国家的人物となったのであり、将来の布石が打たれたのであった。

3 ブリュメールのクーデター

信頼を失った総裁政府

ナポレオンは一七九八年五月十九日にエジプト遠征に出発した。目的はイギリスを牽制すること。最初は軍を率いて直接イギリスに攻め込むことも検討されたが、海軍が弱体であったため、これはあきらめ、エジプトを押さえてインドとの連絡を断ち切ることによってイギリスに打撃を与えようというのであった。ナポレオンにはアレキサンダー大王に対する憧れもあったから、東方の夢にかき立てられてもいたことだろう。

東方軍は総員五万四〇〇〇、艦船三五〇隻の大部隊であった。ナポレオンは二〇〇人の学者・作家・芸術家を同行し、これがロゼッタ・ストーンの発見など、エジプト学の発展に寄与したことはよく知られている。

東方軍は七月一日、アレクサンドリアに上陸した。エジプトは形式的にはトルコの主権下にあり、マムルーク人部隊によって守護されていた。ナポレオンはこれを撃破し、二十三日にカイロに入城した。この間に「ピラミッドの戦い」と呼ばれる戦闘があり、ナポレオンが兵士たちに「ピラミッドの上から、四千年の歴史が君たちを見ている」と語ったのはこのときである。

しかし、八月一日、アブキール湾に停泊していたフランス艦隊がネルソン率いるイギリス海軍によってほとんど壊滅された。ナポレオンは遠征軍とともにエジプトに閉じ込められることになってしまった。

ナポレオンがエジプトにいる間に、総裁政府はますます人望を失っていった。

総裁政府がめざしたのは、財産所有階級が主導する社会を確立することだった。

総裁政府の時代（一七九五年―一七九九年）は、ジャコバン革命政府の行き過ぎた時代から一七九一年体制への揺り戻しの時代、と考えればわかりやすい。ただし、革命に対する理想は失われていたし、総裁政府を担う政治家の多くは国王の死刑に賛成票を投じた「弑逆者《しいぎゃくしゃ》」であったから、王政復古は問題になり得なかった。王政が復活すれば、また貴族の尻に敷かれるだけではすまず、玉座に返り咲いた王家の人々によって地の果てまでも追いかけられるかもしれない。総裁政府はまた、ジャコバン革命政府の再来も恐れていた。恐怖政治も民衆運動の圧力も、二度とご免だった。

総裁政府は共和国体制を維持しなければならなかったが、右には王党派の脅威、左にはジャコバン派の脅威を抱えていたので、勢力均衡策によってなんとか延命をはかろうとした。王党派の進出を抑えるために右をたたくと、ジャコバン派が息を吹き返す。それで、左をたたくと、今度は王党派が勢いを盛り返す。総裁政府の時代は、この繰り返しだった。

議員の三分の一を改選するために毎年行なわれる選挙のたびごとに、クーデター騒ぎがあった。一七九七年九月の「フリュクチドール（果実月）のクーデター」は王党派の議員を排除するために行なわれたものだったが、一七九八年五月の「フロレアル（花月）のクーデター」はジャコバン派の議員を排除するために行なわれた。一七九九年六月の「プレリアル（草月）のクーデター」は議会の反政府派が結束して政府に反撃したもので、二人の総裁が更迭された。九九年春にまた戦争が始まっていたが（古い体制にしがみつくヨーロッパ諸国と革命の国フランスとの対立は抜きがたいものだった）、戦局悪化のため、政府の立場が弱くなっていた。

総裁政府は右に左に揺れ動く不安定な政権である上に、汚職にまみれてもいた。最高権力者となったバラスは「腐敗した者どもの王」と呼ばれ、腐った食糧や弾の出ない鉄砲を納入する業者と癒着し、血を流して戦う兵士たちを食い物にして甘い汁を吸っていた。バラスはまた、酒池肉林の享楽的生活に溺れてもいた。政府のトップがこんなふうだったから、前線では敗北があい次いでいたし、西部地方では反革命王党派の農民たちがまた動き出していた。社会風俗が乱れ、治安も悪化して追い剝ぎや群盗が跋扈《ばっこ》し、街道で旅行者が襲われる事件が頻発していた。

「革命のモグラ」シエイエス

一七九九年五月に総裁の一人となったシエイエスは、総裁政府に代わる強力な政府の樹立を模索していた。

革命初期に『第三身分とは何か』で一世を風靡《ふうび》したシエイエスは、国民公会の期間はひたすら沈黙を守った。「革命のモグラ」となって、嵐が過ぎ去るのをじっと待ち続けたのである。シエイエスには、今や、やっと「自分の時」がめぐってきたと思われた。

シエイエスはブレリアルのクーデターにも一枚嚙《か》んでいた。総裁政府をなるべく早くお払い箱にしたかったので、議員たちをたきつけ、望ましくない二人の同僚を犠牲にしたのである。

強力な政府が必要だというのは、世論でもあった。シエイエスは「一つの頭脳と一本の剣」を持つ政府を構想し、クーデター計画を練っていた。「頭脳」になるのは自分だが、だれか「剣」になってくれる軍人が必要だった。その軍人は、名声はあるがあまり野心家ではないことが望ましかった。

シエイエスが数人の将軍に打診してみたところ、ジュベール将軍が引き受けてくれた。ジュベールは思いどおりに動いてくれそうだったが「名声」という点で不足があった。そこで、箔《はく》をつけさせるために司令官としてイタリアの戦場に送り込んだところ、戦死してしまった（一七九九年八月十五日）。次に、シエイエスはモロー将軍にあたった。モローは実績、評判とも申し分がなかったが、あまり乗り気ではなかった。こうしてモロー将軍と交渉しているときに、ボナパルト将軍がエジプトからフランスに帰還したというニュースがパリに伝わってきた。モローはシエイエスに「彼こそあなたにふさわしい人物です」と言って、自分はあっさり身を引いた。

実際、ナポレオンの帰国を知った人々の熱狂ぶりはすさまじかった。「ボナパルト将軍こそ、救国者だ」という国民の期待が一身に集中したのである。《麗しのイタリア》時代に確立された名声、「カンポ－フォルミオの和約」の功績が生き続けていた。人々は、ボナパルト将軍が国を立て直し、また平和をもたらしてくれるものと信じたのであった。こうなっては、シエイエスもナポレオンに白羽の矢を立てるしかなかった。

十月九日にフレジュスに上陸したナポレオンは、十月十六日にパリに到着した。タレーランの仲立ちでナポレオンとシエイエスは会談を行ない、二人の間で合意が成立した。こうしてシエイエスは必要としていた「剣」を手に入れ、クーデター計画は大きく前進した。シエイエスは僧侶出身の革命家である。一七四八年生まれ、したがってナポレオンよりも二十一歳年上だった。

ナポレオンは、総裁政府が国民の信頼を失い、命運がつきつつあることを察知して帰ってきたのであった。艦隊がイギリスにほぼ全滅させられていたので全軍を連れ帰ることはできず、少数の部下だけを連れて帰ってきた。遠征軍の指揮権はクレベール将軍にゆだねると言い置いてはきたが、クレベールがこれを知ったのはナポレオンの出発後のことであり、はっきり言えば、ナポレオンは遠征軍をエジプトに置き去りにしてきたのであった。地中海はイギリスの制海権下にあったから、けっして楽な航海ではなかったけれども。

エジプト遠征は、さしたる成果も上げられなかったのだから、軍事的に見れば失敗だった。しかも、政府の許可を受けずに独断で持ち場を離れたのだから、敵前逃亡の罪に問われてもおかしくはなかった。政府関係者の中には、実際にそのように言う者もいたのである。

しかし、エジプト遠征が軍事的に失敗だったことも敵前逃亡の疑いもほとんどまったく問題にされなかった。それどころか、ナポレオンに救世主の期待が集まり、結果的にエジプト遠征がさらに大きく飛躍するきっかけになったことは、ナポレオンの強運を物語るものである。

エジプトから帰還したナポレオンは政府の人々に対して「私が栄光あるものとしたあのフランスを、あなた方はどうしてくれたのか？　私はあなた方に数々の勝利を残したというのに、私がいま目にするのは敗北ばかりだ」と語っていたが、フランスはイタリアを失っていたから、ナポレオンにはこう言う十分の権利があった。

ところで、ナポレオンは、エジプトで家庭の不幸も経験していた。ジョゼフィーヌがイポリット・シャルルという陸軍大尉と浮気していたことを知ったのである。シャルル大尉は、ジョゼフィーヌより九歳年下で、軍服がよく似合う美男だった。しゃれを言っては女性を笑わせるのが得意だった。

ジョゼフィーヌの浮気について最初に言っておきたいのは、これを現在のわれわれの感覚で判断してはいけない、ということである。革命前のパリの貴族社会には「一夫一婦制のモラル」は存在しなかった。貴族の結婚は財産と家格が釣り合った同士が家名を存続させるために行なうもので、夫婦間の愛情など、初めから問題にならなかった。結婚は家のため、本当に好きな相手は外でさがすというのが普通で、スキャンダルを起こさない限りはかなり自由に恋愛することが許容されていた。夫が妻に嫉妬《しっと》したり、妻が夫に惚《ほ》れたりすると、「育ちが悪い」と笑いぐさにさえなった。婚外カップルの中には何十年も添い遂げる例もあり、この場合は「純愛カップル」として評判があがった。

「夫は夫、妻は妻」というのが革命前の貴族の夫婦のあり方で、ジョゼフィーヌはこの延長線上にあった。だから、ジョゼフィーヌが「ボナパルトは自分にとって何か？——夫にすぎない。好きな人は別よ」と考えたとしても、べつにおかしなことではなかった。貴族出身のパリ社交界のほかの女性たち、たとえばタリアン夫人やスタール夫人も同じように行動していた（スタール夫人はロマン主義文学の先駆者で政界にも隠然たる影響力を持っていた）。「一夫一婦制のモラル」は旧第三身分の考え方で、これが社会的規範として打ち出されるのは、第三身分が天下を取った革命後のことなのである。

ナポレオンの感覚は第三身分に近かった。ジョゼフィーヌにとってはどうということがなくとも、ナポレオンにとっては妻の浮気は大問題だった。それまでは女性はジョゼフィーヌただ一人と、ほかの女性には見向きもしなかったナポレオンも、エジプトで初めて浮気をする。ナポレオンは離婚の決意を固めてフランスに帰ってきたのであったが、一方、ジョゼフィーヌは、この頃になってやっと、自分が結婚した相手が並の男ではないことに気づくのである。一年半ぶりの再会の夜は、嵐のような一夜だった。

これ以降は、ジョゼフィーヌはナポレオンの考えを全面的に受け入れ、ひたすらナポレオンのためにのみ生きる模範的妻に変身する。そして、ジョゼフィーヌはナポレオンにとって非常に有能な伴侶《はんりょ》だった。ジョゼフィーヌには豊富な経験、幅広い人脈、的確な判断力があったし、人あしらいも抜群にうまかった。クーデター計画を進めている最中に大勢の人がナポレオンの家にやってきたが、情勢は混沌《こんとん》として、だれが味方でだれが敵なのか判然としなかった。ナポレオンはジョゼフィーヌの情報・助言に大いに助けられた。政権獲得後は、ナポレオンは革命前の社会と革命後の社会の融合を国内政策の基本とすることになるが、革命前の貴族社会を熟知するジョゼフィーヌの働きが政権基盤を固める上で大きな助けになるのである。

奇妙なクーデター

クーデターというものは、普通、人の意表をついてすばやく行なわれるものだが、ブリュメールのクーデターは二日がかりで行なわれた。クーデターのシナリオを書いたのはシエイエスである。

シナリオの要点その一は、クーデターは合法的な装いのもとに行なう。つまり、上下両議院に総裁政府の廃止と新政府設立を決議させるのである。すでに旧人会（上院）の議員の半数以上を味方につけることに成功していたし、五百人会（下院）の議長はナポレオンの弟リュシアンが務めていた。要点その二は、パリではなんらかの邪魔が入るかもしれないので、両議院の議場をパリの西郊外にあるサン＝クルー城に移す。

一日目。一七九九年十一月九日、革命暦で言うとブリュメール（霧月）十八日、チュイルリー宮殿内の議場に旧人会が召集された。時間は朝七時。反対派の議員には通知を出していなかったので、気づかれる前にすまそうと、こんな早い時間になった。議会に対して陰謀が企てられているという口実のもとに、サン＝クルー城へ両議会の議場を移すことが決議された。陰謀をたくらんでいるのはジャコバン派とされていた。ボナパルト将軍が決議実施の任につくこと、パリ駐屯軍がその指揮下に入ることが決定された。シエイエス以外の四人の総裁のうち、デュコはクーデター計画に加わっていたが、バラスら残り三人の総裁は政府官邸のリュクサンブール宮殿に軟禁され、辞任を余儀なくされる。

二日目。午後一時頃、両議会がサン＝クルー城で開会した。城の周囲には、四、五〇〇〇人の兵士が配置されていた。

ここまではシナリオどおりだった。

しかし、両議会とも紛糾した。集まった議員たちの中にはクーデター派の者ももちろん多かったのだが、ジャコバン派とその同調者もかなりいた。この議員たちは議場がサン＝クルー城に移されたこと自体を不審に思っていたし、兵士たちが議場の周囲に展開するものものしい様子に警戒心を抱いた。

事態がなかなか思いどおりに進行しないので、ナポレオンは、議会で一席ぶって決着をつけようとした。

ナポレオンは、まず、旧人会の議場に乗り込んでいったが、国会という慣れない場に来て、戸惑いを感じた。演説を始めたナポレオンに、反対派の議員からヤジが飛んだ。軍隊では、司令官が演説しているときに兵士がヤジを飛ばすことなど、絶対にない。これでますます調子が狂ってしまったナポレオンは、言うことが支離滅裂になり、「私が戦争の神と幸運の神とともに歩んでいることを知っていただきたい」と言うべきところを「私が戦争の神であり、幸運の神であることを知っていただきたい」と言ってしまった。議場は騒然となり、傍にいた秘書が「あなたはご自分でも何を言っているのかわからないのです」と言って、ナポレオンを議場の外に連れだした。

次に乗り込んでいった五百人会では、もっとひどいことになった。もともと、五百人会のほうが旧人会よりも反対派が多かった。議員たちはナポレオンの演説を聞こうともせず、「くたばれ、ボナパルト!」「くたばれ、独裁者!」と怒号を投げつけ、ナポレオンを取り囲んでもみくちゃにした。ナポレオンは気を失いそうになり、やっとのことで部下たちに救出

ブリュメールのクーデター（1799年11月10日）

された。議場には「逮捕しろ！」というう叫び声が沸き起こり、このまま議事が進行すればボナパルト将軍の逮捕が決議されたことだろうが、幸いにして、議長を務めていたのはナポレオンの弟リュシアンだったので、議長の権限で議事を中断した。

クーデターは失敗しそうな雰囲気になってきた。

シエイエスのシナリオでは、軍隊の介入は極力避けることになっていたが、こうなっては武力に訴えるしかなかった。ナポレオンは兵士たちを前にして演説したが、兵士たちはもともとが国会護衛の任を与えられていたのだし、ナポレオン直属の部下ではなかったから、躊躇《ちゅうちょ》するだけで、指示どおりに動こうとはしなかった。

そこへリュシアンが駆けつけてきて、兵士たちに語りかけた。五百人会の議員の中にはイギリスに買収された裏切り者がいる、その裏切り者たちの短剣によってほかの議員たちが脅かされている、正当な国民の代表者を救うのは諸君の任務である、と。それからリュシアンは、兵士の一人から剣を借り、その切っ先をナポレオンの胸に突きつけながら叫んだ。

「もし兄が、われわれがこれほどの犠牲を払って勝ち得た自由を侵害することがあるならば、私がこの手で兄を殺すことを誓う！」

合法的人間である五百人会議長リュシアンの熱弁と名演技によって、初めて兵士たちが動いた。兵士たちは五百人会の議場に突入し、銃剣を突きつけながら議員たちを議場から排除した。

こうして、いったん議員たちを議場から追い出した後、なんとか予定どおりに合法性の装いを保つために、城の敷地内にとどまっていた議員たちをふたたび議場内に招じ入れた。かき集められた両院の議員たちによって、総裁政府廃止と臨時執政政府設立の決議がなされ、ナポレオン、シエイエス、デュコの三人が臨時執政に選出された。

このブリュメールのクーデターは、輝かしいフランス革命の最後を飾るにはふさわしくない、不器用で危なっかしいものではあったが、このクーデターをもって革命は終わったとするのがいちばん普通の考え方である。

クーデターの数日後、パリの街頭に次のようなポスターが貼りだされた。クーデター派の公式声明とも言うべきものであった。

「フランスは、偉大にして持続的な何ものかを望んでいる。不安定さがフランスを破滅させたのであったが、今フランスが願っているのは確固さである。フランスは王政を望まない。王政は放逐された。しかし、フランスは、法を実施する権力の行動に一貫性があることを望んでいる。フランスは、自由にして独立した立法府を望んでいる……。フランスは国会議員たちが平和な保守主義者であることを望んでいるのであって、騒がしい革新主義者であることを望んでいるのではない。フランスが切に願っているのは、十年間にわたる犠牲の果実を収穫することである」

このポスターには、クーデターを推進した人々の願いが表明されている。国を混乱、破産させ、社会風俗を頽廃《たいはい》させた総裁政府は葬り去られ、これからは希望ある時代が始まるのだ——シエイエスをはじめとするクーデター派の政治家たちは、ボナパルト将軍の「剣」を利用して、我が手に確固たる権力を握ったつもりだった。

しかし、そうはならないのである。「十年間にわたる犠牲の果実」はナポレオン・ボナパルトの手に落ちることになる。

4　皇帝への道程

執政政府の発足

十二月二十五日に執政政府が正式に発足したが、クーデターからのこの一ヵ月半の間にナポレオンとシエイエスの力関係が完全に逆転していた。

臨時政府は、まず、シエイエスを中心に新憲法の草案作りに取りかかったのであった。シエイエスの考えは、強力な政府が必要だが（総裁政府からの教訓）、一人の人間に権限が集中しないように気をつけなければならない（ジャコバン政府からの教訓）というものだった。

クーデターでは、ナポレオンがヘマをしたために軍隊の実力行使が必要になったのであったが、これで結果的にはナポレオンの重みが増すことになった。三人の臨時執政はアルファベット順に交替で政府を主宰することになっていて、この点でもナポレオンは最初から優位に立てた。ナポレオンはシエイエスが作った憲法草案を批判し、どんどん修正を加えていった。行政府は三人の執政によって担われることとしたが、第一執政に権限を集中させ、ほかの二人の執政は飾り物にすぎないものにした。執政の任期は十年だが、何度でも再選可能とした。立法府を極度に弱体化し、行政府に異議を差しはさめないようにした。第一執政を補佐する機関として国家評議会と元老院が置かれ、本来立法府が担うべき役割の多くがこの二つの機関に移行された。たとえば、法案の作成権は国家評議会にあり、執政の指名権は元老院にあった。

ナポレオンは自分が第一執政に就任すると、シエイエスとデュコは元老院議長・副議長ということで体よくお払い箱にし、カンバセレスとルブランを残り二人の執政に指名した。カンバセレスは法律に詳しく、ルブランは財政に明るかったが、二人ともナポレオンの意のままになる人物だった。老練な政治家であるシエイエスが若い軍人の野心に押し切られたわけだが、こんなことができたというのも、結局のところ、国民の間におけるナポレオンの威光、人気がそれだけ高かったからである。

新憲法（共和暦八年憲法）は国民投票にかけられることになったが、パリで賛成多数であれば施行するに十分とされた。こうして、パリでの投票結果（賛成三万二四四〇票、反対一四票）が出た十二月二十五日に新憲法が発布された。全国の投票の最終結果が出るのは翌年二月で、九九パーセント以上の賛成票を得る（ただし、棄権票も多かったし、政府による操作があったと言われる）。

新憲法発布と同じ日に、ナポレオンは国民に声明を出し、革命が終了したことを宣言した

――「市民諸君、革命は、開始された当初の原則において固定された。革命は終わったのである」

革命が終わったというのは、こういうことである――「古い社会を破壊することは十分にやったから、もうこれでいい。これからは、古い社会を壊した跡に新しい社会を建設するべきときだ」

ナポレオンは綱紀粛正をはかろうとしていたので、かつての庇護者ではあるが「腐敗した者どもの王」と呼ばれていたバラスを追放し、乱れた社交界の女王タリアン夫人を遠ざけて公式行事にはいっさい出席を許さなかった。タリアン夫人は、夫のタリアンが没落するとあっさりと見切りをつけてバラスの愛人になり、バラスに飽きられると億万長者ウヴラールの愛人になっていた。

政権を手にしたナポレオンは三十歳だった。革命にまつわる混乱は終息させ、かつ、革命の成果を取り入れて近代社会の基盤整備に取りかかる。

やるべきことは多かった。新しい法体系の構築、学校制度の整備、徴税制度の確立、中央銀行の創設、中央および地方の行政制度改革、幹線道路網の建設、首都パリの近代都市化……。

新しい国造りのために多くの人間に活躍してもらわなければならなかった。法律、経済など、その道のプロが必要だった。人材登用にあたっては、ナポレオンは徹底した能力主義によった。王党派もダメだしジャコバン派もダメだが、前歴は問わない、かつて国王に仕えた者であろうと恐怖政治を推進した者であろうと、能力があって新体制のために働いてくれる人間であればだれでもよい、という方針だった。

ナポレオン自身も仕事の鬼となって国造りに邁進する。この人物は豊かな想像力と鋭い現実感覚を備えていたが、とくに注目すべきはその集中力と処理能力であった。

「一連隊の実人員の吟味と国庫会計の吟味とに同じだけの手間をかける彼は、周囲の人すべてを疲れさせることになるが、例外的な肉体的抵抗力に恵まれていた彼のほうは驚くべき容易さで次々に問題を処理し、もっとも難しい問題でさえも簡単に理解してしまうその速さが、専門家たちをいつも驚かせるのであった」（ロジェ・デュフレス『ナポレオンの生涯』）

新憲法では、国政に関わる最重要事項については成年男子全員による国民投票が最後の決定権を持つと定められていた。革命によって打ち立てられた「国民主権」の原則が貫かれたということである。

執政政府も最初は総裁政府と同じくリュクサンブール宮殿を官邸としたが、一八〇〇年二月十九日にナポレオンはチュイルリー宮殿に官邸を移した。リュクサンブール宮殿は恐怖政治の時代には牢獄になったこともあり（ジョゼフィーヌの前夫ボアルネ子爵も一時期ここに収監されていた）、官邸としてふさわしくないとナポレオンは考えていた。腐敗した総裁政府とは一線を画したいという気持ちもあったろう。フランスの第一人者が住むべき場所、それは、かつての王宮、チュイルリー宮殿でなければならなかった。チュイルリー宮殿では、ナポレオンはルイ十六世が住んでいたアパルトマンを自室にし、ジョゼフィーヌはマリー＝アントワネットのアパルトマン

ジョゼフィーヌ

を自室にした（「アパルトマン」とはいくつかの部屋が組になったもの）。ナポレオンはかつての王宮に住むことを喜んでいたが、ジョゼフィーヌは居心地の悪さを感じた。「私の寝室で何をしているの？」とマリー＝アントワネットに尋ねられているような気がする、と娘のオルタンスに打ち明けていた。

第一執政として政権を手にしたとはいっても、最初のうちはナポレオンの地位はいまだ不安定なものだった。

一八〇〇年五月、ナポレオンはイタリアをオーストリアから奪い返すべく、第二次イタリア遠征に出発した。古代カルタゴの将軍ハンニバルにならい、雪の残るアルプス山脈を越え

てイタリアに攻め込んだ。六月十四日、マレンゴで戦いが開始されたが、パリには敗北の知らせが届いた。外務大臣タレーランと警察大臣フーシェを中心に、次の政府をどうするかについて協議が始まった。こうして「ナポレオン後」についてさまざまな思惑が飛び交っているときに、勝利の知らせが届いた。

最初は敗北の知らせが届いただけに、マレンゴの勝利はよりいっそう大きな効果を持った。「マレンゴ」によって、やっとナポレオンの政権は安定したものになるのである。この後、政治システムはナポレオンの権限を強化する方向に少しずつ改変されてゆく。

ナポレオン体制の成立を革命史の流れの中に位置づけようとするとき、次のように説明されるのが普通である――「これまで革命を主導してきた富裕市民層（ブルジョワジー）は、自分で政権を担えるほど十分には政治的に成熟していなかった。そこで、祖国の英雄として絶大な威信を持つ軍人に政権をゆだねざるを得なかった」

終身執政

ナポレオンは、政権掌握からほぼ二年で国内を平定した。国民の期待に応えて強力な政府を出現させ、経済を立て直し、治安を回復し、革命後のフランスが必要としていた社会システムを次々に整えていった。一八〇二年八月にナポレオンが終身の執政になったのは、こうした実績にもとづいてのことであった。「終身執政、是か非か」について国民投票が実施され、賛成三五〇万八八九五票に対し反対はわずか八三九四票という圧倒的支持を受けた。

ナポレオンの業績は多岐にわたり、二百年以上たった今日のフランスに受け継がれているものも多いのだが（県知事制度、レジオン・ドヌール勲章など）、皇帝就任前のナポレオンのもっとも主だった功績を三つだけあげておこう。

①「宗教協約」一八〇一年七月、ローマ教皇と「宗教協約（コンコルダ）」を結んで和解し、この十年間フランス社会を混乱させてきた宗教問題に決着をつけた。ナポレオン自身は神を信じていなかったが、一般の人々はキリスト教に断ち切りがたい愛着を抱いていることがよくわかっていたし、宗教によって社会はより安定したものになると考えていた——「宗教のない社会は、羅針盤のない船のようなものだ」。革命前と違って、カトリックは国教ではなく「大多数のフランス人の宗教」とされ、同時に「信教の自由」の原則も確認されてプロテスタントとユダヤ教徒も公認された。宗教に関しては、ほぼルイ十六世が望んでいた線に落ち着いたと言っていい。

②「アミアンの和約」一八〇二年三月、イギリスと「アミアンの和約」を締結し、十年ぶりにヨーロッパに全面的平和を実現させた。ナポレオンは国民が平和を願っていることがよくわかっていたので、政権を掌握した直後からヨーロッパ諸国に和平を呼びかけていた。

困難な外交交渉の末になんとか「アミアンの和約」にこぎつけたのだが、革命のフランスと反革命のヨーロッパ諸国との間には、実に越えがたい溝があった。フランスは《自由と平等》の理想を掲げて革命を開始し、国は国民のものだと主張し、国王と王妃を処刑した。ナポレオンは革命の終了を宣言し、続々と帰国し始めていた亡命貴族の中にはナポレオン体制に参入する者も多かったが、一方では、あくまでもブルボン家の王座復帰をねらう王党派によるナポレオン暗殺未遂事件もあい次いでいた。ヨーロッパ諸国にとっては、ナポレオン体制下のフランスはなお危険な国であり続けており、王政が復活するほうがはるかに望ましかった。ヨーロッパ諸国は自国への革命の波及を恐れていたし、とくにイギリスは経済的覇権という点でもフランスと対立していた。こうした事情のため、「アミアンの和約」による全面的平和は一年しか続かない。

③『ナポレオン法典』　これは、革命によって生じた新たな人間・社会関係に対応した民法典であり、革命の成果が集約されている。一八〇四年三月に『フランス人の民法典』として公布され、一八〇七年に『ナポレオン法典』と改称される。もっとも大きな功績として特筆されるべきものでナポレオン自身も大変誇りにしていたが、『ナポレオン法典』はまた、ナポレオンのすべての業績の中でわれわれ日本人にいちばん縁深いものでもある。非常にすぐれた法律であったので、世界中の多くの国々がこれにならい、日本も明治維新後に新しい

民法を制定するに際して『ナポレオン法典』を下敷きにして法案作りに取りかかった。『ナポレオン法典』は、その後、時代の変化に応じて何度となく修正を加えられつつ現在のフランス民法に至っているが、日本の現民法も、憲法とは違って戦後新たに作られたものではなく、『ナポレオン法典』を参考にして作られた明治民法を部分的に何度も修正したものである。

皇帝ナポレオン一世の戴冠

一八〇四年五月、ナポレオンは元老院決議によってついに皇帝に推挙された。これも国民投票にかけられ、十一月に発表された投票結果は賛成三五七万二三二九票、反対二五七九票であった。世襲の皇帝に就任するに際しても、ナポレオンはフランス革命によって確立された「国民主権」の原則を貫いたのであった。人々はナポレオンのもとでの安定を望んだわけだが、世襲の帝政が成立したことによって、何度もナポレオン暗殺を企ててきた王党派の野望も打ち砕かれた。ナポレオンが指名した後継者が次に帝位につくのでは、ナポレオン一人を亡き者にしても無駄だからである。

こうして、フランス史上四つ目の王朝が誕生することになった。「国王」という称号を避けて「皇帝」の称号を採用した第一の理由は、革命前の王政とは違うということをはっきり

『ナポレオンの戴冠式』ダヴィッド画

させるためだった。

革命前は国のトップに国王がいた。王政が廃止されてから、公安委員会による集団指導体制が取られた。それから五人の総裁による政府ができ、三人の執政による政府ができた。ナポレオンが皇帝になったことによって、国のトップに立つ人間が名実ともにまた一人に戻ったのである。

ナポレオンの皇帝就任を知ったベートーヴェンは、ナポレオンにささげようとしていた交響曲の譜面から献辞を削除した。ベートーヴェンは、第一次イタリア戦役でのナポレオンの活躍ぶりに感激して『英雄（エロイカ）』の作曲に取りかかったのであった。もしナポレオンが共和国の第一人者ということで踏みとどまることができたなら、たしかにそのほうがより立派なことであったろう。ナポレオンは数百年に一人という天才ではあるが、神ならぬ人間であるからには、欠点もあれば時代の制約から逃れられないこともある。それに、皇帝になったのは個人的野心のためばかりではない。人々は、ナポレオンが皇帝になることによって革命の成果が社会に定着されることを、安定した世の中が持続することを願ったのである。だから、皇帝ナポレオン一世の誕生は、時代の要請でもあった。

皇帝戴冠式は一八〇四年十二月二日にパリのノートルダム大聖堂で挙行された。厳粛荘厳にして豪華絢爛たる戴冠式の模様は、ダヴィッドの絵によって今日に伝えられている。前ページの絵を画集などでご覧になった方も多いと思う。

この絵は普通『ナポレオンの戴冠式』と呼ばれるが、描かれているのはナポレオン自身の戴冠ではない。ナポレオンは皇帝冠をみずからの手で頭上に載せて自分自身の力で皇帝になったことを示した後、ジョゼフィーヌに皇后冠を与えた。ダヴィッドの絵は、今まさにジョゼフィーヌに皇后冠を授けようとする瞬間を捉えている。

革命前の国王の戴冠式で一緒に王妃も戴冠されたのは、十四世紀以降ではブルボン家初代国王アンリ四世妃マリー・ド・メディシスだけだが、ナポレオンは周囲の反対にもかかわらず、ジョゼフィーヌが自分と一緒に戴冠されることを望んだ。「もし私が玉座に登る代わりに牢獄に入れられることになったとしたなら、彼女は私の不幸を分かち持ったことだろう。彼女が私の偉大さにあずかるのは正しい」とナポレオンは言っている。

この日、こうして戴冠式に出席していたのは、みなフランス革命を体験した人々だった。恐怖政治の時代をからくも生き抜いた人。数年間の苦しい亡命生活の末にやっと祖国に帰り着いた人。革命によって先祖伝来の土地財産をすべて失った人。逆に、革命の混乱に乗じて一財産築いた人。革命前はしがない一兵卒であったが今は軍の最高幹部になっている者。革命華やかなりし頃は人一倍過激なテロリストであったが今は悔い改めて政府の要職にある者……。皇帝冠と皇后冠を頭に戴いたナポレオンとジョゼフィーヌでさえ、革命の混乱のさなかで処刑されていてもおかしくはなかった。

戴冠式の終わりに、ナポレオンは福音書に手をおいて、誓いの言葉を述べた。

「私は、共和国の領土を保全することを、宗教協約の規定と信仰の自由を尊重し尊重させることを、権利の平等、政治的および市民的自由、国有財産売却の不可逆性を尊重し尊重させることを、法にもとづくのでなければいかなる税金も徴収せず、いかなる間接税も設けないことを、レジオン・ドヌール制度を維持することを、フランス国民の利益と幸福と栄光のためにのみ統治することを、誓う」

国有財産売却によって不動産を取得した人々は、帰国してくる旧貴族たちに財産を奪い返されるのではないかと心配していたが、ナポレオンは革命期に取得された財産の所有権を確定させることによって、そうした不安も取り除いた。土地を取得した農民たちは、もう貴族領主に年貢を払うこともないし、教会に十分の一税を納めることもないのであった。もう、「生まれ」ですべてが決まるような世の中に逆戻りすることはあるまい……。ナポレオンの戴冠を見守っていた人々は、「これで不安の時代は終わり、これからは安定と繁栄の時代がいつまでも続く」と、ほっと胸をなでおろしたことだろう。

ナポレオンが世襲の皇帝に就任したことによって、フランス革命は最後的に終わった。革命の子ナポレオンが皇帝になったことによって、革命の成果が社会に定着するであろうということが確実になった。したがって、ナポレオンの皇帝戴冠は、フランス革命の最後的終焉であるとともにフランス革命の完成でもあった。

フランスは、これからもなお十年間は反革命のヨーロッパ諸国との戦いの中にあり続ける。ナポレオンの力の源泉は軍人としての栄光にあり、政権を維持し続けるには常に勝利が必要とされるであろう。ナポレオンはヨーロッパの覇者ともなるが、フランス革命がなければ世に出ることがなかったはずの人間が、古い伝統を誇る君主たちを足下にしたがえるまでになるというのは、すばらしいロマンである。その後、独裁的傾向を強めてゆくナポレオンは、革命に対する裏切り行為も犯すようになる。この点に関しては、もう一人の天才、ベートーヴェンの直感は正しかったのである。

しかし、ナポレオンが残す業績は個人的運命を超越する。たとえナポレオン個人は帝位を追われ、ブルボン家が王位に復帰して革命前の社会に戻そうと躍起になろうとも、それは徒労に終わる。ナポレオンが社会に刻み込んだ革命の成果はもはや消し去りようもなく、それは現在のわれわれの社会へと続くのである。

あとがき

《フランス革命は世界史の新しい時代を切り開いた輝かしい革命であり、フランス革命を抜きにして現代世界を考えることはできない》
——この本の中で、私はフランス革命を批判することもしたが、それは、すべてこの前提を踏まえてのことである。
フランス革命というのは、日本で言えば、だいたい明治維新のようなものである。考えてもみていただきたい。今の日本で「下に！　下に！」の大名行列や「切り捨て御免」が罷り通っていたのではたまったものではない。おちおち道も歩けやしない。また、明治維新前の日本には藩校というのがあったが、武家の子しか入れなかった。これは機会均等の原則に反するし、町人や農民の子にも当然、優秀な子供がいたのだから、人材活用という点でも大いに問題があり、国の発展にとってマイナスだった。こうしたことだけからいっても、明治維新と同様に、フランス革命はいつかは起こらなければならなかった。

先進国と言われている国は、みな、このような近代化革命を経験してきた。その中で、世界へ与えたインパクト、影響の大きさという点で、フランス革命は抜きん出ていた。

私は日本人なので、フランス革命について調べたり、書いたりするとき、いつも日本のことを思い浮かべる。封建社会から今のような社会に切り替わろうとするときに、フランス革命や明治維新が起こるわけだが、その近代化革命の様相は国によってさまざまである。徳川幕府時代には「百姓は生かさぬように、殺さぬように」と言われていた。日本も明治維新によって近代社会に移行し、戦後は「国民主権」の国に生まれ変わったはずであったが、政府や高級官僚諸君のやっていることを見ていると、今の日本で国民本位の政治が行なわれているとはとうてい思えない。国家権力にくらべて国民の力（民力）がなお相対的に弱いわけだが、その理由の一端は近代化のあり方にあったのではないだろうか。

たとえば「国民主権」にしても、私の見るところ、新しい原理が社会に浸透するのに三世代かかるようである。日本で「国民主権」の原則が打ち出されたのは戦後のことだから、今社会を担っている大人の方々は第一世代であり、若い人たちは第二世代にあたる。今の学生諸君の子供が成人に達する頃には、日本も今よりもずっとまともな国になっているのではないか、などと私は考えている。

中公新書編集部から「フランス革命」というテーマをいただいたのは、もう四年以上も前のことである。最初は何をどう書いていいかわからず、途方にくれてしまった。フランス革命についてはもうすでに何冊も本が出ているのだから、これまでの本と同じようなことを書いたのでは大して意味がないと思った。そしてまた、これまでの本の中にはずいぶんとすぐれたものもあるのだが、私が読んでもいまいちわかりにくいところがあった。そこで、気を取り直し、「フランス革命とはどんな革命だったのか」をできるだけよくわかっていただくためにはどうしたらいいかを第一に、私なりの工夫をしつつ書き進めた。できるだけ「人間」を登場させるようにしたのも、そうした工夫の一つである。私は、武田泰淳が『司馬遷、史記の世界』の中で述べている「世界を動かすものは人間以外にない」という言葉に共感してきた。歴史を取り巻く「客観的条件」というものもあるだろうが、選択肢はいくつもあり、最終的にどっちに進むかを決めるのは人間なのである。

「まえがき」で述べたように、「フランス革命の手触り感」とでも言うべきものを感じ取っていただくことも目標の一つであった。私が意図したように「具体的な実感をもってフランス革命がわかる本」になっているかどうかは読者の方々に判断していただくしかない。

二〇〇八年八月

安達正勝

文献案内

この本をお読みになってフランス革命についてもっと詳しく知りたいと思った方には、まずは次の本をおすすめしたい。

桑原武夫編『フランス革命とナポレオン』中公文庫（世界の歴史10）

この本は、ごく一部、日付や人名表記等の間違いがあるが、日本語で書かれたフランス革命史の中でもっともすぐれていると私は思う（大先輩諸氏によって書かれた本にいちゃもんをつけてしまったが、この私の本にもどこか間違いがあるかもしれない。お気づきの方は是非ご一報いただきたい）。

エピソード中心に書かれた革命史としては、次のような本がある。

ルノートル、カストロ『物語フランス革命史』白水社（山本有幸訳）、全三巻

本書に登場する人物の何人かについて私はほかの本でも書いているので、それらの本を次に掲げる。

『死刑執行人サンソン、国王ルイ十六世の首を刎ねた男』集英社新書
『ナポレオンを創った女たち』集英社新書
『フランス革命と四人の女』新潮選書
『マラーを殺した女、暗殺の天使シャルロット・コルデの生涯』中公文庫
『ジョゼフィーヌ、革命が生んだ皇后』白水社

☆フランス革命について本格的に勉強したいと思っている方へ☆

この本は、一般の読者の方々に「フランス革命とは、どんな革命だったのか」をよりよくわかっていただくために書かれたものであるが、読者の中には「少し本格的に勉強してみようか」とお思いの方もいらっしゃることだろう。以下は、そうした方へのメッセージである。

日本人によって書かれた関連の本・翻訳がたくさん出ているので、日本語の本だけで間に

合わすこともできるだろうが、できるならばフランス語が読めるようになることが望ましい。新しい外国語をマスターするのはそれだけでも〝一大事業〟だが、目的がはっきりしていれば、なんとかなるものである。もしフランス語が読めるようになったら、とりあえずは次の五書を覗いてみるようにおすすめする。

Jules MICHELET《Histoire de la Révolution française》
Albert MATIEZ《La Vie chère et le mouvement social sous la Terreur》
Albert SOBOUL《Histoire de la Révolution française》
Daniel GUERIN《La lutte de classes sous la Première République》
François FURET, Denis RICHET《La Révolution française》

フランス革命期の人々の選文集・演説集としては、次のようなものがある。

Jacques GODECHOT《La pensée révolutionnaire 1780-1799》
Guy CHAISSNANT-NOGARET《Les grands discours parlementaires de la Révolution》

パリのEditions socialesという出版社からロベスピエール、マラー、サン＝ジュストたち個々の革命家の演説・著作集がシリーズで刊行されており、たとえばロベスピエールの場合はタイトルは《Robespierre, Textes choisis》だが、これらの本は非常に信頼できる。

フランス革命期に発行されていた半公的新聞『モニトゥール』《Gazette nationale ou le Moniteur universel》も資料として大変有用である。一八六三年の復刻版がかなり出回っているので、西洋史学科のあるたいていの大学の図書館で参照可能であろう。

フランス革命略年表

年号	月日	事項
一七七四	5月	ルイ十六世が国王に即位
一七七六	7・4	アメリカ独立宣言
一七八七	2月	名士会が開かれる
一七八九	1月	シエイエス『第三身分とは何か』
	5・5	三部会がヴェルサイユで開催される
	6・17	第三身分の議員たちが「国民議会」を宣言
	6・20	球技場の誓い（テニスコートの誓い）
	7・9	「国民議会」が「憲法制定国民議会（立憲国民議会）」と改称
	7・11	財務総監ネッケルが罷免される
	7・12	カミーユ・デムーランがパレ-ロワイヤルで「武器を取れ！」と決起を呼びかける

	7・14	バスチーユ要塞（監獄）が陥落 ⇒**革命の本格的幕開け**
	7・17	ルイ十六世がパリ市庁舎を訪れる
	8・4	国会で「封建制廃止」が宣言される
	8・26	『人権宣言』が採択される
	10・5	パリの女性約8000人によるヴェルサイユ行進
	10・6	国王一家がパリに居を移される
一七九〇	7・12	聖職者市民憲章
	7・14	シャン-ド-マルスで全国連盟祭が開催される
一七九一	6・20	ヴァレンヌ逃亡事件
	9月	フランス史上初の憲法が制定される（一七九一年憲法）
	9・30	憲法制定国民議会が解散
	10・1	立法議会が発足
一七九二	3月	ジロンド派内閣が成立
	4・20	オーストリアに宣戦布告（対ヨーロッパ戦争の始まり）
	6・13	ジロンド派大臣が国王によって罷免される
	6・20	パリの民衆がチュイルリー宮殿に乱入し、国王の前を数時間にわたって示威行進

年	月日	事項
	8・10	王政が倒れる
	8・13	国王一家がタンプル塔に幽閉される
	9・2	九月虐殺事件（～7日）
	9・20	ヴァルミーの戦い
	9・21	立法議会に代わって国民公会が発足
		王政廃止を正式に宣言
	12・11	ルイ十六世の裁判が始まる
一七九三	1・21	ルイ十六世が処刑される
	3・10	革命裁判所が設置される
		この頃、フランス西部ヴァンデー県で保守的な農民による叛乱が始まる
	4・6	公安委員会が設置される
	6・2	ジロンド派議員29名が国会から追放される
		⇒ジャコバン革命政府の時代へ
	6・24	一七九三年憲法が採択される
	7・13	マラーがシャルロット・コルデに暗殺される
	7・17	封建制の無償廃止が決定される
	9・5	武装した民衆蜂起がきっかけで恐怖政治の組織化が始まる
	9・17	「疑わしい者たちに関する法令」が制定される

	9・29	最高価格法が制定される
	10・5	革命暦（共和暦）が制定される
	10・16	マリー＝アントワネットが処刑される
	10・30	女性の政治活動が禁じられる
	10・31	ジロンド派議員が処刑される
	11・8	ロラン夫人が処刑される
	11月	非キリスト教化運動が盛んになる
一七九四	3・24	エベール派が処刑される
	4・5	ダントン派が処刑される
	6・8	「至高存在」の祭典
	6・10	草月22日の法令 **⇒恐怖政治がもっとも深刻な事態に**
	7・27	テルミドール（熱月）のクーデターでジャコバン革命政府が倒される 翌日、ロベスピエール、サン＝ジュストらが処刑される **⇒革命の反動化**
一七九五	5・20	パリの民衆による最後の蜂起
	8・22	共和暦三年憲法が制定される
	10・5	ナポレオン・ボナパルトが王党派の蜂起を鎮圧（ヴァンデミエール13日）

	10・26	国民公会が解散
	10・27	総裁政府が発足
一七九六	3・9	ナポレオンがジョゼフィーヌと結婚
	3・11	ナポレオン、イタリア遠征に出発（第一次イタリア戦役） ナポレオンはイタリアで連戦連勝し、「ナポレオン・ボナパルト」の名がヨーロッパ中に轟くことになる
一七九七	4月	イタリア戦役はフランスの全面的勝利に終わり、オーストリアとの間に休戦協定が結ばれる
	9月	フリュクチドール（果実月）のクーデター。政府の要請によりナポレオンはオージュロー将軍をイタリアからパリに派遣
	10・17	カンポ-フォルミオの和約
	12・5	ナポレオン、パリに凱旋
一七九八	5・19	ナポレオン、エジプト遠征に出発
一七九九	10・9	ナポレオン、エジプトから帰国
	11・9	ブリュメール（霧月）のクーデターでナポレオンが政権掌握（〜10日） ⇓革命の終息
	12・25	執政政府が正式に発足 共和暦八年憲法発布

一八〇〇	6・14	マレンゴの戦い（第二次イタリア戦役）
一八〇一	7・15	宗教協約（ローマ教皇と和解）
一八〇二	3・27	イギリスとアミアンの和約を締結（一時的に全面的平和が達成される）
	8・2	ナポレオン、終身執政になる
一八〇四	3・21	『ナポレオン法典』が公布される
	5・18	ナポレオン、皇帝に推挙される
	12・2	ナポレオン一世の皇帝戴冠式がノートルダム大聖堂で挙行される
		⇒革命の最後的終焉

安達正勝（あだち・まさかつ）

1944（昭和19）年岩手県盛岡市生まれ．フランス文学者，歴史家．東京大学文学部仏文科卒業，同大学院修士課程修了．フランス政府給費留学生として渡仏，パリ大学等に遊学する．

著書『暗殺の天使——シャルロット・コルデの生涯』（三省堂選書，1983年）
『フランス革命と四人の女』（新潮選書，1986年）
『ジョゼフィーヌ』（白水社，1989年）
『歴史の零れもの』（司馬遼太郎他との共著，光文社文庫，1994年）
『マラーを殺した女』（中公文庫，1996年）
『二十世紀を変えた女たち』（白水社，2000年）
『ナポレオンを創った女たち』（集英社新書，2001年）
『死刑執行人サンソン』（集英社新書，2003年）
『フランス反骨変人列伝』（集英社新書，2006年）
訳書『理想の図書館』（共訳，ベルナール・ピヴォー共編，パピルス，1990年）
『ナポレオンの生涯』（ロジェ・デュフレス著，文庫クセジュ，2004年）

物語《ものがたり》 フランス革命《かくめい》
中公新書 *1963*

2008年9月25日発行

著　者　安達正勝
発行者　浅海　保

本文印刷　三晃印刷
カバー印刷　大熊整美堂
製　本　小泉製本

発行所　中央公論新社
〒104-8320
東京都中央区京橋 2-8-7
電話　販売 03-3563-1431
　　　編集 03-3563-3668
URL http://www.chuko.co.jp/

Published by CHUOKORON-SHINSHA, INC.
Printed in Japan ISBN978-4-12-101963-9 C1222

中公新書

世界史

e2

- 1045 物語 イタリアの歴史 藤沢道郎
- 1771 物語 イタリアの歴史 II 藤沢道郎
- 144 ネロ 秀村欣二
- 1100 皇帝たちの都ローマ 青柳正規
- 1730 路地裏のルネサンス 高橋友子
- 1635 物語 スペインの歴史 岩根圀和
- 1750 物語 スペインの歴史 人物篇 岩根圀和
- 1283 西ゴート王国の遺産 鈴木康久
- 1564 物語 カタルーニャの歴史 田澤 耕
- 138 ジャンヌ・ダルク 村松 剛
- 1032 もうひとつのイギリス史 小池 滋
- 1383 イギリス・ルネサンスの女たち 石井美樹子
- 1916 ヴィクトリア女王 君塚直隆
- 1801 物語 大英博物館 出口保夫
- 1215 物語 アイルランドの歴史 波多野裕造
- 1546 物語 スイスの歴史 森田安一
- 1420 物語 ドイツの歴史 阿部謹也
- 1203 都市 フランクフルトの歴史 小倉欣一 大澤武男
- 1838 物語 チェコの歴史 薩摩秀登
- 1131 物語 北欧の歴史 武田龍夫
- 1758 物語 バルト三国の歴史 志摩園子
- 1655 物語 ウクライナの歴史 黒川祐次
- 1474 バルチック艦隊 大江志乃夫
- 1042 物語 アメリカの歴史 猿谷 要
- 1437 物語 ラテン・アメリカの歴史 増田義郎
- 1935 物語 メキシコの歴史 大垣貴志郎
- 1547 物語 オーストラリアの歴史 竹田いさみ
- 1644 ハワイの歴史と文化 矢口祐人
- 518 刑吏の社会史 阿部謹也
- 30 ユダヤ人 村松 剛
- 1963 物語 フランス革命 安達正勝
- 1964 黄金郷《エルドラド》伝説 山田篤美